전략의 에센스

유리한 경쟁의 틀로 바꿔라

| 김진항 |

박영사

 **⋘ 프롤로그**

전략이라는 용어는 지금 이 시각에도 도처에서 쓰이고 있다. 그렇지만 전략이 진정으로 무엇을 의미하는지 알고 쓰는 사람은 그리 많지 않은 것 같다. 말하는 사람도, 듣는 사람도 그 명확한 의미를 모른 채, 의미가 모호하게 소통되고 있는 현상을 본다.

전략이란 무엇인가? 에 대한 화두를 안고 살아온 지 어언 20여 년이 되었다. 전략에 대한 여러 서적을 참고하여 어떻게 하면 전략을 쉽게 설명할 수 있을까에 대하여 생각에 생각을 거듭한 끝에, 이제야 겨우 전략에 대한 이해를 할 수 있었고 다른 사람에게 전략을 설명하여 쉽게 이해시킬 수 있다는 확신을 얻었다.

그것은 다름이 아니라 '전략이란 자신에게 유리한 경쟁의 틀로 바꾸는 것'이라는 결론이다. 전략이란 일반적으로 약자에게 필요한 것이다. 강자는 전략이 별도로 필요 없다고 본다. 강자가 약자를 이기는 것은 만고의 진리이기 때문에 강자는 전략과 같은 복잡한 것을 생각할 필요 없이 그냥 경쟁하면 되는 것이다. 그런데 약자가 강자를 어떻게 이길 수 있는가? 이러한 상황에서 필요한 것이 전략이고 그것을 가능하게 하는 것이 전략이다.

부언하면 현재의 여건에서는 약자지만 전략적 상황판단을 거쳐 약자가 강자가 되는 경쟁의 틀로 바꾸면 상황이 달라지는 것이다. 다시 말해 현재는 약자지만 장차에는 강자가 되는 상황을 만드는 것, 바로 그것이 전략이다. 전략을 통해서 강자가 된 후에 요구되는 활동은 오로지 작전 또는 전투뿐이다. 이것을 가능하게 하는 요인은 '세상만사는 음과 양으로 구성'되어 있어 모든 것은 상대적이기 때문이다. 즉, 현재의 불리한 점이 상황이 바뀌면 유리한 점이 될 수 있고, 같은 상황에서도 생각을 달리하면 불리한 점이 유리한 점이 될 수 있는 것이다.

영화 '아라비아의 로렌스'로 유명한 영국군 장교 T. E. 로렌스Lawrence는 1차 세계대전 당시 사우디 반도에서 오스만 제국 군대를 몰아내기 위하여 사막 유목민인 '베두인족 유격대'를 조직했다. 그는 메디나에 진을 친 막강한 오스만 군대와의 무모한 정면 대결은 피했다. 그 대신 오스만의 보급선인 철도를 공략하고, 사막을 가로질러 홍해의 요충지 아카바를 기습하는 등, 신출귀몰한 게릴라 작전을 구사해 오스만을 몰아냈다. 로렌스가 승리한 비결은 성경에 나오는 다윗과 비슷하다. 다윗이 골리앗의 '창검'이 아니라 '돌팔매'라는 목동들의 무기로 싸워 이겼듯이, 로렌스도 유목민인 베두인에게 걸맞은 경쟁의 틀을 개발하였다. 골리앗을 이긴 다윗의 지혜는 자신의 약점을 인정하고 골리앗이 만든 경쟁의 틀을 회피한 후, 자신에게 유리한 경쟁의 틀을 만들어

싸우는 것이었다.

　이 책은 이러한 소박하고 간단한 명제를 이용하여 이미 알려진 전략적 성공 사례를 분석하여 독자의 이해를 돕고자 하였다. 이를 위하여 먼저 전략의 정의와 전략에 관련한 일반적인 이론을 간략히 설명하고, 이어서 경쟁의 틀은 어떻게 바꾸는지에 대한 방법론을 고찰해 보았다. 경쟁의 틀을 바꾸는 요소는 다섯 가지로 선정하였는바, 목표, 개념, 수단, 시간, 공간적 요소가 그것이다. 따라서 사례 분석은 위 다섯 가지 요소의 순서대로 사례를 분석하였으며 각 장 내에서 배열은 먼저 전략의 기본 진원지인 전장에서 성공적 역사를 기록한 전사를 분석한 다음, 근래 전략이 가장 많이 원용된 정치 분야나 기업경영 분야에서 약자가 승리한 사례를 분석하는 것으로 진행하였다. 나아가 보통 사람들도 전략을 재미있게 읽으면서 전략을 이해할 수 있도록 일상에서 일어나는 사례를 전략적 관점에서 분석하였다. 또한, 앞으로 채택했으면 하는 정책을 전략적 차원으로 분석하여 제시하였다.

　이렇게 사례 중심으로 설명을 하는 이유는 기존의 많은 전략 관련 서적들이 너무 난해하고 이해하기 힘들다고 생각하였으며, 주변 사람들도 그렇게 여기고 있다는 것을 확인한 결과다. 따라서 전략이라는 어려운 주제를 쉽고 재미있게 읽어 선명하게 이해할 수 있어야 한다고 생각하기에 이러한 생각을 현실화시키려고 노력하였다.

　그러한 맥락에서 이 책은 군인은 물론이고 행정가, 정치가, 기업가를 비롯하여 일반인들이 주변 생활에서도 전략의 참뜻을 이해하여 자신의 목표를 달성하는 데 유익한 길잡이가 될 수 있었으면 하는 바람이다. 조금 더 욕심을 내면, 현재의 불리한 상황에 비관하지 말고 조금만 생각을 바꾸고, 상황을 더 면밀히 분석하여 대안을 생각해 보면 유리한 상황이 될 수 있다는 희망을 줄 수 있는 그러한 지침서가 되었으면 좋겠다.

모든 것은 상대적일 뿐 언제나 불리한 것만 있는 것은 아니다. 긍정적 생각을 가지고 유리한 상황으로 반전시킬 수 있다는 생각이 전략을 구상하고 발전시킬 수 있는 밑바탕이다. 지금까지의 전략에 관한 책들이 주로 최악의 상황을 상정하여 그에 대한 대안을 안출하는 데 중점을 둔 관계로 비관적 느낌이 많았다. 이에 반하여 이 책은 아무리 어려운 상황 하에서도 상황을 호전시킬 수 있는 방안이 있을 것이고, 현재는 불리하지만 미래에는 반드시 유리한 여건이 될 수 있다는 생각을 기반으로 하고 있다.

이 주제를 다루면서 전략 개념의 보편화와 전략에 대한 해석의 독창성을 추구하다보니 저자의 독단적 생각일 수도 있다는 점은 혜량해 주시기를 바라며 독자 제현께서 가르침을 주시면 감사히 받아 더 좋은 내용으로 수정할 것을 다짐한다.

2011. 09.
구산자락에서 김진항

 《 차 례

프롤로그 _ i

전략 무엇인가

전략의 개념 _3
    전통적 전략의 개념 _5
    현대적 전략의 개념 _10
    전략 개념의 활용 가능성 _14
전략 유사 개념 _16
    전략과 정책 _16
    전략과 경영 _17
    전략과 모략 _21
    전략적이라는 의미 _23

경쟁의 틀을 바꾸어라!

전략의 존립배경 _31
- 전략은 약자의 것 _31
- 전략은 긍정적 사고를 딛고 서 있다 _32
- 세상의 이치가 경쟁의 틀을 바꿀 수 있게 한다 _33
- 문제의 정의를 제대로 해야 _36
- 전략은 원하는 방향으로 변화를 추구 _38

전략의 특성 _41
- 전략의 기만성 _41
- 전략의 간접성 _47
- 전략의 은밀성 _53
- 전략의 창의성 _56

창의적 아이디어는 어떻게? _58
- 복사(Copy) _59
- 벤치마킹(Bench Marking) _60
- 발명(Invention) _60
- 개념의 차용 _61
- 개념의 확장 _62
- 개념의 전환 _64
- 개념의 혼합 _66
- 직관(intuition) _67

유리한 경쟁의 틀로 바꾸려면? _69
- 경쟁 목표의 변화 _70
- 경쟁 개념의 변화 _72
- 경쟁 수단의 변화 _72
- 경쟁 시간의 변화 _73
- 경쟁 공간의 변화 _74

경쟁의 변화

나폴레옹의 툴롱 탈환작전 _79
서희 장군 _83
마샬 장군 _85
힐러리 클린턴 _87
미라이 공업주식회사 _89
착한 꽃가게 _94
이나모리 가즈오 회장 _96
루스티히 백작 _97
어느 방송인의 정원 _100
효도 받고 사는 노후 _102
사회적 갈등 치유하기 _106
출산율 저하를 역이용하면 _109
기대 수준을 낮추면 _113
과정을 즐기면 _114
상대의 자존심을 세워 주면 _117

경쟁개념의 변화

마라톤 전투 _123
칸네 전투 _127
탄넨베르크 전투 _132
제2차 세계대전 시 독일군의 전격전 _137
베트남 전쟁 _141
테러 창시자 하산 이 사바 _144
엘리자베스 1세 _148
루스벨트 대통령 _153
다윗의 승리 _155
노부나가 _157
제럴드 템플러 장군 _159
드라마 '자이언트'의 이성모 _163
훌륭한 병원장 _165
산골 한의사 _167
포도밭 금덩어리 _170
늙은 마누라를 파출부에서 해방 _172
객지 자식의 올바른 효도 _174
현대전에서 승리하기 _177
한식 세계화 _179
안전한 사회 만들기 _184
성공한 인생 _186

경쟁의 변화

말레이 전역	_195
마하트마 간디	_198
오바마 대통령	_203
룰라 대통령	_206
설계가 크리스토퍼 렌	_209
거상 임상옥	_210
저가 항공사 '라이언 에어'	_213
맥 카페	_214
선술집 '텟펜'	_216
반찬가게 '사이치'	_219
아오모리의 사과	_222
감동을 파는 백화점 판매원	_226
신뢰를 파는 농장	_228
지극히 현명한 이장	_231
골프 선수 양용은	_234
일류 국가 만들기	_236
효율적인 정책 홍보	_240
부부 싸움	_244
감성 서비스	_246
유용한 불편함	_248

경쟁 의 변화

나폴레옹의 러시아 원정	_255
제2차 세계대전 시 독일군의 러시아 침공	_262
제3차 중동전쟁	_266
태국왕 몽쿳	_269
탈레랑	_274
감동을 주는 가게	_277
고 정주영 회장	_280
장님 골퍼	_283
천재를 이기려면	_284

경쟁 의 변화

파살루스 전투	_291
알람할파 전투	_294
살수대첩	_297
명량해전	_300
대처 총리	_302
한국의 조선업체	_305
펩시콜라	_309

광고인 이제석	_310
기능대회 수상자들	_313
타이거 우즈와 베컴	_315
스케이트 선수 이승훈	_317
배우 이병헌	_319
지역감정 없애기	_322
올바른 치산치수	_327
긍정적 정책	_331
되는 이유를 찾아서	_333

전략가의 요건

통찰력	_399
전체성 시각	_345
문화적 코드 해독력	_347
역사적 필연성에 대한 이해	_349

유리한 경쟁의 틀로 바꿔라

"전략의 에센스"

전략의 개념
전통적 전략의 개념
현대적 전략의 개념
전략 개념의 활용 가능성

전략 유사 개념
전략과 정책
전략과 경영
전략과 모략
전략적이라는 의미

▶▶▶ 유리한 경쟁의 틀로 바꿔라

1
전략이란 무엇인가

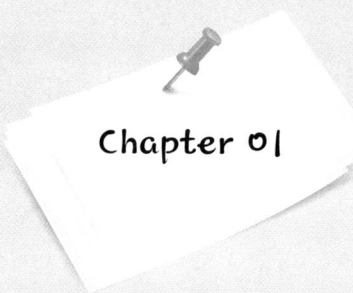

Chapter 01

Chapter __ 01

전략이란 무엇인가

:: 전략의 개념

오늘날 전략이라는 용어는 사회 도처에서 널리 사용되고 있다. 하지만 그 의미와 내용에 대한 정확한 이해 없이 쓰이고 있다. 때문에 정작 본래의 전략 분야에서는 많은 혼란이 일어나고 있으며, 전략은 막연히 애매하고 어려운 것으로 치부되고 있다. 이러한 이유는 전략이라는 용어가 정확한 개념으로 정의되어 있지 못하기 때문이다. '우주 변화의 원리'의 저자 한동석은 "개념Concept이라는 것은 삼라만상이 다양다색하므로 인간이 이것을 이해하기 쉽도록 하기 위하여 지각이나 기억이나 사상에 나타나는 개체적인 표상에서 그 공통된 속성을 추상 결합하여서 혹은 문장화하고 혹은 언어화된 사상의 통일체를 표식하기 위한 정명을 말하는 것"이라고 하였다. 이처럼 개념이 분명하게 정의되어야 의사소통이나 학문의 발전을 기할 수 있는 것이다. 그럼에도 불구하고 전략이라는 용어가 사회변화와 더불어 변화, 발전된 점을 규명하지 않은 채 전문용어와 일상용어가 구분 없이 사용되고 있기 때문이기도 하다. 또한, 전략이라는 용어가 사용되는 환경과 사람에 따라 지칭하는 범위와 의미가 다양한 것도 원인이다.

이로 인해 전략을 공부하는 학생들마저 '전략은 어려운 것, 혹은 애매한 것, 아니면 뜬구름 잡는 것'이라는 자조적인 표현을 쓰고 있는 현실은 안타깝기 그지없다. 많은 사람들이 전략이라는 용어를 즐겨 사용하면서도 정작 '전략이란 무엇인가?'라는 물음에 정확한 답을 하지 못하고 어려워한다. 왜 그럴까? 정확한 의미를 모르면서도 사용하는 이유는 무엇일까? 이에 대하여 정확한 답을 하기란 쉽지 않지만, 아마 전략이라는 용어가 나름대로의 매력이 있기 때문일 것이다.

그렇다면 전략이란 무엇인가? 전략이라는 용어가 처음 사용되었을 때는 전문적인 것이었다. 다시 말해서 전쟁을 하는데, 어떻게 하면 바라는대로 승리할 수 있을까 하는, 전쟁하는 꾀를 전략이라고 표현하였다. 그러나 오늘날 우리가 접하는 전략이라는 용어는 사용되어지는 분야가 넓어져서 전략 그 본래의 의미보다는 기획과 연관되어 일반적인 의미로 쓰이는 경향이 커졌다. 즉, 전략의 전문적인 의미보다는 일상생활에서 흔히 쓰이는 보통

명사로서 그 의미가 확대되어 가는 상황이다. 다시 말해 우리 일상생활 전 부문에서 전략이라는 용어가 쓰이고 있는 것이다. 이는 단적으로 전략이라는 용어가 쓰임새가 많으며 전략이라는 용어를 사용함으로써 얻는 이익이 있다는 것을 증명한다.

　　　　이렇게 전략이 우리의 일상생활 전반에 걸쳐 일반 명사화되어 쓰이다 보니 원래의 전략 개념만으로는 사용자의 의도를 충분히 설명할 수가 없다. 이러한 결과는 전략 개념에 많은 혼란을 초래하였다. 원래 언어는 고정적인 것이 아니고 환경에 따라 그 의미가 확대되거나, 심하면 다른 의미로도 쓰이는 '의미의 전이 현상'이 나타난다. 이처럼 오늘날 전략의 의미는 전략의 원래 의미보다는 '략略'의 의미로 변화되어, 경쟁관계에 있는 모든 분야에서 사용되는 일반적인 용어로 어의가 확대되었다. 따라서 오늘날에는 전략 앞에 표현하고자 하는 내용을 한정하는 수식어가 붙어야만 그 의미가 분명해지게 되었다.

전통적 전략의 개념

전략이라는 용어는 고대 그리스의 'strategos' 또는 'strategia'라는 말에서 유래되었다. 이 'strategos'라는 말은 고대 아테네에서 10개의 부족단체로부터 차출된 10개 연대Taxi를 총 지휘했던 장군의 명칭이다. 이 'strategos'가 구사하는 용병법을 'strategia'라고 했는데 이것은 장군의 지휘술Generalship, 또는 장군의 술the art of the General을 뜻하며 이와 같은 말들이 발전되어 오늘날의 Strategy라는 용어가 되었다.

　　이러한 전략의 의미는 고대 중국에서도 다음과 같은 유사한 용어로 사용되었다. 한자로는 '싸움할 戰'자와 '꾀 略'자가 합쳐진 용어로 '싸움하는 꾀'라는 뜻을 나타내고 있다. 이 말은 고대 중국의 주나라 병서인「六韜육도」와「尉燎子위료자」등에서 사용된 戰權전권, 戰道전도, 兵法병법, 兵道병도라는 용어가 발전된 것으로 權謀권모, 謀攻之法모공지법, 智略지략, 善戰之 謀略선전지 모략 등의 말과 동등하게 사용되었다.

　　이와 같은 전략이라는 용어는 춘추시대 이전의 주왕조 초기에는 순수한 무인武人의 행동에 관한 군사적 의미로 한정되어 사용되었으나, 도시국가의 연합체가 형성된 춘추시대에 접어들면서 무력과 권모를 동시에 구사하여 정치를 행한, 소위 패권에 의한 정치수단으로 변모됨으로써 순수한 군사적 개념 이외에도 비군사적인 개념이 포함된 복합개념으로 발전하였다.

　　이와 같이 전략이라는 용어는 대략 17세기 말까지는 전쟁이 비교적 단순하고 수단 면에서 제한되었기 때문에 단지 준비된 무력을 어떻게 운용하느냐 하는 군사력 분야에 국한되어 통용되었다. 즉, 고대 전쟁에서는 전쟁의 수단이 생활도구이거나 그 생활도구를 전쟁에 유용하도록 약간 발전시킨 정도에 불과했기 때문에, 그리고 병력 역시 필요시에 동원하여 전쟁을 하였기 때문에 군사력의 준비에 대해서는 관심을 가질 필요가 없었으며, 단지 준비된 전쟁수단을 효과적으로 사용하는 것이 주 관심 대상이

었다. 따라서 부대를 지휘하는 장군의 생각 그 자체가 전략일 수밖에 없었다. 고대 전투에서 전략은 전투현장에서 장군이 전투대행과 진용을 어떻게 짜고 어떻게 공격할 것인지는 오로지 장군의 머리 속에 있는 생각이었다. 그러므로 그 당시의 전략은 곧 장군의 술이었고, 대개 국가지도자는 곧 장군이었으므로 전략은 곧 국가전략이었고 그 전략은 국가지도자인 왕의 머리 속에 있는 생각이었다. 왜냐하면 국가체제가 단순한 고대 사회에서는 재화의 약탈이 국가경영의 대부분이었기 때문이다.

전략이란 용어가 앞에서 알아 본 바와 같이 근본적으로 정치와 군사적 개념을 동시에 포함하고 있으나, 이러한 의미로서 전략이란 용어가 일반적으로 사용되기 시작한 것은 18세기부터다. 원래 '전술tactics'이라는 용어가 전략이라는 용어보다 먼저 보편적으로 사용된 용어였다. 그러나 전쟁이 보다 복잡해지고 프랑스 혁명의 경우처럼 전쟁이 혁명사상으로 무장하여 한 국가의 존립과 관계되게 된 이후에 결국 전술이란 용어와 구분될 수 있는 전략이라는 용어의 정치·군사적 활용이 나타나게 된 것이다. 여기서 전술이란 고대 그리스의 'tactika'에서 유래되었는데 이 용어는 "배열하다" "정돈하다"는 뜻으로, 환언하면 '전투에서 승리하기 위해 부대를 어떻게 배치하고 이동시켜 전투력을 행사하는가?'의 술術을 뜻하는 것이다.

그러면 전략과 전술이 역사적으로 어떻게 개념 지어져 왔는지를 알아볼 필요가 있겠다.

1801년 파리에서 발간된 군사사전에 처음으로 'Strategime' 이라는 용어를 전투의 규칙 또는 적을 패배시키거나 굴복시키는 방법이라고 정의하였고, 전술을 병력이동의 과학이라고 정의하였다. 나폴레옹 전쟁 기간 중에 전략이란 용어는 점차 'Strategime'이란 뜻을 함축하게 되었고, '장군의 술'은 광범위한 영역의 제반활동을 포함하였을 뿐 아니라 전쟁 수행을 위한 계획에 관련되는 활동을 포함하게 되었다.

또한 조미니는 전략을 6가지 전쟁술 중의 하나로 제시하였는데, 그 6가지는 전략strategy, 정략statemanship, 대전술grand tactics, 군수logistics, 공병술the art of engineer 그리고 소전술minortactics 등이다. 또한 클라우제비츠는, 전략은 '전쟁 목적을 달성하기 위한 전투의 사용'이며, 전술은 '전투에서 전투력의 사용'이라고 정의하였다. 그리고 데니스 마한은 전략을 '군대를 지휘하는 장군의 과학'이며, 전술은 '부대를 조직적으로 결집시키고 이동시키는 술'이라고 하였으나 양자의 정확한 한계가 어려움이라고 토로하였다.

영국과 미국의 참모대학에서는 19세기 후반에 "전략이란 승리의 가능성을 증가시키고 패배의 결과를 감소시킬 수 있도록 적에 대해 유리한 위치에 군대를 배치하기 위하여 작전지역에 군대를 이동시키는 술이며, 전술이란 전쟁에서 부대를 기동시키고 전개하는 술이다"라고 정의하고 있다. 알프레드 마한은 '접촉'이라는 단어를 사용하여 전술은 적과의 접촉상황하에서 군사력을 이동시키는 것으로 정의하였고, 프랑스 전쟁대학의 보날 장군은

전략을 사고 계획 작업을 위한의 술로, 전술을 실행의 술로 정의하기도 하였다.

국방대학원에서 발간한 〈안보관계 용어집 1991〉에서는 "전략은 전쟁에서 승리하는 것이요, 전술은 전투에서 승리하는 것"이며, "전략은 군사 분야의 최고 통치자에 직접 관련된 영역이고, 전술은 예하 지휘관의 영역"이며, "전략은 독창적인 측면이 강조되고, 전술은 다소 정서적인 측면이 강조"되며, "전술적 실패는 전략에서 만회가 가능하지만, 전략적 실패는 전술에서 만회가 불가능한 것" 등으로 구분하고 있다.

이상과 같이 전략과 전술의 비교를 통하여 전략의 개념에 어느 정도 접근할 수 있었다. 즉, 전통적 개념의 전략은 전쟁에서 어떻게 하면 승리할 수 있는가에 대하여 한정적으로 사고하고 정의하였다. 전략 원래의 범주를 채 벗어나지 않은 상태다. 그러나 아직도 어딘가 설명이 충분치 못하다는 느낌을 떨쳐 버릴 수가 없다. 그러한 이유는 전략에 대한 전략가들이나 학자들의 설명이 틀려서가 아니고 '나름대로의 상황'에서 전략이라는 개념을 설명하였기 때문이며, 당시 상황에 적합한 전략가들의 설명이 오늘날의 관점에서는 부족할 수밖에 없기 때문이라고 생각한다.

전쟁의 근대적 혁명이라고 할 수 있는 나폴레옹 전쟁을 전환점으로 전략의 개념이 확대되어 "전장의 행동에서 중시되었던 '장군의 술'이 아니라 전쟁을 수행하기 위한 한 나라의 전체적인 노력을 조정하는 업무"로 변화하였으며, 특히 제2차 세계대전

이후에는 더욱 두드러진 변화를 가져왔다. 그러나 이때까지의 개념 확장으로는 현대에서 쓰이는 전략이라는 용어를 설명하기에 충분치 못하다. 왜냐하면 이 시기까지도 전략은 전쟁을 기획하고 전쟁을 수행하는 과정상의 문제에 국한되어 있었기 때문이다.

고대 국가에서는 장수가 곧 국가의 최고 통치권자였으며 국가의 생성과 흥망성쇠가 곧 전쟁에 의해 결정되는 것이었다. 통치권자의 국가경영은 곧 전쟁을 어떻게 잘 하느냐에 달려 있는 것으로써, 백성들의 경제 활동은 어디까지나 개인의 관심 사항일 뿐만 아니라 개인의 책임 사항이었다. 이러한 상황은 사회발전론 측면에서는 산업사회 이전까지이고 정치적으로는 제국주의의 시대까지라고 말할 수 있다. 이 당시까지는 국가전략으로부터 오늘날의 작전전략까지를 전략이라는 용어로 포괄할 수 있었다.

현대적 전략의 개념

그러나 산업사회의 등장은 국가통치자로 하여금 전쟁 이외의 사항에도 관심을 가지게 만들었다. 산업사회에서는 국가적 관심이 전쟁보다는 경제적인 분야에 관심을 집중시키도록 하였다. 그러므로 국가발전을 위해서는 전쟁이 아닌 방법에 더 호소해야 하는 상황이 대두된 것이다. 국가전략이 곧 전쟁을 준비하고 수행하는 전략이 될 수 없으며, 국가전략은 이제 '국가가 어떻게 하면 생존하여 번영할 수 있는가' 하는 목표를 전쟁뿐만 아니라 여러 가지

수단에서 찾아야 하는 상황에 처하였다.

　　따라서 순수한 의미의 전략은 이제 국가전략의 한 분야로서 만족해야 하는 상황에 직면하게 되었다. 이러한 상황은 사회 발전과 더불어 국가목표를 구현하는 방법이 다양화됨에 따라 더욱 심화되기 시작하였다. 따라서 근래에는 전략이라는 용어가 군사적인 분야뿐만 아니라 일상생활에서도 매우 다양하게 사용되고 있기 때문에 전통적인 의미의 전략 개념으로는 설명이 되지 않는다. 이제는 전략이라는 용어가 군사 분야 전문가만의 전유물이 아니며, 이를 고집할 수도 없다.

　　용어의 의미 확대 및 변화란 누가 이렇게 정의했으니 이러한 상황에서만 사용하라는 강제성을 부여할 수 없다. 용어는 그 사회에서 통용되는 방식으로 그냥 이해해야 할 것이고 그 개념의 변화를 받아들이는 것이 타당하다.

　　오늘날 전략은, 군사 분야는 말할 것도 없고, 일상생활 전반에 널리 쓰이고 있다. 국가에는 국가 전략이 있고, 기업가에게는 기업 전략이 있으며, 축구감독에게는 축구 경기 전략이, 영업사원에게는 영업 전략이, 연인들에게는 연애 전략이, 심지어 대학을 들어가기 위한 수험생에게는 자신이 받은 수학능력 점수로 어느 대학을 지원하는 것이 합격의 영광을 누릴 수 있을까 하는 원서 접수 전략도 있다. 다시 말해 전략이라는 용어는 이제 우리 일상생활 전 분야에서, 거의 모든 사람이 자주, 그것도 유식한 체하면서 사용하는 보편적이고 일상적인 생활 용어가 되었기 때문에 이제 더 이상 '전략'이라는 단어만 가지고는 군사전문가의 전문용어라고 말할 수 없게 되었다.

　　　　많은 사람들이 전략이라는 용어를 쓸 때, 그것이 원래의 전략이라는 용어의 정의에 맞지 않는다고 해서 틀리다고 말할 수는 없다. 오늘날 이렇게 다양하게 쓰이는 전략이라는 용어를 전통적인 개념으로는 도저히 설명할 수 없는 것이다. 그래서 이제는 전략이라는 용어가 더 이상 전문용어가 아닌 일반용어로서 개념이 정의되고 전문적인 분야를 지칭할 경우에는 그에 적절한 용어로 다시 한정해야 한다고 생각한다.

　　　　그러면 무엇 때문에 군사적 전문용어인 전략이라는 용어가 일반사회에 이렇게 널리 사용되게 되었는가? 산업사회의 도래는 약탈경제가 생산경제로 변화함에 따라 전략 본래의 영역인 전쟁의 역할은 국가 생존을 위한 문제로 한정되고 국가 번영을 위한 생산활동이 점차 중요한 요소로 발전하였다. 이에 따라 전략은 국가 번영을 위한 활동 영역으로 확대되기 시작하였다. 그것은 아마 전략이라는 용어가 갖는 '기획적 속성'에 기인한다고 생각한다. 농업사회에서 산업사회로 전이되면서 사회조직의 규모가 커지고, 단순한 관리로는 효율을 기대하기가 어려운 상황에서 경영에 대한 관심이 높아졌으며, 경영은 필수적으로 미래에 대한 기획이 필요하였다.

　　　　따라서 경영학의 발달과 더불어 2차 세계대전의 영향으로 군사문화의 사회전이 현상과 맞물려 전략이라는 용어가 일반사

회 영역에 확산된 것으로 생각된다. 그리고 매스미디어의 발전은 상호 경쟁 과정 — 상업주의적 측면 — 에서 독자나 시청자의 관심을 끌어야 하는 문제에 접하게 되자 좀 더 자극적이고 센세이셔널한 표현을 많이 쓰게 되었다.

 이러한 상황은 사회 일상생활의 사소한 경쟁관계를 전쟁이나 전투에 비유하는 경향이 심해졌고 따라서 군사용어를 전용하는 경향도 심화되었다. 그러면 전혀 관계없는 단어가 이렇게 아무렇게나 쓰인 것인가? 그것은 아니다. 현대에 전략이라는 개념이 사회 전 분야에 쓰이고 있다고 해서 전략이 가지는 속성적 의미를 상실한 것은 아니라고 본다. 즉 전략적이라고 쓸 때에 그것은 뭔가 좀 미래적이고, 규모가 큰 상급기관, 혹은 문제를 결정하는 최고의 의사결정기관의 행동양식을 지칭한다. 아울러 그것은 무엇인가를 상대방이 모르게 은밀히 준비해서 결과가 바람직한 방향으로 나타날 것이라는 기대를 가지는 대안이다.

 이렇게 볼 때, 전략이 원래 태동한 상황과는 다르지만 현재 사용되고 있는 전략의 개념이 쓰이는 상황과 대상이 다를 따름이지, 원래의 본질적 속성은 그대로 담고 있는 것이다. 그러므로 전략이라는 용어의 개념이 확대된 것이라고 볼 수 있다. 이러한 현상은 전략의 속성을 좀 더 과장하고 확대하여 적용한 것이다. 그 속성의 하나는 기획과정에서 전략의 미래 지향적이고 상황변화에 대응하는 방책을 선정하는 속성을 기업에 원용한 것이고, 다른 하나는 인간 생활의 모든 활동을 — 그 강도나 치열도가 낮거나 상대가 다르긴 하지만 — 전쟁으로 비유하여 설명한 것이다.

이렇게 볼 때 오늘날 보편적으로 쓰이는 전략이라는 용어는 일반적인 개념으로 정의해 두고, 전문 분야 또는 조직의 계층별로 그것을 구분할 수 있는, 다시 말해 의미 전달을 분명히 할 수 있는 한정어를 접두어나 수식어로 붙이는 것이 타당하다고 생각한다. 이제 전략은 군사 분야에서 태동하여 사회 전 분야로 널리 퍼져나간 '출세한 어휘'라고 생각된다. 전략의 개념은 전통적인 개념을 협의의 전략 개념으로 정의하고 오늘날 보편적으로 쓰이는 전략 개념을 광의의 개념으로 정의할 수도 있겠으나 이것은 오히려 불편할 뿐이므로 현대적 의미에서 전략의 개념을 정의하고, 필요에 따라 수식어를 붙여 사용하는 것이 혼란을 방지할 수 있을 것으로 본다.

구체적으로 전략에 붙이는 수식어는 횡적으로는 업무 전문 영역별로, 종적으로는 조직 계층별로 구분하면 좋을 것이다. 예를 들어, 국가전략을 횡적으로 구분하면 국방전략, 외교전략, 경제전략, 사회전략, 문화전략 등으로 구분이 가능하고 국방전략을 다시 종적으로 구분하면 조직 계층별로 군사전략, 작전전략 등으로 구분할 수 있다. 이렇게 전략을 한정 수식함으로써 전략이 추구하고자 하는 개념을 명확하게 할 수 있다.

전략 개념의 활용 가능성

전략이라는 용어가 어의$_{語義}$ 확대과정을 거쳐 오늘날 사회 전 분야에 널리 사용되고 있는 것은 주지의 사실이며, 그러한 이유는 전략의 속성과 매력 때문이다. 즉, 전략은 복잡한 일을 성공적으로 달성 가능케 하는 체계적인 방법이기 때문에 변화가 많고, 변수가 많은 업무는 반드시 전략적 사고 과정을 필요로 한다. 그러므로 전략은 경쟁관계에 있는 모든 사회활동에 적용될 수 있는 유용한 수단이며, 올바른 전략 수립 여부가 경쟁에서 승패를 결정한다.

아울러 외형적으로도 전략이라는 말을 쓰면 뭔가 유식하고 유능할 것 같고, 일을 성공적으로 완수할 것 같은 생각이 들뿐만 아니라 그 속에는 기발한 아이디어나 꾀가 숨어 있어 보통 사람으로서는 생각해 낼 수 없는 특별한 것이 있을 것 같은 기분이 든다. 또한, 전략은 전면에 나타나지 않고 숨어서 무엇인가를 도모하는 속성이 강하여 빈번하게 사용된다.

이처럼 많은 분야에서 쓰이고 있는 전략에 대한 의미를 명확하게 이해하는 것은 정확한 의사소통을 가능하게 하여 부여된 과업을 효율적으로 수행할 수 있게 하리라 생각한다. 결론적으로 현대적 의미에서 전략의 개념은 전통적 차원의 전략개념이 공간적으로 확대되어 전략$_{戰略}$에서 전$_{戰}$은 생략되고 략$_{略}$의 의미만 남아 모든 경쟁관계에 적용되고 있다.

그렇다고 해서 전략 본래의 속성이 사라진 것은 아니고

그대로 간직하고 있다. 즉, 국가적 차원에서 전쟁을 기획하고 지도하는 거시적·전체적·총론적 차원과 경쟁상대가 예기치 못한 창의적 아이디어로 상대를 기만하는 행동계획을 만들어 전술적 활동이 용이하도록 사전에 유리한 환경을 조성하는 것 등이 그것이다. 좀 더 구체적으로 설명하면 경쟁의 현장에서 상대가 꼼짝하지 못하고 경쟁상대가 될 수 없도록 미리 준비하여 판을 짜 두는 것이다.

따라서 전략의 개념을 오늘날의 상황과 현실에 맞게 보편화하여 모든 경쟁관계에서 적용이 가능하도록 정의하면 '전략은 달성하고자 하는 바를 가장 효율적으로 성취할 수 있도록 아측에 유리한 경쟁의 틀로 바꾸는 체계적인 행동계획'으로 정의할 수 있으며, 이를 더욱 간략히 요약하면 "전략이란 유리한 경쟁의 틀을 만드는 것"이라고 해도 좋다.

∷ 전략 유사 개념

전략과 정책

일반적으로 국가 전략을 논할 때 국가정책과 혼동하는 경향이 많은 것 같다. 이러한 혼동을 피하기 위해서는 전략과 정책의 차이점을 이해해야 하는데 그렇지 못함으로써 발생하는 현상인 듯하다.

전략이란 '경쟁관계에서 유리한 경쟁의 틀'을 만드는 것이라는 정의를 전제로 할 때 국가전략이란 국가가 지향하는 가치구현을 위해 노력하는 과정에서 생기는 '마찰과의 경쟁구도'에서 가장 유리한 경쟁의 틀을 만드는 것이다. 이에 비하여 국가정책은 설정된 경쟁의 구도 또는 경쟁의 틀에서 국가가 추구하고자 하는 가치구현을 위한 구체적 행동계획이다. 따라서 군사용어에 비유하면 정책은 '작전'에 해당한다고 본다. 그럼에도 불구하고 상당수의 저명한 학자들마저 경제정책, 외교정책, 통일정책 등을 국가전략의 한 분야인 것처럼 오해하고 있다.

충분히 그럴 만한 이유가 있다고 본다. 전략이란 대개 드러나는 경우가 없고 정책만이 외부에 드러나기 때문이다. 또 한 가지 이유는 발표되었거나 시행되고 있는 정책이 얼마간의 전략적 요소를 내포하고 있기도 하기 때문이다. 그러나 어떠한 정책이 다른 추구 목표를 구현하는 데 도움이 된다고 해서 바로 전략이라고 이름 짓는 것은 곤란하다. 그러한 정책이 전략이라는 이름을 얻으려면 적어도 이해 당사자가 당장은 그 정책이 추구하고자 하는 목표와의 관련성을 알아차리지 못할 정도는 되어야 한다.

다른 한편으로 진정으로 민주국가에서 정책은 전략적 요소를 더욱 많이 닮아가는 것이 바람직하다. 부연 설명을 하면, 민주국가에서 국가의 정책은 국민에게 자발성을 촉진하고 선택의 자유를 보장하는 것이 최상이기 때문에 좋은 국가정책이란 국민들이 공정한 경쟁을 할 수 있는 틀을 만들어 주는 것이어야 하기 때문이다. 전략은 '유리한 경쟁의 틀'을 만드는 것이라는 맥락과 정책도 그 추구하는 목표를 국민들이 자발적, 의욕적으로 성취하려고 노력하도록 하는 경쟁의 틀을 만들어 주는 것이라는 맥락에 견주어보면 상호간 매우 유사하다.

그러나 자세히 들여다 보면 이때 전략은 정책을 구현하기 위한 정책 내부적 전략이다. 예를 들어, 어민들이 배불리 먹고사는 문제를 해결하기 위한 문제를 해결하기 위해서, 전략이 물고기를 직접 잡아 주는 것이 좋은지, 어민 스스로 물고기를 잡도록 잡는 방법을 가르쳐 주는 것이 좋은지 대안을 선택하는 것이라면 정책은 그 선택된 대안을 구체적으로 실현하는 행동계획이다. 그러므로 전략은 정책이 구현할 방향을 미리 제시하는 역할을 하는 것이다.

전략과 경영

전략의 연원을 생각해보면 전략은 원래 전장에서 태동된 용어다. 전투가 벌어지는 현장에서 장수의 전장관리 생각을 말한다. 즉, '어떻게 전투를 해서 이 전쟁을 이길 것인가?' 하는 장수의 생각이다. 그런데 이런 전략이라는 용어는 인류 문명이 발전함에 따라 전쟁의 방식과 수단이 복잡다단해지고 이에 따라 전쟁을 준비하는 방식과 기간이 확대됨에 따라 전략이라는 용어의 어의가 이에 추수하여 확대 발전되었다.

한편 경영이라는 용어는 20세기 들어 산업문명이 꽃을 피우고 대량생산이 보편화됨에 따라 기업을 운영하는 방식을 연구하는 과정에서 경영이라는 용어가 탄생한 것으로 보면 된다. 즉, 어떻게 하면 경제원칙에 충실하여 이윤을 극대화할 것인가에 목표를 두고 골몰한 결과다. 이러한 경영에도 서서히 전략이라는 개념이 침투하기 시작하였다.

세상이 변하여 사회의 발전 영역에서도 역시 과도한 경쟁이 필요하였고, 이러한 과도한 경쟁은 경영도 치열하게 한다는 강한 톤을 유지하기 위해 전략이라는 용어를 차용하기에 이르렀다. 즉, 전략은 전쟁에서, 경영은 기업 영역에서 발전하다가 지금은 그 경계가 모호한 지경에 이르렀다. 전략은 경쟁 상대의 생명까지 위협하여 자신의 목적을 달성하는 극단적인 방법인데 비해 경영은 자본을 확대 재생산하기 위한 최선의 방안을 강구하는 제반 활동이라는 차원에서 그 차별성을 찾을 수 있다.

전략이라는 용어는 어딘가 경영이라는 용어보다 공격적이고 카리스마가 있는 것처럼 들린다. 그러나 경영과 전략은 상호 공통 영역이 상당히 공존하고 있다. 그러다 보니 자극적이고 센세이셔널한 것을 좋아하는 언론이 경영이라는 정적인 용어보다는 동적인 전략이라는 용어를 더 자주 쓰게 된 것으로 보인다.

양자의 개념은 주어진 여건하에서 가장 효율적인 방안을 추구한다는 면에서 동일하다. 그러나 목적하는 바와 수단, 방법 측면에서 차이가 난다. 전략은 경쟁 상대의 행위 주체자의 행동과 의도에 크게 좌우되지만, 경영은 자신의 기업 내부 환경이 더 큰 영향을 미친다. 또한, 전략은 수단과 방법을 가리지 않는다. 왜냐하면 전쟁에서 패배하면 국가는 물론 개인의 생존을 담보할 수 없기 때문이다. 그러나 경영은 제도적 틀 속에서 허용된 수단과 방법만으로 효율성을 추구한다는 차원에서 그 차이점을 발견할 수 있다.

전략과 경영의 관계를 분명하게 구분하기가 쉽지 않지만, 굳이 비유를 한다면 전략은 테니스와 가깝고 경영은 골프와 가깝다. 전장에서 양개 상호 적대 집단의 장수는 전투력이라는 수단을 가지고 공방을 한다. 즉, 테니스장에서 양 선수가 네트를 사이에 두고 테니스볼을 가지고 공방을 하는 것과 같다. 볼을 가지고 하는 다른 운동 경기에서도 비슷하지만 볼이 양 선수의 의지와 힘, 그리고 기술에 의해서 동적으로 움직인다는 것이다. 그러니 순수한 의미에서의 전략은 테니스 경기와 유사하다.

이에 비해 경영은 골프와 유사하다. 경영은 비록 경쟁자가 있다고 하나, 그것은 전략적 또는 경영에 영향을 미치는 외적 환경에 해당되는 것이고 전략에서 절대 가치를 두고 탈취하기 위하여 맞대결하는 전장과는 다르다. 그러니 경영은 상대 선수가 쳐서 보내는 움직이는 볼이 아니라 가만히 놓여 있는 볼을 자신의 생각과 힘, 그리고 기술로 샷을 해서 원하는 곳으로 보내는 골프와 같은 것이다.

골프는 정적이고 테니스는 동적인 것과 마찬가지로, 전략

은 동적이고 경영은 정적이다. 물론 전략의 목표를 향한 성취 방법론이라는 광의의 포괄적 정의에서 보면 전략이나 경영이라는 용어의 의미가 대동소이하다. 이것은 그 근본이 같은 뿌리에서 나왔기 때문이리라.

오늘날 모두가 아는 바와 같이 군사적 영역에서 태동한 전략이 이제는 경영 분야에서 많은 발전이 있었고 각광을 받고 있다. 그러면 어떠한 점이 이것을 가능하게 한 것이고 양자 간의 진정한 차별성은 무엇인가?

우선 전략이 군사 분야와 경영 분야에서 공통성을 갖는 것은 경쟁하는 가치를 서로 쟁취하는 데 필요한 사고과정과 행동계획을 수립하는 데 대단히 유용하다는 것이다. 추구하는 가치와 관련된 상황을 분석하고 가용수단을 식별하여 그것을 어떻게 운영하는 것이 바람직할 것인가를 결정하는 점에서 대단히 유사하다.

그러나 두 분야 간에는 엄연하고 확연한 차이가 존재한다.

군사 부문에서는 추구하는 가치는 분할이 불가능하다. 상대와의 경쟁에서 반드시 이겨서 그 가치를 차지해야 한다. 그러므로 군사적 차원에서 전략은 추구하는 가치를 획득하는 데 투입되는 비용은 큰 고려사항이 아니다. 오로지 그 가치 획득을 위해서 가용한 모든 수단을 투입하는 것이다.

이에 비하여 경영은 항상 상대적이다. 여기서 중요한 것은 가치추구에 소요되는 비용이 중요한 변수로 작용한다는 것이다. 추구하는 가치도 궁극적으로는 비용이므로 경영은 비용가치가 추구하는 가치보다 적어야 한다는 것이다.

이런 맥락에서 보면 전략은 단순 직접 경쟁을 유리하게 만드는 틀을 제공하는 것이라면, 경영은 결과적으로 추구하는 파이가 큰 방향의 대안을 찾는 것이다. 물론 전략의 차원에서도 추구하는 가치를 획득하는 데 너무나 큰 희생이 소요되는 경우에는 유리한 상황이 올 때까지 유보하기는 하지만 그 가치를 분할할 수는 없는 것이다. 그러나 경영은 추구하는 가치를 독점할 수도 있고 분할할 수도 있다. 다만 그 추구 가치를 얻는 데 경제적이면 최선이 되는 것이다.

전략과 모략

전략이라는 단어를 들으면 부정적 이미지를 떠올리는 경우가 많다. 그리고 전략적이라고 하면 상대를 속여서 자신의 이익을 추구하는 방법쯤으로 생각하는 뉘앙스가 있다.

이런 부정적 이미지는 왜 생겨났을까? 그 하나는 전략의 '략略' 자가 '꾀 략略' 자이기에 꾀를 부리는 것이라고 생각해서 그런 것이 아닌가 싶다. '꾀'라는 말이 우리에게는 긍정적인 이미지보다는 부정적인 이미지가 많다. 꾀를 부린다고 할 때 그것은 정당한 방법보다는 뭔가 올바르지 못한 방법으로 일을 처리하는 방법이 연상된다.

다른 하나는 전략이 애초부터 전쟁을 하는 데서 생겨난

말이다 보니 그런 것이 아닌가 생각된다. 전쟁에서 승리를 대신할 것은 아무것도 없다. 전쟁이란 국가 생존의 문제이고 최후의 수단으로 선택된 대안이기 때문에 인간이 하나밖에 없는 생명을 걸어놓고 하는 경쟁이다. 따라서 전장에서는 상대의 의중을 파악하여 상대가 생각하지 못한 방안을 선택해 상대를 굴복시키는 것이다. 전장에서는 모든 가용한 수단을 이용한다는 전제하에서 전투가 행해진다. 전투현장에서는 적을 기만하고 적이 미처 생각하지 못했던 바를 전술로 구사하도록 조건을 만들어 주는 것이 전략이다 보니 그런 부정적 이미지를 가지고 있는 듯하다.

이런 연유로 해서 전략은 부정적인 이미지가 내포되어 있다. 그러나 눈을 크게 뜨고 전략의 본질을 잘 새겨보면, 전략은 작은 꾀나 부리는 꼼수로는 통하지 않는다. 전략이 다루는 대상이 크면 클수록 또한 목표 시점이 멀면 멀수록 전략은 원칙과 진실을 바탕으로 만들어져 있다. 미래의 상황을 예측하고 세상의 이치를 터득한 엘리트가 그에 알맞은 방안을 제시하는 것을 다만 어리석은 중생들이 그 전략이 진리로 이뤄진 것임을 모를 뿐이다.

모략도 크게 보면 전략의 범주에 들어간다고 본다. 그러나 전략이냐, 모략이냐 하는 분류의 기준은 '대의명분' 이다. 즉, 전략이란 대의명분이 뚜렷하여 일하는 것 자체에 대해 자긍심을 가질 수 있는 사안이지만, 모략은 개인의 사사로운 이익을 위한, 그리고 상대방을 함정에 빠뜨리는, 대의명분이 없는 일을 도모할 때 쓰이는 것이다.

'엘리트'에게 양심을 빼면 '이리떼'가 되는 것처럼 전략에서 대의명분을 빼면 모략이 되는 것이다. 그러니 모략이란 많은 사람들이 타기하는 것이고, 쉬쉬하면서 행해지는 것이다. 전략가는 역사에 기록되어 후세에 남지만 모략가는 역사에 오명을 남기게 되는 것이다.

양심을 가진 사람은 전략가가 될 수 있으나 양심 없이 전략적 두뇌만을 가진 사람은 인류의 역사에 해를 끼치는 모략가가 될 가능성이 높다.

전략적이라는 의미

전략이란 달성하고자 하는 바를 가장 효율적으로 성취할 수 있도록 아측에 유리한 경쟁의 틀로 바꾸는 체계적 행동계획이라는 명제 하에서 전략의 속성은,

첫째, 창의적 맥락을 가진다. 전략이라는 것이 기존의 경쟁 구도를 바꾸어야 하는 것이기 때문에 새로운 사고를 필요로 한다. 이는 창의적 사고 없이는 불가능한 것이다.

둘째, 고위 수준의 업무이고 고차원의 업무이다. 따라서 전략 업무의 내용은 광범위하고 개략적이다. 해당 조직의 의사결정 구조 중 최고위직에서 수행하는 업무다.

셋째, 총론적 의미를 가진다. 전략은 전체적 맥락에서 사안의 전체를 사고의 한 단위로 취급하여 문제의 해결을 시도하기 때문에 총론적 입장이 강하다.

넷째, 상대를 기만한다는 의미가 내포되어 있다. '략'자는 꾀를 의미한다. 꾀를 쓴다는 것은 힘보다 머리를 쓴다는 개념으로 쓰이며 상대를 심리적으로 속여서 소기의 목적을 달성함을 의미한다.

그런데 '~적'의 사전적 의미는 '한자어 뒤에 붙어 그러한 성질, 경향, 상태에 있음을 나타내는 말'이라고 정의되어있다. 그러므로 '전략적'이라고 표현하면 전략의 성질, 전략의 경향, 전략의 상태에 있음을 나타내는 말인데, 그중 위의 4가지 성질을 나타낸다고 보면 될 것이다.

다시 말해 '전략적'이라는 의미는 기존의 틀을 벗어나 새로운 사고방식하에서 만들어 낸 창의적 결과물, 고위 수준의 업무 또는 고차원의 업무, 총론적 맥락, 그리고 꾀가 가미되어 상대를 속일 수 있는 내용 등을 나타내고 싶을 때, 명사 앞에 붙어서 위 내용의 하나 또는 그 이상의 의미를 내포하고자 형용사 형태로 쓰인 것이라고 보는 것이 타당하다.

예를 들어 '전략 동맹'과 '전략적 동맹'은 어떤 차이의 뉘앙스가 있을까? 단순히 '전략 동맹'이라고 하면 전략을 동맹한다는 의미로 받아들여지는 반면, '전략적 동맹'이라고 하면 그 동맹이 위에 열거한 네 가지 의미로 해석되는 성질의 동맹이라고 할 수 있다. 그러므로 전략적 동맹은 단순한 동맹이 아니라 — 동맹이 속마음을 다 드러내어 완벽하게 협력하는 동맹이 아니라는 차원에서 — 동맹이 전략적이라는 의미를 가질 수 있다. 총론적 의미에서는 같은 생각을 가지고 협력하지만 각론의 차원에서는 다를 수도 있다는 뉘앙스가 느껴진다. 그리고 한시적으로 어떤 조건이 충족될 때에만 동맹의 메커니즘이 작용한다는 뉘앙스가 느껴진다.

'전략적 동반자'라고 할 경우도 마찬가지다. 그냥 '전략 동반자'라고 하면 전략 문제를 동반자관계에서 처리하겠다는 의미인데 비하여, '전략적 동반자'라고 하면 서로 추구하는 궁극적 목적은 다르지만 한시적으로 총론적 차원에서 협력하겠다는 의미로 해석되며 어딘가 모르게 서로 다른 꿍꿍이속이 있는 것 같은 뉘앙스가 풍긴다.

이러한 사례는 근래에 인도와 중국이 전략적 관계를 형성하고 있고 중국을 견제하기 위해서 미국과 인도가 전략적 관계를 형성하고 있는가 하면, 과거 대소 견제를 위해 미국과 중국 간에 전략적 관계를 형성한 적이 있었다. 이렇듯 전략적 관계란 한시적으로 얻을 수 있는 부분이 같이 함으로써 발생할 때 만들어지는 관계라고 할 수 있다.

또한, '전략적 관계'라는 말은 여러 가지 의미를 담고 있지만 그 핵심은 양 개체가 서로 협력하는 데 있어서 뜻을 같이 하는 부분 또는 같은 이해관계를 가지는 부분이 있다는 것이다. 집합 개념으로 보면 부분 집합이 형성된다는 것이다. 각 개체가 추구하는 기본 목적은 다르지만 한시적으로 같이함으로써 양 개체가 공통적으로 얻는 이익이 분명히 있을 때 전략적 관계가 성립

한다.

　　이와 유사한 용어로, 전략적 협력관계라는 것은 원론적 차원에서 또는 총론적 차원에서 협력은 하되 구체적인 협력관계는 아직 거론할 단계가 아니라는 의미라고 본다. 그러므로 현재 마음을 터놓고 협력할 단계는 아니지만 어느 일정 부분은 서로가 협력하는 것이 좋은 상황에서 쓰는 용어다. 몇 년 전 후진타오 중국 주석이 일본을 방문하여 중국과 일본이 전략적 협력관계를 맺겠다고 선언했다. 그 의미는 당시 상황으로 중국과 일본이 완전하게 협력할 상황은 아니지만 일정 부분 서로가 협력함으로써 각국이 이익을 얻을 부분이 있다는 것을 말한다. 그러니까 이해가 달라지면 언제라도 갈라설 가능성을 내포하고 있는 것이고, 서로가 의심을 하고 있는 상태라는 의미도 된다. 결혼으로 비유하면 계약 결혼과 유사하지 않을까?

전략의 존립배경
전략은 약자의 것
전략은 긍정적 사고를 딛고 서 있다
세상의 이치가 경쟁의 틀을 바꿀 수 있게 한다
문제의 정의를 제대로 해야
전략은 변화를 원하는 방향으로 변화를 추구

전략의 특성
전략의 기만성
전략의 간접성
전략의 은밀성
전략의 창의성

창의적 아이디어는 어떻게?
복사(copy)
벤치마킹(Bench Marking)
발명(Invention)
개념의 차용, 개념의 확장, 개념의 전환, 개념의 혼합
직관(intuition)

유리한 경쟁의 틀로 바꾸려면?
경쟁 목표의 변화
경쟁 개념의 변화
경쟁 수단의 변화
경쟁 시간의 변화
경쟁 공간의 변화

유리한 경쟁의 틀로 바꿔라

2
경쟁의 틀을 바꾸어라!

Chapter __ 02

경쟁의 틀을 바꾸어라!

:: 전략의 존립배경

전략은 약자의 것

오늘날 전략은 사용되는 분야가 너무 많아서 아주 모호하고 이해하기 어렵다는 평이 많다. 이를 해소하기 위하여 전략을 둘러싸고 있는 외피를 다 제거하고 남아 있는 부분만 정리하면 전략이란 '목표 달성을 가장 효율적으로 성취할 수 있도록 아측에 유리한 경쟁의 틀을 만드는 체계적인 행동계획'이라는 결론에 도달하게 된다는 것을 앞서 설명했다. 전략의 목적은 기본적으로 승리를 위하여 경쟁의 여건을 유리하게 조성하는 데 있다.

그러면 이러한 전략은 누가, 왜 필요한가? 일반적으로 '강한 것이 약한 것을 이기는 것'은 만고불변의 진리이다. 그러므로 강자가 약자와의 경쟁에서는 전략과 같은 복잡한 것을 생각할 필요조차 없다. 그러나 약자가 강자를 이겨야 할 상황이 되면 그렇지 않다. 성경에 나오는 이야기로, 거인 골리앗이 다윗이 사는 마을을 쓸어버리려고 하자, 어린 다윗은 골리앗에게 이겨야만 마을을 지켜낼 수 있는 절체절명의 상황이 되었다. 사람이 세상을 살아가다보면 도처에 약자의 입장에서 강자를 이기지 못하면 생존에 심각한 문제가 발생하는 경우가 허다하다. 이러한 경우, 이길 수 있는 방법을 찾아 체계적인 행동계획을 만들어야 하는 데 그것이 전략이다.

전략은 긍정적 사고를 딛고 서 있다

이처럼 전략이란 약자에게 필요한 것이므로 아무리 어려운 상황에 처해서도 '상대를 이길 수 있는 길이 있다'라는 긍정적 사고를 해야 한다. 우리 속담에 '호랑이에게 물려가도 정신만 차리면 산다'는 말이 있다. 이 말을 자세히 음미해보면 지금 상황은 아주 어렵지만, 어떻게 해서라도 살 수 있을 것이라는 가능성을 믿고 행동하면 살 수 있다는 뜻이다. 즉, 아무리 어려운 상황에서도 이길 수 있다는 생각을 가지고 최선을 다하면 그 방법이 있다는 것을 강조한 것이다. 만약 '이길 수 없다'는 절망적인 생각을 하게 되면 전략은 딛고 설 기반 자체가 없어져 버린다.

그러면 전략은 어떻게 만들 수 있나? 앞에서 말한 것처럼

강한 것이 약한 것을 이기는 만고불변의 진리를 생각하면 현재 어떠한 상황에 처해 있더라도 '자신이 강자가 되는 여건'을 만들어야 한다. 다른 말로 하면 자신과 상대가 경쟁하는 틀Framework 자신에게 유리하게 만들어야 한다는 의미다. 즉, 경쟁에서 자신이 유리하도록 "경쟁의 틀"을 새로 구축하면 이길 수 있다는 것이다.

현재 경쟁의 틀이 자신에게 유리하다면 그 기존 경쟁의 틀을 유지하는 것이 전략이고 자신이 불리하다면 자신에게 유리하도록 경쟁의 틀을 바꾸는 것이 전략이다. 결국 승리하기 위해서는 항상 자신이 강자가 되도록 만들어야 하는 것이다. 그러니까 싸움판에서 자신이 상대보다 강자가 되게 만드는 모든 과정과 절차가 전략인 것이다.

세상의 이치가 경쟁의 틀을 바꿀 수 있게 한다

불리한 경쟁의 틀을 유리한 경쟁의 틀로 바꾸는 것이 전략이라는 것은 알 만하다 그런데, 그것이 가능할 것인가 하는 것은 또 다른 문제로 남는다. 하지만 결론부터 말하면 가능하다. 그것을 가능하게 하는 것이 세상의 이치다.

아리스토텔레스의 말처럼 만물은 변한다. 달도 차면 기울고, 산을 오르면 반드시 내려와야 한다. 그리고 세상은 음과 양으로 구성되어 있다. 좋은 것이 있으면 나쁜 것이 있고, 유리한 점이 있으면 불리한 점이 있다. 그러니까 '만물은 변한다'는 명제와 음양의 이치를 합하면 해답이 나온다. 즉, 음과 양의 이치에서 현재 자신이 처한 '불리'의 반대편에는 언젠가 나타날 '유리'가 버티고 있는 것이다. 현재의 '불리'는 세상의 이치에 따라 반드시 변해야 하니까 그것이 변하는 방향은 '불리'의 반대편인 '유리' 쪽으로 변할 수밖에 없다.

현재의 상황에서 약점인 것이 미래 상황에서는 오히려 장점이 될 수도 있다. 주변 환경에 따라서 장점이 약점이 될 수도 있고 그 반대도 가능하다. 앞을 못 보는 장님은 정상인과의 경쟁에서 낮에는 정상인보다 불리하지만 깜깜한 밤에는 정상인보다 유리할 것이다. 장님은 앞을 못 보는 대신 감각이 특별히 발달되어 있다. 그러므로 주간에는 시력이 장점으로 작용하지만 야간이 되면 시력은 별 의미가 없고 감각이 장점으로 작용한다. 불과 12시간 이내에 정상인과 장님의 입장이 바뀌는 것이다. 그러니까 현재 처해 있는 상황은 단지 다양한 상황 중의 하나일 뿐이다.

마찬가지로 과거 농경 사회에서는 땅이 가장 중요한 경쟁의 수단이었고 산업화 시대에는 지하자원이 가장 중요한 수단이었지만, 지식 정보화 시대에는 지식과 정보가 가장 중요한 경쟁의 수단이다. 우리나라를 예로 들면, 농경 사회나 산업화 사회에서는 경쟁력이 미약했다. 땅덩어리가 작은 나라이면서도 그나마 산지가 70%나 차지하고 있어서 농업생산 경쟁의 틀에서는 다른 나라와 경쟁에서 불리했다. 산업사회에서도 역시 지하자원이 빈약하여 산업화를 이룩하는데 다른 나라에 비하여 몇 배 힘이 들

었다. 그러나 인구밀도가 높고 우수한 두뇌를 보유한 우리 민족은 세계에서 가장 높은 교육열이 부가되어 아주 우수한 인재가 풍부하다. 이러한 여건은 지식 정보화 시대에는 가장 강력한 경쟁력이다. 세계 IT문명을 주도하고 있는 지금의 상황이 이를 잘 보여주고 있다.

인과관계도 전략을 수립하는 데 필요한 소중한 자산이다. 전략은 경쟁하는 상대나 불특정 다수를 상대로 자신의 의도를 펼치는 과정이라고 볼 수 있다. 어떤 일을 도모할 때 일이 일어나는 원인과 결과를 아는 것은 그 문제를 합리적으로 풀어갈 수 있다는 의미다.

이 세상에 우연이란 없다. 단지 우연이라고 주장할 경우에는 그 원인과 결과를 설명할 수가 없기 때문이다. 각기 일어나는 사안에 대해 원인과 결과를 설명할 수 있느냐 없느냐의 여부는 그에 관한 관련 지식이 결정한다. 관련 지식이 있으면 그에 대한 원인과 결과를 이해하고 설명할 수 있어, 그에 따른 대비를 할 수 있는 것이다.

예를 들어 어린아이들이 모르는 것들을 어른들은 안다. 어른들은 직/간접적인 학습을 통해서 세상이 변하는 이치를 알고 있기 때문이다. 따라서 어른들은 아이를 상대로 우월한 전략을 수립할 수 있는 것이다. 아이들은 자신이 공부하지 않고 놀면 장래 훌륭한 사람이 될지, 안 될지를 모른다. 그러나 어른은 자신의 경험을 통하여 인과관계를 잘 알고 있기 때문에 아이의 성장과정을 보고 그 결과를 예측할 수 있는 것이다. 그래서 아이의 장래를 위해 하나의 전략적 수단으로 야단을 치기도 하고 싫다는 공부를 억지로 강요도 하는 것이다.

바둑의 고수는 하수가 다음 수를 어떻게 놓을지를 안다. 반상에 놓인 바둑돌의 상황이 하수가 그렇게밖에 놓을 수 없다는 것을 안다. 그러니 고수는 그것을 예상하고 몇 수 앞을 보면서 포석을 하는 것이다. 그 포석이 앞으로 어떤 결과를 부를 것인지를 알고 있기 때문이다. 결과적으로 하수는 국면에서는 유리한 것 같지만, 전체 반상을 놓고 보면 패하는 결과가 나타나는 것이다.

홍수를 방지하려면 물길이 흐르는 길을 알아야 그에 대한 방책을 마련할 수가 있다. 비가 오면 빗물이 어느 곳으로 모이는지를 알고 그 가장 중요한 병목을 찾아 막아두면 되는 것이다. 이처럼 전략은 결과를 유도하는 원인이 무엇인지 아는 것이 가장 중요하며 그 원인을 알기 위해서는 다방면의 직접적, 간접적 지식이 필요하다. 특히, 추구하는 목표를 명확히 간파하는 능력과 그 목표 달성에 관련된 사안들을 정확히 아는 것이 필수다.

문제의 정의를 제대로 해야

약자가 강자를 이기기 위해서 반드시 필요한 것이 '무엇이 문제인가?'에 대한 정확한 답을 줄 수 있어야 한다. 즉, 현재의 강자보다 약자인 자신이 이길 수 있는 경쟁의 틀을 만드는 데 풀어야

할 문제를 정확하게 정의해야 한다.

이런 방식으로 문제를 올바르게 정의하려면 그 문제가 안고 있는 본질을 주변 환경과의 관계에서 정확하게 짚어 내야 한다. 변화하는 세상에서 미래의 트렌드를 정확하게 읽어 내고 그것을 자신의 업무와 연관을 지어 문제 정의를 해야 한다.

게임업계에서 대박을 터트린 닌텐도는 기존의 게임업체들과 완전히 다른 각도에서 문제를 정의하였다. 즉, 다른 경쟁업체들은 시장 점유율을 높이기 위해서는 게임이 더 화려해야 한다는 문제정의에 빠져 있을 때, 닌텐도는 절대 다수의 사람들은 게임을 즐기지 않는 것이 문제라고 정의하였다. 그리고 절대 다수가 게임을 즐기게 하는 게임을 만드는 것이 시장을 확대하는 것이라고 생각하였다. 따라서 게임방법을 아주 단순하게 디자인한 위wii가 만들어진 것이다. 그 결과 닌텐도는 '온 가족이 게임을 즐길 수 있는 새로운 게임시장'을 창출하게 되었다.

세계적인 기업도 문제를 잘못 정의하는 경우가 있다. 1990년대 중반, 펩시콜라가 코카콜라와 경쟁하기 위하여 '맛'이라는 문제 정의로 코카콜라를 맹추격하였다. 이때 코카콜라는 위기의식을 느낀 나머지 코카콜라도 맛이라는 정의로 뉴코크를 출시했다. 그러나 결과는 보기 좋은 참패였다. 고객들은 뉴코크에 대하여 외면을 넘어 분노하기까지 했다. 그 때까지 고객들은 코카콜라를 음료와 함께 브랜드 이미지를 함께 마시고 있었던 것이었다.

펩시가 맛으로 정의해 성공했다고 해서 코카콜라도 성공하리라는 보장은 없다. 서로의 배경이 다른 것이다. 고객들은 각각의 제품에 기대하는 바가 다른 것이다. 고객들은 오래된 코카콜라에서는 브랜드 이미지를 기대하고 후발주자인 펩시에게는 코카콜라와 다른 맛을 기대하고 있었던 것이다.

또 다른 실패의 사례로는 월마트가 있다. 월마트는 창고형 매장으로서 낮은 가격으로 시장을 석권하고 있었다. 같은 방법으로 한국시장을 공격했지만 결과는 보기 좋은 참패였다. 한국 소비자의 욕구는 미국 소비자의 욕구와 달랐다. 미국의 소비자들은 합리성을 바탕으로 값이 구매행위의 중요한 변수였다. 그러나 한국의 소비자들은 감성적 문화를 바탕으로 가격이 아니라 편안한 매장 진열과 친절한 서비스를 즐기는 스타일이다. 그러니 월마트가 한국시장에서 성공할 수 있었겠는가?

전략은 원하는 방향으로 변화를 추구

세상의 이치 중에서 세상에 변하지 않는 것은 아무 것도 없다는 사실은 전략을 수립하는 데 중요한 전제다. 흔히들 마음이 변했다고 난리를 치고, 음식이 상했다고 소란을 떤다. 그렇지만 그것이 정상이다. 왜? 변하는 것이 자연의 이치니까.

만일, 반대로 모든 것은 변하지 않는다고 가정해 보자. 어떤 일이 일어나겠는가? 음식이 변하지 않는다면, 사람 아니, 모든 생물은 살 수가 없을 것이다. 우리가 먹은 음식은 입속에 들어가

서 위와 장을 거치는 동안 소화를 통해서 영양소로 변하는 것이며 그 영양소는 다시 에너지로 변하여 우리의 몸 유지시켜 주는 것이다. 그뿐이랴! 모든 것이 다 그렇다. 적절한 시간이 지나면 변해야 한다. 쌀이 누룩의 효모 작용으로 변하면 향기로운 술이 되지만 악성 곰팡이가 슬면 썩어 악취가 난다.

변해야 하는데 변하지 않으면 그게 오히려 큰 문제다. 지금 공해라고 난리를 치는 것들이 모두가 원하는 시기에 변하지 않고 원하는 방향으로 변하지 않기 때문에 생긴 문제다. 근래 환경오염의 주범은 석유화학 물질이다. 석유가 그렇고 석유에서 나오는 각종 플라스틱 제품이 그렇고, 그로부터 나오는 각종 농약이 문제다. 인간이 그것들을 인위적으로 조작을 해 버렸으니 자연에 순응하지 않아서 변하지 않는 것이다.

나이가 들어 늙는 것을 막아보려고 안달을 하지만, 그것도 늙는 속도를 조금 늦추고 싶은 것이지 전혀 늙지 않겠다고 하는 사람은 없을 것이다. 만약 늙지 않아서 나이가 60인데도 10살 정도의 아이 얼굴을 하고 있다면 정말 얼마나 보기 민망하겠는가?

사랑하는 사람이 변심을 했다고 아우성을 치지만, 그 마음마저도 주위 상황에 맞게 적절하게 변해야 하는 것이지, 언제나 처음 만난 당시와 같은 마음이라면 어떤 상황이 벌어지겠는가? 아무 것도 하지 않고 서로 바라보고만 있다면 어떻게 되겠는가? 처음 만났을 때와 같은 심정으로 평생을 살아간다면 그게 가능할까? 아마 남편이 결혼해서도 연애시절처럼 선물만 펑펑 사다 나르면 그 아내는 돈을 헤프게 쓴다고 바가지가 이만저만이 아닐 것이다. 이처럼 변화는 자연의 순리다. 다만 변화의 속도가 조금씩 다를 뿐이다. 이렇게 보면 우리 인간의 활동 대부분은 그 변화의 속도를 조금 조절하는 것 외에 다름 아니라는 생각이 든다.

전략이란 이 변화하는 자연의 이치에서 어떠한 역할을 하는가? 우리가 원하는 방향으로 변했을 때에는 당연한 것으로 '발전'이라고 부른다. 따라서 '전략이란 원하는 방향으로의 변화를 기도하는 것'이라고 정의할 수도 있다.

이 세상의 모든 것이 자연의 법칙에 따라 변하면 아무 문제가 없다. 이러한 변화를 전략과 연관시켜보면, 전략은 그 어떤 것을 우리가 원하는 방향과 시간으로 변화시키는 작용이다. 그런데 그 변화 방법이 문제다. 자연에 순응해서 변화시키면 부작용이 적을 것이요, 자연에 역행해서 변화시키면 반드시 그에 대한 부작용이 크게 나타난다. 전략은 변화의 부작용을 최소화시키는 것이 바람직한데 그것은 시간변수를 조정함으로써 가능하다.

그런데 전략을 구사할 때 이 변화를 알게 하는 것이 좋을 경우가 있고 모르게 할 때가 좋은 경우가 있다. 동일한 목표를 놓고 경쟁하는 관계에 있는 군사전략과 같은 경우, 상대에게는 변화를 모르게 하는 전략을 구사해야 하고, 동일한 목표를 공통으로 추구하는 관계에 있는 기업에서 생산전략과 같은 내부전략 상대에게는 변화를 알게 하는 것이 성공의 가능성을 높인다.

:: 전략의 특성

이와 같이 불리한 경쟁의 틀을 유리한 경쟁의 틀로 바꿀 수 있는 가능성은 있다는 것은 알겠다. 그러나 자신에게 유리한 경쟁의 틀을 만들어 성공하기 위해서는 상대가 그 전략의 창의적 내용을 모르게 하여 의외성을 확보하여야 한다. 만약 상대가 새로운 경쟁의 틀을 알아버리면 상대가 그 대응책을 마련하게 될 것이므로 전략으로서 가치를 상실하게 된다. 다윗이 골리앗과 싸울 때 골리앗은 당연히 붙어서 싸울 것이라고 생각했다. 다윗이 이길 수 있었던 것은 전에 한번도 시도된 적이 없는 돌팔매Sling를 이용하여 떨여져 싸웠기 때문이다. 이러한 기만성은 간접성과 은밀성 그리고 창의성의 도움을 받아 성립한다.

전략의 기만성

전략의 원초적 속성은 상대를 기만하거나 속인다는 의미가 내포되어 있다. 전략이 전장에서 그 개념이 태동된 순간부터 적장에게 나의 생각과 행동을 속이기 위한 각종 계책을 준비하여 시행하는 것이었다. '략略' 자는 꾀를 의미한다. 꾀를 쓴다는 것은 힘보다 머리를 쓴다는 것으로 상대를 심리적으로 속여 소기의 목적을 달성함을 의미한다. 힘이 약한 자가 이기기 위해서는 상대를 속여야 한다. 이러한 기본적 속성을 보완해 주는 것으로 간접성과 은밀성, 창의성이 있다.

예를 들어 군사적 영역에서 사용되는 양공작전이나 양동작전은 주공격 시간과 장소를 기만하기 위하여 실시한다. 이것은 유리한 작전여건을 조성하기 위한 전략적 활동인데, 전략적 속성을 모두 포함하고 있다. 이 작전들은 적어도 본 작전이 시작되기 전 미리 준비한다는 차원에서 미래성을 지니며 상대를 기만하기 위한 계획을 사전에 수립한다. 그리고 이 작전들은 대체로 전승불복이라는 원칙에 맞추어 창의적인 전혀 새로운 방식의 작전을 할 수 있는 여건을 만들어 상대가 이를 알지 못하게 한다. 양공작전과 양동작전은 주 작전에 기여하기 위한 간접적 활동이며 이것은 군사작전의 성격상 철저히 은밀하게 계획되어 추진된다. 그리고 이러한 기만을 위한 작전들은 전체작전에 기여할 수 있도록 계획되지만, 그 자체의 의도를 상대가 전혀 눈치 채지 못하게 함으로써 성공할 수 있다.

기만이 적대적 관계에서는 부정적인 방식으로 사용되지만 우호적 관계에서는 긍정적 방식으로 사용되기도 한다. 아이들에게 미래를 위해 부모들이 거짓말을 하는 것과 플라시보 효과를 노리고 의사가 환자에게 거짓말을 하는 것은 긍정적 차원에서 기만하는 행동이다. 기업경영과 같은 분야에서는 적대적 관계와 우호적 관계가 혼재하는 중립적 관계이다. 회사 발전을 위해서는 긍정적 차원의 기만과 부정적 차원의 기만을 활용한 전략이 요구된다.

이해를 돕기 위하여 적대적 관계에서 성공적으로 구사된

기정사실 전략을 예로 들어 설명하면, 기정사실 전략이란 궁극적 목표를 달성하기 위하여 상대가 눈치 채지 못할 만큼 목표를 잘게 쪼개어 야금야금 갉아먹은 후 궁극적 목표를 점령하고 나면 상대방도 그것을 기정사실로 받아들일 수밖에 없게 하는 전략을 말한다. 목표를 세분함으로써 궁극적 목표를 기만한 것이며 인간 심리의 보수 성향을 이용한 전략이다.

대부분의 사람들은 천성적으로 보수적이다. 자신이 가진 것을 빼앗기지 않으려 하고, 예측할 수 없는 결과와 피할 수 없는 갈등을 야기하는 상황을 두려워한다. 사람들은 기본적으로 대립을 싫어하고 피하려 한다. 만약 당신이 적으로부터 아주 중요한 가치를 지닌 것을 빼앗으려 한다면 적은 전쟁도 불사할 것이다. 그러나 작고 별볼 일 없는 것을 빼앗는다면, 적은 굳이 싸우려고 하지 않을 것이다. 작은 것을 두고 싸우기보다 당신을 그냥 내버려 두는 것이 더 합리적이라고 생각하기 때문이다. 이것이 바로 적의 보수적 성향을 이용한 것이다. 따라서 당신이 빼앗은 작은 부분은 기정사실, 즉 현상의 일부분이 될 것이며 이는 앞으로도 계속 유지될 수 있게 된다.

이어서 기정사실을 기반으로 당신은 또다시 작은 부분을 야금야금 갉아먹게 될 것이다. 다음에는 당신의 적은 좀 더 경계심을 품고, 당신의 행동을 주시할 것이다. 그렇지만 당신이 갉아먹은 것이 작은 부분이기 때문에 싸울 만한 가치가 있는지 고려해 보다가 결국은 보수적 성향이 작용하여 싸움을 피할 것이다.

이렇게 반복적으로 작은 부분을 갉아먹어 전체를 다 먹어치울 때까지 계속될 것이다.

마침내 당신의 목표가 드러나고 당신의 라이벌이 이전의 평화주의를 후회하며 전쟁을 고려할 때가 오겠지만, 그때쯤이면 당신은 이미 작은 상대도, 처치하기 쉬운 상대도 아닐 것이다. 경쟁의 상대라고 할 수 없었던 완벽하게 열세했던 경쟁의 틀이 야금야금 부분을 갉아먹은 후 강해져서 동등하게 경쟁할 수 있는 경쟁 상대가 되었거나 더 나아가 상대를 위협하는 경쟁자가 될 수도 있다. 이렇게 되면 완벽하게 경쟁의 틀이 바뀐 것이다.

이 기정사실 전략을 구현할 때 반드시 주의할 점은 당신이 원하는 것만 갉아먹어야 하며, 사람들이 싸우기를 꺼려하는 본성을 해칠 정도의 분노와 공포, 불신을 유발해서는 안 된다. 동시에 야금야금 갉아먹는 사이에 충분한 시간적 여유를 두어 사람들이 잠깐 관심을 가지다가 말게 하여야 한다. 일반적으로 사람들은 더 심해지지 않으며 상황이 좋아진다고 판단하는 경향이 있기 때문이다.

기정사실 전략의 비결은 사전 논의 없이 빠르게 진행해야 한다. 만약 행동을 취하기도 전에 자신의 의도를 드러낸다면 수많은 비판과 분석, 의문에 둘러싸이게 되어 전략으로서의 가치를 상실하게 된다. 일반적으로 사람들은 꿈을 이루려는 감정과 엄청난 욕구에 사로잡혀 대개 한 번의 큰 도약으로 목표에 다다를 수 있다고 생각한다. 그러므로 꿈을 이루는 데 필요한 작고 지루한

단계들을 중요하게 생각하지 않는다.

이 전략은 처음에는 작고 가까운 것에, 그 다음에는 궁극적인 목표에 더 가까이 가려면 어디에서 어떻게 접근해야 하는지에 초점을 두게 된다. 작은 단계를 밟음으로써 원대한 욕구들은 실현 가능한 것이 된다. 큰 것을 빼앗으려는 유혹을 물리쳐야 한다. 씹을 수 있는 것보다 더 큰 것을 삼킨다면, 그로 인해 발생하는 문제를 처리하느라 시간을 낭비하게 되며, 이 문제가 제대로 풀리지 않을 경우 의욕마저 잃게 된다.

이 전략이 더 효과를 발휘하기 위해서는 당신의 공격적 의도를 감춰야 한다. 공격의 발톱을 숨기고 어리석음을 표출해야 한다. 전략적 의도를 감추기만 해서는 안 된다. 따라서 한입 갉아 먹었을 때는 아무리 작은 것이라도 자기방어에서 나온 행동을 보여라. 부분적인 것을 갉아먹는 중간 중간에 충분한 휴식기를 두어 당신의 목표가 거기까지라고 인식하게 하어라. 만약 당신이 더 큰 것을 수시로 갉아먹은 후, 먹을 것 중 일부를 토해 낸다면 그것은 이 전략의 극치로서 상대를 기만할 수 있는 폭이 커진다.

이러한 전략의 역사적 사례는 1740년 프로이센의 대제가 된 프리드리히이다. 그는 가장 강력한 적수였던 오스트리아를 상대하여 자신의 목표를 이룩하였다. 그는 마리아 테레지아여제가 오스트리아의 왕이 되자 정통성을 트집 잡아 군대를 오스트리아의 작은 지방인 셀레지아로 보냈다. 수년 간 전쟁이 지속되었는데, 상황을 적절히 판단하여 다른 지역까지 위협, 마리아 테레지아가 화평을 요청하게 하였다. 프리드리히는 이 전략을 반복함으로써 싸울 만한 가치가 없는 작은 영토들을 힘들이지 않고 점령해 나갔다. 그렇게 해서 사람들이 미처 눈치 채기도 전에 프로이센을 열강의 반열에 올려 놓았다.

우호적 관계에서 전략의 기만성을 예로 들면, 당의정 전략이 적합하다. '몸에 좋은 약은 입에 쓰다' 라는 말이 있다. 그것이 세상 이치다. 세상에 입에 달면서 몸에도 좋은 약이 있다면 그것은 대박이다. 도대체 있을 수 없는 일이다. 물 좋고 그늘 좋은 곳이 없듯이 하나가 좋으면 다른 하나가 나쁜 것이 보편적 세상의 이치다.

어린아이는 몸에 좋은 쓴 약보다는 우선 입에 달콤한 사탕을 좋아한다. 그렇다고 계속 아이에게 사탕을 먹도록 하는 부모는 없을 것이다. 사탕을 계속 먹으면 우선 충치가 생기고 나중에는 당뇨병 환자가 될지도 모른다. 입에 좋다고 계속 먹다가 몸 전체가 망가지는 것이다. 이를 아는 부모가 아이가 사탕을 계속 먹는 것을 방치한다면, 그 부모는 친부모가 아니거나 천치 바보 중 하나다.

이를 국가에 대입해 보면 비슷한 현상이 나타난다. 대중은 아이처럼 당장의 달콤함에 빠져들기 쉽다. 대중들의 생각은 자신의 장래 몸의 상황을 가늠하지 못하는 아이처럼 나라 전체의 일을 생각할 만한 능력이 없다. 오직 자신의 입장에서 좁은 세계만을 볼 수 있을 뿐이다.

이 대중들에게 국가 장래를 위해 나라에 좋은 쓴 약을 먹으라고 요구하면 대중은 잘 먹지 않는다. 나중에 나라가 망하는 것은 자신과 무관하다고 생각하는 경향이 많다. 그들은 우선 먹기 좋은 사탕을 좋아한다. 나중에 국가가 당뇨병에 걸려 제대로 몸을 가누지 못해도 자신과는 상관없는 듯 생각한다.

그런데 국가지도자나 전략가는 그럴 수가 없다. 미래가 훤히 그려지는 전략가에게는 참을 수 없는 고통이다. 그렇다고 대중들에게 강제로 쓴 약을 먹일 수 없다. 독재체제에서는 가능할지도 모르겠지만, 자유민주주의 체제에서는 어렵다.

이때 전략가는 그 쓴 약을 삼키기 쉽도록 당의정을 입히는 일을 해야 한다. 당의정을 어떻게 만들어 입힐 것인가는 전략가의 몫이다. 당의정 전략은 긍정적 차원의 기만 활동이다. 더 큰 목표를 달성하기 위한 전략으로 쓴 약을 우선 먹기 좋도록 달게 만든 것이다.

전략의 간접성

전략은 상대를 기만하는 것을 기본으로 하므로 간접적으로 접근해야 상대가 나의 의도를 바로 알지 못하는 동시에 기만하고자 하는 기도에 대하여 바로 반발하는 것을 미연에 방지할 수 있다.

꽃은 종족 번식의 욕구를 충족시키기 위하여 화려한 색깔이나 향기로 벌과 나비를 유혹한다. 그리고 마지막에는 그들의 양식인 꿀로써 깊숙이 유혹하여 벌과 나비는 자신들이 무엇을 하는지도 모르는 사이 그들의 행동과정에서 꽃은 수정하게 된다.

어쩌면 이것은 가장 원초적이고 가장 모범적인 전략의 간접성이다. 꽃은 벌과 나비가 그들이 원하는 꿀을 얻기 위해 꽃의 암술과 수술 사이를 헤집고 다녀야 하게 만들었고, 그 결과적인 행동에 의해서 꽃가루 수정이 되게 한다.

리처드 탈러 시카고대학 경제학 교수와 캐스 선스타인 하버드대학 로스쿨 교수가 공동으로 저술한 '넛지'가 2008년 여름 한국에서 선풍적인 인기를 얻었다. 넛지_{Nudge}를 사전에서 찾아보면 '_{주의를 환기시키기 위하여 남을} 팔꿈치로 쿡쿡 찌르다. 또는 _{남의} 주의를 환기하다'라고 되어 있다. 이 책에서 저자들은 넛지를 '타인의 선택을 유도하는 부드러운 기술'이라고 설명하고 있다. 넛지는 은근히 또는 넌지시라는 의미를 가지고 있으므로 전략이 갖는 '간접적' 속성을 가지고 있다. 그러니까 넛지는 그 자체가 전략적이다.

소위 바로 대놓고 말하거나 지시하지 않고 무언가를 암시하거나 목적은 감춰두고 그에 영향을 미칠 어떤 것을 하게 만들어 그 목적을 달성한다는 의미에서 확실히 전략적이다. 넛지는 기본적으로 추구하는 목표를 달성하기 위하여 간접적인 방법을 사용한다. 주어진 전략적 상황에서 인간이 어떤 행동을 할 것인가에 대한 연구를 통하여 의도자가 추구하는 목표가 무엇인지 알든, 모르든 상관없이 자신이 하고 싶은 행위를 함으로써 의도자의 목표를 달성한다는 측면에서 지극히 전략의 간접성을 충분히

함축하고 있다. 넛지에 대한 아주 쉽고 재미있는 사례가 있는데 암스테르담 공항에서는 소변기에 '파리 모양 스티커'를 붙여 놓은 아이디어만으로 소변기 밖으로 새어나가는 소변량을 80%나 줄일 수 있었다고 한다. 이곳에서는 화장실을 깨끗이 사용하라는 경고의 말이나, 심지어 파리를 겨냥하라는 부탁조차 없었다고 한다. 어떠한 금지나 인센티브 없이도, 인간 행동에 대한 적절한 이해를 바탕으로 원하는 결과를 얻어 낸 것이다.

위에서 예로 든 암스테르담 공항의 '소변기의 파리 스티커'는 대부분의 사람들로 하여금 소변기에 붙어 있는 파리를 소변줄기로 떨어뜨리고 싶은 본능이 작용하게 한다. 설사 소변을 보는 남자가 그 파리 스티커는 소변이 밖으로 새 나가는 것을 방지하기 위하여 의도적으로 붙여 놓은 것이라는 것을 아는 경우에도 상관없이 본능이 작용한다.

왜 그럴까? 그것은 재미를 추구하는 인간의 본성이 작용하기 때문이다. 재미있다고 생각하면 아무 의미 없는 행동도 하는 것이 인간이다. 인간의 재미있는 행동을 하고 싶어 하는 본성을 활용하여 간접적으로 소변이 밖으로 새어 나가는 것을 방지하고자 한 전략이다.

이처럼 넛지는 인간의 본성을 정확히 파악하여 직접적 접근을 피하고 간접적 접근을 통하여 목표를 달성한다는 측면에서 대단히 전략적이다.

오랑캐로 오랑캐를 무찌른다는 뜻으로 이이제이以夷制夷라

는 전략이 있다. 한 세력을 이용하여 다른 세력을 제어함을 이르는 말이다. 중국의 당나라 역사에서 외교정책으로 많이 쓰인 전략으로 적과 적을 경쟁하게 하여 적을 약하게 만들어 자신과 적과의 경쟁에서 유리한 경쟁의 틀을 만드는 전략이다. 자신이 직접 경쟁의 장에 뛰어들지 않고 간접적으로 자신의 전략적 목표를 달성할 수 있는 방법이다.

동양의 대 전략가 손자는 그의 병법 제3편, 모공편謀攻篇에서 '부전이굴인지병, 선지선자야不戰而屈人之兵, 善之善者也 고상병벌모, 기차벌교, 기차벌병, 기하공성故上兵伐謨, 其次伐交, 其次伐兵, 其下攻城'이라고 했는데 이 말은 '적과 싸우지 않고도 적을 굴복시킬 수 있는 것이 가장 좋은 것이다'라는 뜻이다. 그러므로 '가장 좋은 병법은 적의 꾀를 치는 것이며, 그 다음은 적의 동맹을 치는 것이며, 그 다음은 적의 병력을 치는 것이며, 가장 하책은 성을 공격하는 것이다'라는 말이다.

이처럼 절대 우위의 적과 직접 싸우는 것보다는 적의 꾀를 공격하거나 적의 동맹을 치는 간접 접근방법이 좋은 것이다. 하지만 그보다 더 좋은 방법은 적들을 상호 견제시키거나 싸우게 만들어 자신과 싸울 역량과 시간을 없애는 것이다. 이러한 이이제이 전략은 적대국과의 후유증마저 남지 않게 되는 것이다.

'자신과 저 간의 경쟁의 틀'을 '적과 적 간의 경쟁의 틀'로 만들어 싸우게 함으로써 적들로 하여금 자신들의 역량을 완전히 소진케 하여, 감히 경쟁의 틀로 나오지 못하게 하는 전략인 것

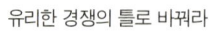

이다. 즉, 자신과 경쟁의 틀에서 발휘될 역량을 사전에 제거하여 적과의 경쟁의 틀에서 경쟁력을 갖게 하는 것이야말로 진정한 전략이다. 그러한 의미에서 이이제이 전략은 전략의 최고봉에 자리매김 된다.

사람들 중에는 "무슨 비타민이 좋다. 아니다 종합 비타민이 좋다"하면서 비타민을 상시 복용하는 사람들이 있다. 분명 좋아질 것이다. 신체의 컨디션이 좋지 않을 경우 일정 기간 복용하는 것도 바람직하다. 그러나 문제가 있다. 인체라는 것이 일반 음식물을 섭취하면 거기서 필요한 비타민을 섭취하고 섭취하지 못하는 것은 인체 자체가 생산하여 필요한 곳에 쓰게 되어 있는 시스템이다. 그런데 외부에서 비타민을 계속 제공하면 신체는 비타민을 음식물에서 섭취하는 활동이나 자체 생산의 필요성을 느끼지 않는다. 그 결과 비타민을 음식물로부터 분리 섭취하는 활동과 비타민 생산을 중단하게 되며 마침내는 비타민을 섭취하거나 생산하는 시스템은 퇴화해 버린다. 이렇게 되면 신체는 외부에서 완제품의 비타민을 어떠한 수단을 강구하든지 지속적으로 공급받아야 한다.

그런데 이와 비슷한 현상이 있다. 아편(마약)이 그렇다. 아편과 비타민의 차이점은 비타민은 인체의 보다 원활한 활동을 위해 투여한 것인데 반해 아편은 일시적인 정신적 쾌락을 위해 투여한 것이다. 계속하였을 경우 비타민은 신체 내부의 일정 비타민 관련 섭취 및 생산 활동에 장애를 초래하는 데 그치지만 아편은 그

중독성 때문에 인간의 정신적 육체적 황폐를 초래한다. 그래서 아편은 반인륜적이다. 그러므로 모든 국가는 아편을 법으로 엄격하게 금지하고 있는 것이다. 비타민이건 아편이건 수혜자는 의존성 증가라는 간접적 접근방법으로 상대를 몰락시키는 것이다.

　　미인계 전략도 수단 면에서 간접성이다. 미인계란 아름다운 여자를 이용하여 상대방 조직을 분열시켜 승리하는 전략이다. 미인계라는 말이 처음 등장한 것은 강태공의 '육도'라는 병법서인데, "상대방을 무너뜨리려 할 때 무기와 칼로만 하는 것이 아니라 먼저 상대방 신하들을 포섭하여 군주의 눈과 귀를 막아버리고 미인을 바쳐서 군주를 유혹한다"라고 기술되어 있다. 또한, 군주론의 저자로 유명한 마키아벨리는 "여자가 끼어들어 나라가 망한 사례는 얼마든지 있다. 그러나 여자 자체가 문제가 되는 것은 아니다. 여자가 끼어듦으로써 생기는 불의의 사건에 의해 조직의 질서가 깨지는 것이 가장 두려운 것이다"라고 말했다.

　　미인계는 인간의 기본적 욕구를 이용한 전략이다. 세상의 모든 남자는 미인을 좋아하게 되어 있으며 그것은 본능이다. 강한 남자일수록 여자에 약한 특징을 가지고 있다. 조직의 장이 여자에 관심을 갖기 시작하면 그 조직은 와해되기 시작한다. 우선 조직의 장이 사고가 흔들려 판단이 흐려지면 이를 알아차린 부하들의 기강이 해이해지기 시작한다. 그러니 그 조직이 제대로 된 파워를 발휘할 수가 없는 것이다.

　　이러한 미인계는 적의 세력이 강하여 정면승부가 어려울

때 쓴다. 전략이란 것이 기본적으로 이소제대 하고자 하는 상황에서 필요하기 때문이다. 현재의 무력 경쟁으로는 이길 수가 없으므로 미인을 이용하여 상대의 조직을 분열시킴으로서 전투 현장에서는 전투력이 제대로 구사될 수 없게 하는 것이다.

전략의 은밀성

나의 의도를 노출시키지 않으려면 당연히 상대가 눈치 채지 못하도록 은밀하게 계획하고 행동해야 한다. 이것은 전략의 기만적 속성을 가장 현실적이고 직접적으로 보장하는 방안이다.

전략은 주위에서 아무도 모르게 조용히 진행되어야 한다. 전략적 행위가 주변에서 눈치를 채게 되면 그것은 더 이상 전략이 될 수 없다. 그것은 마치 산그늘이 지는 것처럼 움직여서 뒤돌아보니 저만치 가 있는 것과 같이 그렇게 진행되어야 한다.

우리가 '일본은 경제의 거품이 빠지고 침체에 빠져 있다'고 알고 있는 사이, 아니 '일본 경제는 깊은 침체의 수렁에 빠졌다'고 많은 경제학자들이 지적하고 있던 사이 일본은 아주 조용히 21세기 미래를 준비하고 있었다. 그들은 경제가 침체되었다고 해서 야단법석을 떨지도 않았고, 급격한 변화를 추구하고자 혁명을 하지도 않았다. 일본은 그들의 장기인 점진적 변화, 즉 '가이젠改善'을 추구하였다. 구체적으로 기업은 3종의 과잉 과잉고용, 과잉설비, 과잉부채을 털어냈고 금융 구조조정과 고용 유연화, 경쟁원리 도입 등의 과제들을 하나씩 해결하였다. 어려운 경제 여건하에서도 일본이 R&D 지출 비중이 세계 최고였다는 사실은 우리의 주목을 끈다. 여기서 일본이 택한 '가이젠'의 전략적 함의를 새겨볼 만하다. 우선 일본은 시간을 두고 천천히 진행함으로써 부작용을 없앴다는 것이다. 둘째는 요란하게 하지 않았기에 주변으로부터 경계심을 불러일으키지 않았다. 마지막으로 전략적 목표를 세우고 그에 적절한 목표달성 방법을 채택했다는 것이다. 전략은 이렇게 행하는 것이다.

하고 싶은 말 다하면 속이 후련하겠지만, 그 때문에 주변의 협조를 얻을 수 없거나 주변의 견제가 있다면 전략 수행에 지대한 악영향을 미칠 수 있다. 봄에 하나의 새싹이 나오기 위해서는 아무도 모르게 땅속에서 많은 시간과 노력이 필요한 것이다. 이처럼 전략은 언제나 조용히, 그리고 천천히 진행되어 그 결과가 나타났을 때 그 결과를 보고 주변이 놀라게 되는 그런 것이어야 한다. 마치 한 포기의 풀이 땅을 뚫고 나오기 위해서 엄동설한 그 차디찬 땅속에서 준비하는 한 알의 씨알처럼 전략은 그렇게 아무도 모르게 조용히 진행되어야 한다.

전략의 은밀성은 여러 가지 측면이 있지만, 그중에서 중요한 요소는 전략을 수행하는 데 걸리는 시간이다. 대개 일을 도모할 때, 상대가 눈치 채지 못하게 하거나 알았을 때는 이미 모든 사실이 기정사실화되어 더 이상 손을 쓸 수 없게 만드는 것이 전략이다. 그러므로 상대가 눈치를 채지 못하게 하는 것이 가장 중요하다.

그렇게 하려면 변화의 속도를 조절해야 하는데 자연의 변화 속도에 맞추는 것이 가장 좋다. 사람은 자연의 변화 속도에는 아주 편하게 느끼기 때문이다. 변하는 듯 아닌 듯 하는 이러한 속도가 자연의 속도다. 자연의 속도는 균형이 잘 잡힌 속도다. 다르게 말하면 균형을 유지하면서 변화하는 속도다. 그러니까 자연스럽다는 것은 곧 균형이 잡혀 있다는 것이고 균형이 잡혀 있다는 것은 사람이 편안하게 느끼는 상황이다.

이렇게 전략을 자연스럽게 운용하려면 충분한 시간이 필요하므로 미리 계획하고 준비하지 않으면 안 된다. 상대를 기만하는 전략으로 느리게 변화시키는 방법이 있다. 냄비에 물을 담아 개구리를 넣은 다음 서서히 가열하면 개구리는 가만히 웅크린 채로 죽는다. 개구리는 서서히 더워지는 물의 온도를 알아채지 못하고 죽는 것이다. 그러나 뜨거운 물에 개구리를 집어넣으면 개구리는 참지 못하고 튀어나온다. 이처럼 급작스러운 변화에는 과격한 반응을 보이지만, 점진적으로 아주 천천히 상대가 알아차리지 못할 정도의 느린 속도로 변화를 추구하면 그 상대는 자신이 죽는 줄도 모르게 그에 적응해 버린다.

따라서 변화의 추구에 시간성의 요소는 아주 중요하다. 그러므로 조용히 그것도 아주 조용히 상대를 자신이 원하는 방법으로 변화시키고자 한다면 냄비 속의 개구리처럼 상대가 눈치채지 못할 정도의 느린 속도로 변화를 시도하면 상대를 기만할 수 있다.

2009년 미 연방법원은 20년 넘게 '착한 미국인'으로 살아온 치막Chi Mak, 67세 씨를 스파이 혐의로 24년 6개월의 실형을 선고하였다. 그는 1970년대 홍콩에서 중국 정부로부터 스파이 교육을 받은 후 미국에 가서 1985년 미국 시민권을 획득한 후 20여 년을 완벽하게 동면한 후 미국의 신뢰를 얻은 후 스파이 활동을 개시한 것이다.

그는 시민권을 얻은 뒤 LA교외에서 미 해군과 관련된 업체에서 착실히 일하면서 밤늦게까지 일하는 모범적인 귀화 미국인 생활을 했다. 1996년에는 까다롭기로 유명한 미국의 신원조회를 통과한 후, 미 해군의 가장 민감한 기밀들에 접근할 수 있었다. 치막은 이때부터 부인 레베카와 함께 미 해군의 각종 기밀들을 복사해 중국 정부에 유출했다. FBI는 2003년부터 그를 수사대상에 올려 추적하다가 2005년 10월 출국하려는 그를 LA 공항에서 체포하였다. 여기서 주목하는 것은 중국의 장기 전략이다. 미 해군의 군사기밀을 빼 오기 위해 근 30년 이상을 인내하고 참고 기다린다는 사실이다. 이는 만만디 기질의 중국 국민성에 잘 맞는지도 모르겠다. 완벽하게 신임을 얻어 군사기밀에 접근할 수 있는 상황이 될 때까지 기다리는 인내는 전략의 은밀성 차원에서 극치를 보여주는 사례다.

전략의 창의성

전략의 기본적 속성인 기만성을 달성하려면 상대가 이미 알고 있

는 방법으로는 불가능하다. 그러므로 앞에서 설명한 간접성과 은밀성은 전략을 구사하는 과정에서 일어나는 절차상의 문제다. 그러나 그것만으로 기만성을 확보할 수 없다. 전략이 완전한 기만성을 달성하려면 그 내용이 전혀 새로운 것이어야 한다. 그러므로 전략은 창의성이 있어야 한다. 그런데 마거릿 A. 보든은 그의 저서 『창조의 순간』에서 창의성은 '심리적 창의성'과 '역사적 창의성'으로 구분된다고 주장하였다. 여기서 심리적 창의성이란 자신에게 새롭고, 놀랍고, 귀한 아이디어를 내놓는 능력이다. 그 전에 얼마나 많은 사람들이 같은 아이디어를 떠올렸는지는 중요하지 않다. 반면 어떤 새로운 아이디어가 역사적 아이디어라면 그것은 우리가 알고 있는 범위 내에서 이전에 아무도 생각해 내지 못한 것이어야 한다. 인류 역사상 처음으로 등장한 것이어야 한다는 뜻이다. 따라서 전략에서 요구하는 창의적 아이디어는 역사적 창의성이다. 이미 상대가 알고 있는 것으로는 기만성을 달성할 수가 없으며, 그것은 전략이 될 수가 없는 것이다. 전략이라는 것이 기존의 경쟁 구도를 새로운 경쟁의 구도로 바꾸어야 하는 것이므로 새로운 사고를 필요로 한다. 즉, 기존의 방법으로는 이길 수 없으므로 이 세상에 없는 새로운 것을 만들어야 한다. 그러므로 전략은 창의적 아이디어가 없이는 성립되지 않는다.

창의적 아이디어는 전략과 어떠한 관계를 가지고 있을까? 전략이 제일 먼저 태동한 군사 분야에서 우선 생각해 보는 것이

순서일 것이다. 전사를 연구할 때 '전승불복'의 원칙이라는 것이 있다. '전승불복戰勝不復'이란 전쟁에서 이미 한 번 사용한 방법으로는 전쟁에서 이길 수 없다는 뜻이다. 이 말의 뜻은 전쟁에서 승리하려면 이미 한 번 사용했던 방법으로는 안 되고 창의적인 방법으로 전략을 구사해야 한다는 것이다. 전쟁은 손자가 말했듯이 국가존망지도國家存亡之道이다. 그러니 한 나라의 운명이 걸린 전쟁을 기획함에 있어 가용한 모든 수단을 동원할 것인바, 이미 한 번 전장에서 사용된 전략은 이미 더 이상 전략으로서의 가치를 가질 수 없을 것이다. 전략이란 자신에게 유리한 경쟁의 틀을 만드는 것이라는 정의에 비춰볼 때도 기존의 전략은 상대방도 알고 있는 전략이기 때문에 자신에게 유리한 새로운 형태의 경쟁의 틀을 구상한다는 것은 불가능하다.

:: 창의적 아이디어는 어떻게?

그러면 창의적 아이디어는 어떻게 하면 만들 수 있는가? 그에 대한 답은 간단하다. 항상 문제의식을 가지고 생활하면 가능하다. '현재의 상태보다 더 나은 방법이나 방안은 없을까?'를 생각하고 생각하면 그에 대한 답으로 창의적 아이디어가 떠오르는 것이다. 그런데 한 가지 반드시 유념해야 할 것은 목적하는 바를 확실히 해야 한다. 오직 추구하고자 하는 목적을 분명하고 확실히 하면

그 목적에 부합하는 모든 관련된 사실을 연계함으로써 창의적 아이디어를 형성할 수 있다.

그러면 창의적 아이디어란 무엇을 의미하는가? 창의란 새로운 생각으로 시작하는데, 진정한 의미에서 창의란 없다는 뜻에서 '하늘 아래 새로운 것은 없다' 라는 말이 있다. 그렇지만 그 의미는 정도의 차이라는 것이다. 창의적 또는 창조적이라는 것은 복사, 벤치마킹, 발명의 단계를 갖지만 그것은 그 정도에 따라 모두가 창의적이다.

복사(Copy)

복사의 내용 Cotenrs을 아무도 모르는 환경에서는 창조적 의미를 가지며 그러한 복사내용을 가지고도 승리의 새로운 틀을 만들 수 있다. 대개 선진사회의 문물을 후진사회에서 옮겨와 성공하는 케이스다. 수준 차이가 클 때 성공할 확률이 높다. 한국이 일제 강점기로부터 해방되어 서구 문물이 쏟아져 들어올 때, 미국이나 일본 또는 유럽의 선진 문물을 가져다가 사업을 한 사람들이 성공한 것은 대개 이러한 복사의 한 형태다. 미국에서 유행한 스타벅스가 한국에 분점을 설치하는 것과 비슷하다. 스타벅스의 기본적 아이디어는 커피 맛의 경쟁이 아니고 커피 문화의 경쟁을 추구하였는데 한국과 같은 외양에 치중하는 문화는 오히려 미국보다 더 성공적일 수도 있다.

벤치마킹(Bench Marking)

벤치마킹은 복사보다 한 단계 발전된 개념이다. 기본적 아이디어는 그대로 수용하되 원래의 환경과 새로운 환경의 차이를 확인하여 새로운 환경에 맞게 수용한 것을 말한다. 성공의 확률이 높은 방식이다. 스타벅스를 예로 들면, 문화를 팔겠다는 스타벅스의 아이디어는 그대로 유지한 채 커피의 맛을 좀 더 한국적으로 하면 벤치마킹이 된다. 피자의 경우 느끼한 것을 싫어하는 한국 사람들에게 김치를 넣어 만든 김치피자, 또는 불고기를 넣어 만든 불고기피자는 아주 좋은 벤치마킹의 사례다.

발명(Invention)

발명의 기본 원리는 이미 있었더라도 전문가가 아니면 알 수 없는 새로운 사실을 만들어 내는 것을 말한다. 뉴턴이 중력 가속도를 발견하여 현대 물리학의 새로운 장을 열었지만 그 근저에는 아리스토텔레스로부터 신세를 졌다는 것이 정설이다.

　　　　이러한 발명의 방법에는 개념의 차용, 확장, 전환, 혼합 등이 있고 이러한 차원을 훌쩍 뛰어넘어 전혀 새로운 것을 직관에 의해 알아내는 방법이 있다. 알렉스 오스본은 그의 저서『응용된 상상력』에서 아이디어를 만드는 방법으로 대용하기, 혼합하기, 변형하기, 확대하거나 축소하기, 다른 용도로 사용하기, 제거하기, 전환 또는 재배치하기 등 7가지를 제시하고 있는데 위에서 설명한 개념 변환의 범주를 벗어나지 못한다.

개념의 차용

개념을 차용하는 것은 다른 관념의 세계로부터 개념을 가져오는 것을 말한다. 예를 들어 물리학에서 발견한 이론을 사회학에 적용하기 위해 개념을 차용해 오는 것이다. 즉, 핵분열 물질이 연쇄반응을 일으킬 수 있는 최소한의 질량을 임계질량(臨界質量)이라고 한다. 아무리 강력한 물질이라고 해도, 최소한의 물리적 양은 되어야 자신을 포함한 주변 환경을 바꿀 수 있는 것이다. 물리학에서 쓰던 이 임계질량이라는 용어를 사회학에서 도입한 사람이 미국 캘리포니아 주립대학의 로저스 교수다. 자연이나 인간세계나 변화를 추구하는 물질이나 인자가 임계질량을 넘어서면, 스스로 변화가 일어난다. 그러한 변화를 부르는 분기점은 최저가 5%지만 20%는 되어야 가능하다.

여기서 우리는 다음과 같은 결과를 추론할 수 있다. 즉, 조직 내에 변화를 추구할 때 우리는 변화전략을 구상하게 되는데, 이때 우리는 인위적 변화추구의 강제수단으로 20% 변화를 추구하는 정도까지만 노력하면 된다는 것이다. 반대로 바람직하지 못한 변화에 대한 제동을 걸기 위해서는 그 변화가 5%를 넘지 못하도록 노력하면 될 것이라는 것이다.

전략은 최소의 노력으로 최대의 효과를 얻어야 하는 것일진대, 전략가는 원하는 방향으로의 변화를 추구하기 위해 그 조직 내의 구성원이 눈치 채지 못한 가운데서 20%의 변화가 되도록 하는 데까지만 목표를 세우고 추진하면 된다. 그 이상은 임계질량의 법칙을 적용해 볼 때 낭비에 불과하다.

개념의 확장

동일한 관념의 세계나 영역에서 발견한 아이디어를 좀 더 넓게 적용하는 것을 말한다. 과학적 세계에서 가장 용이하게 받아들여지는 방식이다. 동물의 임상실험 결과를 사람에게 적용하는 것이라든지 모델링을 통해서 얻은 결과를 실제에 적용하는 것이 대표적이다. 모르모트가 실험실에서 많이 이용되는 것은 인간의 생체와 유기적 구조가 가장 비슷하기 때문에 그 임상결과를 사람에게 개념 확장하기 위한 다름 아니다.

창의적이라는 것은 상대적이다. 다른 사람이 생각하지 못한 것을 생각해 내고 만들어 내는 것을 말한다. 창의적이 되려면 문제가 되는 본질적 기능을 찾아내어 그와 같은 기능을 하는 다른 분야에서 빌려오면 되는 것이다. 그 본질적 기능을 빌려와서 문제가 발생한 그 시스템에 대입하여 조정하면 되는 것이다. 비창의적인 사람들의 눈에는 그 관계성을 파악하는 것이 쉽지 않기 때문이다.

러시아의 과학자 알츠슐러가 창시한 창의적 기법은 개념의 확장의 한 전형이다, 이 이론의 근저를 이루고 있는 것은 '세상만사의 근본 원리는 통한다' 는 것이다. 이것은 그가 스탈린에게 괘씸죄에 걸려 '굴락' 이라는 시베리아 강제수용소에 끌려가서 5년이라는 시간을 보낸 후에 얻은 결론이다. 그는 하루에도

5~10명씩 죽어가는 시베리아 수용소에서 희망의 끈을 놓지 않고 공부를 했다. 그 당시 수용소에는 각 분야의 전문가들이 스탈린의 비위를 건드려 잡혀와 있었다. 그 전문가들에게 강의를 해달라고 해 하루에 18시간씩 강의를 들었다. 그렇게 다양한 분야를 공부하고 얻은 결론이 '분야에 따라 표현하는 방법이 다를 뿐 문제의 본질도, 문제 해결책도 비슷한 점이 많았다'는 것이다. 동양학은 그 존립 근거 자체를 이것으로부터 시작한다. 즉, 세상은 하나의 원리로 이뤄져 있다는 전제하에 연역적 접근법을 쓰기 때문이다. 근본 원리를 외양이 다른 곳에 적용하면 창의적인 것이 된다.

　우리나라는 근대화 과정에서 서양학문 중심으로 공부를 한 나머지 귀납적 방법에 경도되어 있어 창의적 문제 해결의 근본인 '모든 것은 하나로 통한다'는 사실에 대한 인식이 부족하다. 아마 미래에는 동서양 학문의 융합이 학문방식이 주된 흐름이 될 것이다. 대관大觀하는 차원에서는 동양학을, 그리고 소찰小察하는 차원에서는 서양학을 적용하는 것이 바람직하다.

　1970년대 후반, 군대의 재래식 화장실을 도배한 사건이 있었다. 화장실을 아무리 열심히 청소시켜도 지저분하여 어떻게 하면 깨끗하게 할 수 있을까? 고민하고 있던 차에 우연히 강아지가 잔디밭에서 놀다가 오줌 싸러 으슥한 곳으로 가는 것을 보고, '강아지도 깨끗한 곳에서는 오줌을 싸지 않고 으슥하고 더러운 곳에 가서 볼 일을 본다'는 것을 알았다. 하물며 사람인 병사들에게 화장실을 깨끗하게 해주면, 설마 더럽히지 않겠지 하는 '공통의 논리'를 적용하여 화장실을 당시 최고급 벽지로 도배한 결과 기대한 것과 같았다.

개념의 전환

업무 수행 절차를 도치하는 것에서 많은 사례를 볼 수 있다. 발상의 전환이라는 말을 쓰기도 한다. 패션에서 가장 흔한 예를 볼 수 있다. 한동안 유행했던 것으로, '속옷을 겉에 입고 다니는 행위' 등이 그런 실례에 속한다. 농사를 예로 들어보면 일반적 농부는 수확의 결과에 관심을 두지만, 도시민들에게는 농산물의 결과물에는 관심이 없으니까 그 농사를 짓는 과정에 중점을 두어 전원 농업을 하나의 사업으로 구상하는 것도 개념의 전환이다. 전화기의 사용이 증가하고 통신 기기의 발달로 통화료가 저렴해지면 통신비를 받지 않고 무료로 제공할 것이다. 여기서 사업자는 많은 사람들에게 광고를 들려주는 대가로 무료 서비스하고 통신 사업자는 광고에서 수익을 산출하는 방식이다. 이미 초기단계에 들어섰다. 이처럼 기존의 개념에서 과감하게 발상을 전환하면 전혀 새로운 것을 찾아낼 수 있다. 사업 구상에 많이 쓰이는 창의적 아이디어다.

　　　　대구시는 2011년 세계육상 선수권 대회를 유치하고는 많은 준비를 하여 비교적 성공적으로 마무리 하였다. 세계대회를 유치하는 근본 목적이 금메달을 따는 것만은 아니겠지만 메달 하

나 따지 못하는 대회는 남을 위한 잔치라는 비난과 더불어 국민적 관심을 불러일으킬 수도 없다는 것이다. 그런 맥락에서 아프리카에 널려있는 많은 육상 선수 재목을 불러들여 잘 다듬으면 원하는 만큼 금메달을 딸 수 있다는 주장은 공감이 간다. 시대적 상황에 역행하고 있는 순혈주의를 벗어나 아프리카에서 육상 선수를 수입하여 귀화시키면 문제가 해결된다는 생각이다.

현재 한국인의 조건으로는 육상에서 좋은 성적을 낼 수 없다. 우리 민족의 원형질은 오랜 시간 농경민족으로 정착하여 벼농사 위주의 생업을 유지해 온 관계로 손 감각이 발달하여 손으로 하는 운동에서는 세계적 수준의 선수를 배출하고 있다. 세계 양궁선수권 대회나 2010 아시안 게임에서 전 종목을 석권한 것이 이를 증명하고 있다.

육상은 주로 다리의 근육을 이용하는 운동이므로 하체와 엉덩이 근육이 발달해야 좋은 성적을 낼 수 있다. 생업을 위해서 이동해야 하는 유목민이나 채집 경제체제에서 사는 사람들이 유리한 종목이다. 그러므로 우리나라 사람들이 육상에서는 절대 좋은 성적을 낼 수 없다.

따라서 우리는 육상에 선천적으로 유리한 신체구조를 가진 사람들을 귀화시키는 것도 하나의 가능성 있는 전략이다. 미국은 전 세계의 우수한 사람들을 귀화시켜 전 세계의 많은 분야를 석권하고 있지 않은가? 마침 우리나라는 근대 산업화에 성공한 덕에 많은 사람들이 코리안 드림을 꿈꾸고 있어 아프리카에서 귀화하려는 사람을 찾는 것은 그리 어려운 일이 아닐 것이다. 요컨대, 대구의 고민을 해결하기 위해서는 소질이 없는 사람을 키워 경쟁하려는 힘든 경쟁의 틀을 과감히 탈피하여 소질이 있는 외국인을 한국인으로 만들어 경쟁하는 경쟁의 틀로 바꾸는 것이다. 그것은 단지 시대에 뒤떨어진 순혈주의 사고방식을 과감히 떨쳐버림으로써 가능하다.

개념의 혼합

일반적으로 장점을 취해서 버무려 놓은 것이라고 볼 수 있다. 가시적으로 이해하기 쉬운 것은 요리 분야다. 소위 퓨전 음식이라는 것이 개념을 혼합한 가장 대표적인 경우다. 이것과 저것을 혼합하여 전혀 새로운 맛을 내는 그런 것을 말한다. 아마 요리연구가들이 하는 일이 대부분 이런 것이지 않나 싶다. 또 다른 사례는 무기체계 개발에도 이런 방식이 많이 사용된다. 포탄의 사거리와 정확도를 늘리기 위하여 투발 수단은 화포로 하고 탄두의 비행원리를 유도탄의 개념을 이용하여 사거리를 늘리고 정확도를 늘리는 방안은 개념 혼합의 좋은 사례다. 또한, 무인 항공기는 항공기와 미사일 및 통신기술을 혼합한 것이다. 이처럼 기존의 기술이나 개념을 상호 혼합하여 새로운 형태의 개념이나 기술을 구사하는 것을 말한다.

직관(intuition)

위에서 열거한 방법들은 기존에 있는 것을 활용한 것이다. 그러나 그것만으로는 충족하지 못하는 경우도 있다. 그럴 경우에는 세상에 없는 전혀 새로운 방법을 찾아야 하는데 그것이 직관을 이용하는 것이다.

직관의 사전적 의미는 '판단, 추리, 경험 따위의 간접수단에 따르지 않고 대상을 직접 파악하는 일, 또는 그 작용'이다. 그렇다면 직관은 인간 지식의 범주를 벗어나는 그 무엇이라고 봐야 한다.

세상을 살다보면 불가사의한 일들이 많다. 이집트의 피라미드 등 세계적 불가사의도 있고 우리의 고대 문화유물을 보아도 불가사의한 것이 많다. 과학문명의 절정이라고 말하는 오늘의 과학으로도 풀 수 없는 경주의 석굴암 축조기술이라든지, 봉덕사 신종도 그 좋은 한 예다. 그러면 이러한 것들은 도대체 어떻게 이뤄졌을까? 많은 과학자들이 연구에 연구를 거듭하였지만 그 해답을 찾지 못했다. 다시 말해 그것은 인간의 능력을 초월한 일이라는 것이다.

그렇다면 이 직관은 어떻게 얻어지는 것일까? 직관은 우주 의지가 인간에게 전달된 것이라고 생각된다. 『뇌 내 혁명』의 저자 '하루야마 시게오'에 의하면 인간 몸의 구성 성분은 지구의 구성 성분과 다르며 그것은 우주의 성분과 유사성이 많다고 한다. 그래서 그는 인간의 DNA가 저 먼 우주에서 날아와 지구에 안

착, 오랜 세월을 두고 진화 발전하여 오늘의 형상을 하고 있는 것이 아닌가? 라고 주장하고 있다.

그렇다면 인간의 DNA는 부지불식간에 우주의 의지와 상호 교통하고 있는 것은 아닐까? 다시 말해 일정한 조건이 형성되면 우주의 의지가 인간의 DNA에 전달되어 인간에 의해 이뤄지는 것이라고 생각한다. 그러면 그 조건은 어떠한 상태를 말하는가? 그것은 지극히 간구하고 — 그 간구하는 것이 인간의 사리사욕의 범주가 아니고 우주의 의지와 같은 맥락이면서 — 그 간구하는 기도가 지극할 경우에 그러한 조건이 이뤄지는 것이 아닐까 생각한다.

석굴암을 예로 들어본다면, 석굴암 축조를 맡은 장인이 정말 부처님의 위대함과 부처님의 가르침을 중생에게 가르치기 위하여 부처님을 모실 편안한 장소를 만들고자 지극 정성으로 몰입하여 기도한 결과 그러한 능력이 주어지지 않았을까 하는 생각이 든다. 다시 말해 장인은 그저 아무 생각 없이 손발이 움직이는 대로 행한 결과 그러한 걸작이 나온 것이다. 이러한 현상은 인간 지식의 범주 안에서는 해석이 되지 않는 것이다. 그러니 우주의 의지가 전달된 현상, 직관에 의해 이뤄진 것이다.

:: 유리한 경쟁의 틀로 바꾸려면?

현재의 경쟁 구도에서 이길 수 있는 경우에는 굳이 머리 아프게 전략을 구사할 필요가 없다. 다시 말해서 경쟁의 구도를 바꿀 필요가 없는 것이다. 현재의 구도에서 그냥 경쟁하면 되는 것이고 이러한 경쟁의 구도를 유지하기 위해 노력하면 된다. 다만 현재의 경쟁 구도에서는 이길 수 없을 경우에 전략이 필요한 것이고 그것이 경쟁의 틀을 바꾸게 하는 필요성이다.

자신에게 불리한 경쟁의 틀을 자신에게 유리하게 바꾸려고 하면 언제, 어느 공간에서 자신의 파워가 강해지는가를 파악해야 한다. 이를 위해서는 예리한 통찰력으로 문제의 본질을 파악하고 그 문제를 둘러싸고 있는 환경을 철저히 분석해야 한다. 뿐만 아니라 피아가 가지고 있는 장단점을 분석하여 자신이 유리한 위치에 설 수 있는 방안을 찾아내는 것이다.

모든 것은 반드시 그 안에 장단점을 지니고 있다. 단지 그 장단점이 현재의 구도에서 장점이나 단점의 한 단면으로 나타나고 있는 것일 뿐이다. 간단한 예로 얇은 옷이 낮에는 시원해서 좋겠지만 밤에는 추워서 문제가 되는 것이다. 등산을 할 때도 마찬가지다. 얇은 옷은 산을 오르는 도중에는 가볍고 덥지 않아 좋겠지만 산 정상에서는 보온성이 떨어져 문제다.

이런 분석을 잘 하려면 융통성 있는 사고체계를 가져야 한다. 문제의 외연을 확대 또는 축소를 자유자재로 할 수 있어야 하고, 역지사지하거나 역발상을 할 수 있어야 한다. 이러한 과정은 앞에서 설명한 바와 같이 발명에서 자주 쓰이는 방법이기도 하다. 새로운 경쟁의 틀을 만드는 것이나 새로운 발명품을 만드는 것이나 모두 전에 없던 새로운 것을 요구하는 것이기 때문에 같을 수밖에 없다. 이러한 창의적 사고 방법은 앞에서 이미 설명하였고 여기서는 무엇을 어떻게 바꿀 것인가에 대해서 논의하고자 한다.

경쟁의 틀을 구체적으로 어떻게 바꾸는지에 대한 논의가 지금까지 별로 없었기 때문에 정답을 내놓기란 쉽지 않다. 하지만 경쟁의 틀을 바꾸는 것이 전략이므로 전략의 구성요소를 변용하여 경쟁의 틀을 바꾸는 방법이 가능할 것이며 추가적으로 전략이 작동하는 시공간적 환경의 변화도 경쟁의 틀을 바꾸는 중요한 수단이 될 것으로 생각한다. 미국 육군 대학원U.S Army War College에서 오랫동안 근무했던 라이크 교수의 "전략은 목표, 개념, 수단으로 구성되어 있다"는 주장을 원용하여 경쟁의 틀을 바꾸기 위한 방법으로 세 구성요소를 활용하여 설명을 하고, 이어서 환경 변화를 활용한 경쟁의 틀 변화로 설명이 가능할 것이다.

즉, 전략의 구성요소인 목표, 개념, 수단을 변경함으로써 '경쟁의 틀'을 바꿀 수 있으며, 동시에 경쟁하는 양개 주체가 존재하는 시간적 차원과 공간적 차원을 변경함으로써 '경쟁의 틀'을 바꿀 수 있다. 따라서 약자가 자신에게 유리한 '경쟁의 틀'로 바꾸는 방법은 목표, 개념, 수단, 시간, 공간의 5개 요소

중에서 하나 또는 그 이상의 요소를 바꿈으로써 가능하다.

경쟁 목표의 변화

일반적으로 추구하는 목표 자체를 변화시켜 경쟁을 자신에게 유리한 틀로 바꿀 수 있다. 목표를 변화시키게 되면 경쟁의 틀 외연이 확대되거나 차원이 달라진다. 현재의 목표추구 상황에서는 도저히 유리한 경쟁의 틀을 만들 수 없을 경우에는 목표를 상향 조정하거나 하향 조정하여 자신의 장기를 발휘할 수 있도록 한다. 목표를 바꾸게 되면 경쟁의 상대가 바뀌는 경우가 많다. 타이거 우즈 선수가 상대 선수와의 스코어 경쟁으로 상대 선수의 일거수일투족에 신경을 쓰다보면 제대로 된 샷이 나오지 않는다는 것을 간파하고 오직 자신과의 경쟁에서 자신의 심리를 평정상태로 유지함으로써 좋은 스코어를 기록하여 승리하는 것과 같이 궁극적 목표는 우승이지만 그 우승을 위하여 자신의 실력을 제대로 발휘하는 것을 목표로 수정한 결과 경쟁의 상대는 상대선수가 아니라 자신이 된 것이다.

추구하는 가치는 일반적으로 경쟁의 장이나 틀에서 목표로 나타난다. 그러므로 추구하는 가치를 변경한다는 것은 목표를 변경하는 의미와 유사하다. 따라서 추구하는 가치를 변경함으로써 경쟁의 틀을 확대하거나 성격을 달리할 수 있다. 예를 들어 세속적인 가치인 재물을 추구하는 목표를 가지고 경쟁하다가 정신적 가치인 형제간의 우애를 목표로 전환해 버리면 경쟁하던 형제

간의 경쟁관계를 자신의 내면적 정신세계인 이성과 감성 간의 경쟁관계로 경쟁의 틀이 바뀌면서 우애라는 정신적 가치를 추구하는 경쟁의 틀로 바뀐다. 이러한 과정에서 이성이 승리하면 좋은 결과가 나타난다. 투금탄 일화에서 형제들이 금덩어리를 강물 속으로 던져버린 것은 이를 설명하는 하나의 좋은 사례다.

경쟁 개념의 변화

이것은 경쟁하는 방법의 변화를 의미한다. 이것은 전략의 가장 핵심적인 분야다. 상대방이 미처 생각지 못하는 방법으로 경쟁하는 것을 말한다. 이는 창의적인 사고의 결과이며 전쟁에서 가장 많이 쓰이는 방법이다. 이러한 결과가 고전적 차원의 전략이라는 이름으로 발전되었는데 전사에 빛나는 전법은 모두 이에 해당한다. 즉, 대형을 변화시켜 상대가 대처하기 곤란하게 한다든지, 강한 측익을 견제하면서 약한 측익을 격파한 후 우세한 전력으로 남은 측익을 격파하는 것들이 이에 해당한다. 예를 들어 월등한 전력을 보유한 상대와 경쟁할 때에는 일정한 거리를 두고 치고 빠지는 방식으로 경쟁을 해야 한다. 다윗과 골리앗의 싸움에서 다윗이 이긴 방법이며 무하마드 알리가 리스톤에게 이긴 방식이다. 이러한 예는 수도 없이 많다. 아마 고대 전쟁사에 관한 기록은 이러한 예를 모아 놓은 것이라고 보아도 틀림이 없다. 경쟁 개념 변경은 기본적으로 기존의 수단을 이용하여 운영방법을 변경한 것을 말한다. 위에서 예를 든 다윗은 자신이 양치기 할 때 항

상 들고 다니던 돌팔매를 수단을 사용했으며, 무하마드 알리 역시 자신의 주먹이 수단이었다.

경쟁 수단의 변화

경쟁의 수단을 변화시키는 것으로 흔히 말하는 비대칭 전력이 대표적이다. 일반적으로 전쟁사에서 새로 나타난 신무기는 대부분 이에 해당된다. 따라서 모든 나라는 상대를 제압할 수 있는 최첨단 신무기 개발에 심혈을 기울이고 있다. 일상사에서도 상대가 가진 수단보다 더 좋은 수단을 현재 가지고 있거나 앞으로 확보할 수 있다면 유리한 경쟁의 틀로 바꿀 수 있는 것이다. 경제력 열세로 재래식 전투력으로는 경쟁이 불가능해진 북한이 핵실험을 하는 것은 절대무기를 개발하여 남북한 경쟁을 하겠다는 방식으로 비대칭 전력건설의 대표적 사례. 언제나 상대보다 유리한 무기체계를 개발 보유하겠다는 것은 모든 군사관계자들의 소망이다. 이러한 무기 경쟁의 관계를 탑독Top dog 언더독Underdog 관계라고 하는데 무기체계 발전의 역사와 같다. 그런데 한 번 차지한 우위는 반드시 새로운 무기체계에 의해서 우위의 위치를 강탈당한다는 것이다. 경쟁 수단 변경의 핵심은 기본적으로 기존의 경쟁 개념은 그대로 두고 수단을 변경한 것을 말한다.

경쟁 시간의 변화

만물은 항상 변화한다. 기후는 변하고 하루 중에도 밤낮의 변화가 있다. 자신이 처한 전략적 상황을 면밀히 분석하여 자신에게 유리한 시간을 선정하여 경쟁의 틀을 만들어야 한다. 먼저 기후의 변화를 이용한 예를 들면, 추운 지방에 사는 사람은 동계전투가 유리할 것이고 더운 지방에 사는 사람은 하계 전투가 유리할 것이다. 제갈량은 적벽대전에서 동남풍이 부는 계절의 특성을 이용, 화공작전을 전개하여 대승하였다. 나폴레옹 전쟁이나 2차 대전 당시 러시아는 동계 혹한을 이용하여 침략군을 물리쳤다. 적군을 러시아 깊숙이 끌어들이면서 적들이 사용할 만한 것은 모조리 불태우는 방식의 전략으로 적군을 물리쳤다. 기후를 이용하여 적과의 경쟁에서 유리한 경쟁의 틀을 바꾼 대표적인 경우이다. 다음은 시간을 이용하여 유리한 경쟁의 틀을 바꾸는 방법을 고려해 볼 수 있다. 첨단 무기체계를 가진 우세한 측에서는 주간 전투를 선호할 것이고 열세한 재래식 무기체계를 보유한 측에서는 야음을 이용하기 위하여 야간 전투를 선호할 것이다. 어느 시간이 자신에게 가장 유리할 것인가를 판단하여 그러한 경쟁의 국면으로 바꿀 수 있는 방법이 전략이다. 군에서 시간을 이용하는 전략 중 가장 많이 사용하는 방법은 기습 전략이다. 상대가 대응할 시간을 박탈하여 상대적 우세를 유지하기 위한 전략이다. 이를 위하여 정보수집과 기만전술에 많은 노력을 투입하는 이유다.

경쟁 공간의 변화

경쟁의 장소를 어디로 하느냐 하는 문제 역시 대단히 중요하다.

특히 지상전에서 지형의 적절한 이용은 엄청난 전투력의 효과를 나타낸다. 산악과 평지가 다르며 사막과 극한지 정글 등 다양한 특징적 장소는 자신이 가진 능력을 발휘할 수 있는 조건을 결정한다. 그러므로 자신의 전투력의 성격에 맞는 장소를 택하여 경쟁함으로써 유리한 경쟁의 틀을 만들 수 있다. 상대에게는 불리하고 자신에게는 유리한 곳으로 경쟁의 장소를 바꾸는 것이다. 그 대표적 예가 임진왜란 당시 이순신 장군의 대첩장소다. 이순신 장군은 임진왜란 당시 왜군과 싸워 23전 23승의 전승을 이룩하였다. 이순신 장군은 자신이 가장 잘 알고, 조선 수군이 전투력을 잘 발휘할 수 있는 장소를 전장으로 정하고, 왜선을 유인하여 왜군을 격파하였다. 가장 대표적인 장소가 지금 진도대교가 놓여 있는 울돌목이다. 세찬 조류와 협해를 이용하여 열세한 전력으로 왜군을 격파한 장소다.

위에서 설명한 요소는 개별적으로 작용하거나 두 요소가 결합하여 작동할 수도 있고 다섯 가지 요소가 동시에 작용할 수도 있다. 요소를 상황에 맞게 적절히 통합한다면 시너지 효과가 급상승하여 더 좋은 유리한 경쟁의 틀을 만들 수 있다. 자신에게 유리한 경쟁의 틀로 바꾸기 위해서는 그 당시 자신이 처해진 상황에서 상기 요소들을 어떻게 결합하는 것이 최선의 방책인가를 결정해야 한다.

나폴레옹의 툴롱 탈환작전
서희 장군
마샬 장군
힐러리 클린턴
미라이 공업주식회사
착한 꽃가게
이나모리 가즈오 회장
루스티히 백작
어느 방송인의 정원
효도 받고 사는 노후
사회적 갈등 치유하기
출산율 저하를 역이용하면
기대 수준을 낮추면
과정을 즐기면
상대의 자존심을 세워 주면

유리한 경쟁의 틀로 바꿔라

3

경쟁목표의 변화

Chapter__03

경쟁목표의 변화

:: 나폴레옹의 툴롱 탈환작전

나폴레옹은 24살 때인 1793년 프랑스 남부 해안의 군사적 요충지 소재 포병대의 부사령관으로 부임하였다. 부임하여 당시 사령관에게 신고를 하자 사령관은 포병대가 필요하지 않다고 말하면서 "우리는 칼과 총검으로 영국군이 점령하고 있는 툴롱을 탈환할 걸세! 자네가 내 입장이라면 말일세…, 자네라면 어떻게 하겠나?"하고 물었다.

나폴레옹은 지도를 자세히 들여다 본 후 손가락으로 지도를 짚으면서 "레퀴에트 요새가 점령되면 영국군은 툴롱을 포기할 것입니다" 라고 말했다. 사령관은 주위 사람들과 함께 폭소를 터트리면서 조소했다.

　　나폴레옹은 그러면 왜 툴롱을 탈환하기 위하여 기존의 생각을 뒤엎고 레퀴에트를 점령하겠다고 했는가? 나폴레옹은 툴롱 탈환을 위하여 당시까지 전투방법으로는 영국군을 몰아 낼 수 없다는 사실을 알고 새로운 경쟁의 틀을 만들어야 한다고 생각했다. 따라서 나폴레옹은 툴롱항을 감제할 수 있는 레퀴에트를 점령하면 툴롱항의 영국군은 배후가 노출되어 지탱할 수 없다는 사실을 정확히 간파하고 보병을 이용한 공격작전 대신에 이동 가능한 화포를 이용한 포병전투를 하여 유리한 전투의 장으로 바꾸겠다는 전략을 구상하여 실행한 것이다. 여기에 나폴레옹의 군사적 천재성, 즉 통찰력이 작용한 것이다.

　　나폴레옹은 등고선 지도와 경량포, 미국의 독립전쟁, 잔다르크에 대한 기억을 종합하여 하나의 새로운 전략을 구상하였다. 이 네 가지 요소가 전략수립에 어떠한 역할을 했는지 살펴보면 우선 등고선 지도다. 등고선은 대략 나폴레옹보다 100년 전에 만들어졌다. 그러나 나폴레옹 이전에는 전투에서 이 등고선 지도를 사용한 장교가 거의 없었다. 이 등고선 지도를 들여다보니 레퀴에트는 작은 요새로서 툴롱 항구가 내려다보이는 절벽 위에 있었다.

　　둘째, 경량포다. 이것 역시 나폴레옹의 발명품이 아니었다. 경량포는 대략 10년 전에 만들어졌다. 이 경량포는 과거의 성을 방어할 때 사용되었던 대포와 달리 가축이나 사람이 아무데서

나 굴릴 수 있도록 가벼웠다. 심지어 절벽 위에서도 문제가 없었다. 포병 장교로 임관한 나폴레옹은 대포에 대하여 전문가였다.

셋째, 미국의 독립전쟁이다. 1776년 보스턴 포위 공격 당시, 헨리 녹스는 항구가 내려다보이는 도체스터 하이트로 대포를 끌고 올라가자, 시내의 영국군들은 자국 해군들로부터 고립될까 봐 두려워 배를 타고 멀리 도망갔다. 1781년 요크타운 전투 때도 똑같은 일이 일어났다. 프랑스 해군은 시내의 영국군을 바다에 있는 영국 해군으로부터 고립시켰다. 그 결과 영국군은 조지 워싱턴에게 항복하고 전쟁은 종결되었다. 전승 불복이라 하지만 시

대적으로나 장소적으로 이질적인 상황이므로 잘 적용되었다.

넷째, 1429년 오를레앙 포위 공격이었다. 당시 잔다르크는 메인 요새 자체를 놓고 싸우는 대신 도시 주위의 작은 요새들을 차지하는 간접적인 방법으로 오를레앙 요새를 구했다.

나폴레옹은 이 네 가지 요소를 조합하여 툴롱항을 탈환하기 위하여 직접 공격하지 않고 레퀴에트를 공격하여 점령함으로써 영국군이 스스로 바다로 철수하게 만들었다. 군사적으로 말하면 레퀴에트는 중요한 지형지물로서 전술적 목표가 되는 것이다.

그런데 여기서 중요한 것은 네 가지 요소가 어떻게 재조합되었는가 하는 것이다. 이는 나폴레옹의 두뇌 속에 저장된 요소들이 툴롱항 탈환을 요구받는 시점에서 재조합되어 나타난 것이다. 그것은 직접 경험의 요소일 수도 있고 독서를 통한 간접 경험일 수도 있다. 그러므로 천재적 통찰력도 기 경험한 요소들의 재조합의 결과라는 것이다.

나폴레옹은 사령관이 말하는 보병 전투로는 영국군을 툴롱항에서 몰아 낼 수 없다는 상황을 간파하고 레퀴에트라는 감제고지를 지형적 유리점으로 판단하고 이를 이용하여 유리한 경쟁의 틀로 바꾼 것이다. 나폴레옹은 툴롱 항구를 목표로 공격계획을 수립해서는 너무나 힘든 전투가 될 것이라는 것을 예견하고 툴롱항을 지형적으로 통제할 뿐만 아니라 영국군의 퇴로 차단의 위협을 가할 수 있는 감제고지 레퀴에트를 목표로 설정한 것이다. 근대 전투 교리는 당연히 도시를 공격할 때 주변의 감제고지

를 목표로 선정하여 작전을 펼치는 것으로 가르치고 있지만, 나폴레옹 당시에는 이러한 전략적 혜안이 부족하였다.

전략에서 목표의 설정은 대단히 중요하다. 목표를 재설정하게 되면 작전에 필요한 제반 여건은 목표를 중심으로 재편성하게 된다. 이러한 차원에서 유리한 경쟁의 틀을 만들기 위하여 목표를 변경하는 것은 정확한 상황판단과 천재적 군사식견을 요구한다.

:: 서희 장군

고려 성종 때 거란의 소손녕은 10만 대군을 이끌고 고려에 침입하였다. 이에 고려는 서희 장군이 나아가 거란과 싸움 대신 협상으로 강동 6주를 할양받고 거란 군이 물러나게 한 한국사에 보기 드문 전략적 협상을 성공시켰다.

그러면 어떻게 해서 서희 장군은 싸우지 않고도 침입한 거란 군이 물러나게 만들었을까? 그것은 한 마디로 서희 장군의 뛰어난 전략적 판단의 결과다. 다시 말해 서희 장군은 당시의 동아시아 국제 정세를 정확히 읽고 통찰력으로 그 답을 찾은 것이다.

서희 장군은 먼저 거란이 고려를 침공한 숨은 의도를 정확히 간파하였다. 그것은 거란이 송나라와 전쟁을 할 경우 고려의 배후 공격을 사전에 제거할 목적으로 고려를 침공한 것이었다. 즉, 거란은 송나라를 정벌해서 중국에 거란의 나라를 수립하는 것이 근본 목적이었다. 그런데, 고려와 송나라는 전통적인 동맹관계를 유지하고 있었다. 만일, 거란이 송과 전쟁을 하게 되면 고려가 거란의 배후를 공격할 가능성을 우려하고, 송과의 전쟁 전에 배후를 안정시키기 위해서 전략적으로 고려를 침공한 것이다.

이러한 거란의 속내를 간파한 서희 장군은 소손녕 장군에게 "우리 싸우지 말자, 송나라와 관계를 끊겠다"고 제의하였다. 소손녕은 고려가 송나라와 관계를 끊겠다고 하므로 전쟁의 목적은 이미 달성한 것이나 다름없었다. 그러므로 고려와의 전쟁으로 더 이상 전력을 손실시킬 이유가 없었던 것이다.

서희 장군은 1단계 협상에서 전쟁을 회피하는 데 성공하고 이어서 2단계 협상을 시도하였다. 서희 장군은 돌아오는 길에 소손녕의 말고삐를 잡고 "내가 개경에 돌아가면, 어려움이 있을 수 있다. 고려에는 화친파뿐만 아니라 강경파도 있을 터, 강경파를 설득시키기 위해서 강동 6주를 할양해 달라"고 요청하였다. 이에 소손녕은 잠시 생각하다가 강동 6주를 고려에 할양해 주기로 결심하였다. 강동 6주는 당시 여진족이 살고 있었고 이것은 송나라를 정벌하여 대국을 이루려고 하는 거란에게는 별로 중요한 사안이 아니었다.

결과적으로 서희 장군은 거란과의 전쟁을 피하는 동시에 덤으로 강동 6주를 할양받는 이득을 얻었다. 이는 전략적 상황을

정확히 파악하여 대안을 찾아내는 전략적 통찰력을 유감없이 발휘한 결과다. 이 사례는 국가 존망이 걸린 전쟁 경쟁의 틀을 협상 경쟁의 틀로 변경시킨 모범적 경우다. 서희 장군은 소손녕이 추구하려고 했던 전쟁의 목표인 '송과의 전쟁시 배후 안정화'를 보장함으로써 소손녕이 전쟁으로 고려와 경쟁해야 하는 틀 자체를 소멸시켜 버린 것이다. 다시 말해 서희 장군은 거란과의 전쟁에서 승리라는 목표를 전쟁을 하지 않고 강동 6주를 할양받는 목표로 전환함으로써 전쟁 경쟁의 틀에서 협상 경쟁의 틀로 바꾸어 소기의 목적을 달성하였다.

마샬 장군

조지 C. 마샬 장군은 2차 대전 때 작전후방인 미국 본토에서 승전 전략을 수립하고 총 지휘한 사령탑 역할을 맡은 또 한사람의 미국 전쟁영웅이며 정치가다. 그는 플랑크린 D. 루스벨트 32대 대통령과 해리 S. 트루만 33대 대통령을 받들어 2차 대전을 승리로 이끄는 데 핵심적 역할을 했다.

마샬 장군은 이 시기 육군 참모총장과 국무장관, 국방장관 등 요직을 두루 역임했고 현역 때 5성 장군으로 승진했다. 그는 특히 2차 대전 후 폐허가 된 유럽 동맹국들과 독일 등 적국들이 잿더미의 절망에서 재기할 수 있도록 초대규모 전후복구 부흥원

조 사업을 기획, 집행함으로써 전후 유럽 경제재건과 부흥에 결정적 기여를 했다. 그는 그 공로로 마침내 1953년 노벨평화상을 수상하였다.

이러한 미국의 마샬 장군이 어떻게 부하들에게 명령계통을 확립하였는가에 대한 이야기가 아주 흥미롭다. 한마디로 그는 자신이 직접 명령하기보다는 자신과 같은 생각과 행동을 하는 인재를 뽑아 부하로 활용하였고 그러기 위해서 부하를 자신의 스타일로 훈련시켰다.

마샬 장군은 플랭크린 루스벨트 대통령에 의해 육군 참모총장으로 임명받은 후, 전쟁 수행이 불가할 정도로 엉망인 육군을 인계받아 정비를 하는 과정에서 자신의 권력 사용은 철저히 자제하고 다른 이들을 통해서 간접적으로 권력을 행사하였다. 즉, 자신이 철저하게 지배하고 있다는 사실을 숨긴 채 그 누구도 깨닫지 못하도록 아주 느슨하게 고삐를 쥐는 방식을 택했다. 그렇게 함으로써 적대 세력으로부터의 반목과 갈등을 차단하였다.

마샬 장군은 자신의 존재는 베일에 가려두고 전면에는 자신의 생각과 행동방식이 같은 부하들이 일을 하게 만듦으로써 자신은 공격의 포인트에서 배제시켰다. 하급직의 부하가 기안해서 만든 정책안에 대해 라이벌이 공격하기란 쉽지 않다. 부하를 자신의 코드로 훈련시켜 운영한 마샬 장군은 라이벌이 공격하고자 하는 목표를 부하에게로 전이시켜 '자신의 라이벌과의 경쟁의 틀'을 '자신의 부하와 라이벌 간의 경쟁의 틀'로 바꾸어버렸다.

이러한 사례는 경쟁 상대에게 목표를 제공하지 않음으로써 아예 경쟁의 틀 자체를 없애버린 경우다.

:: 힐러리 클린턴

클린턴 전 미 대통령이 북한에 억류되어 있던 미국 기자 두 명을 대동하고 전용기에 올랐다. 두 기자는 미국 '커런트TV 소속 한국계 유나 리와 중국계 로라 링이며 2009년 3월 17일 두만강 지역에서 취재 중 북한군에 체포되었다.

　　이 문제는 미국과 북한 간의 관계가 대량 살상무기 문제로 경색되어 있는 상태에서 중요한 현안이었다. 그런데 이 문제를 클린턴 전 대통령이 단 1박 2일간의 평양 방문으로 매듭을 지은 것이다.

　　이러한 외교적 행보에서 특히 관심이 가는 인물은 힐러리 클린턴이다. 그는 미국의 영부인으로서, 또 상원의원으로서, 그리고 민주당 대통령 후보 경선에서 가장 강력한 후보로서 역할을 성공적으로 마치고 자신과 경쟁자였던 오바마 정부의 국무장관으로 참여하고 있다. 자신은 당시 아프리카를 방문하면서 남편을 평양에 보내 미국의 현안을 깔끔하게 처리하였다.

　　힐러리 클린턴은 영부인 시절 남편이 백악관 인턴 '르윈스키'와 부적절한 관계에 처했을 때 단호히 자신은 "남편을 믿는다"라고 선언함으로써 대통령 직이 위협받을 만큼 심각한 사안을 개인적인 일로 처리하였다.

이때 힐러리 클린턴은 보통 여자들이 몰입하는 애정 경쟁의 틀을 과감히 거부하고 자신의 꿈을 실현할 수 있는 꿈을 경쟁하는 틀을 만들어 거기에 몰입한 것이다. 보통 여자라면 자신의 남편이 젊은 여자와의 부적절한 관계에 있었다는 사실 때문에 사생결단하는 애정 경쟁의 틀 속에서 클린턴 전 대통령과 1:1로 극한적인 경쟁을 했을 것이다.

그러나 힐러리 클린턴은 그러한 보통 여자들이 생각하는

애정 경쟁의 틀을 과감히 거부하고 자신의 꿈을 실현할 수 있는 거대한 꿈의 경쟁 틀을 만들어 그 틀에서 이기는 경쟁을 시작한 것이다. 따라서 그녀는 자신의 남편이 스캔들에서 빠른 시간 내 벗어나 대통령 직을 계속하는 것이 유리하다고 판단하였고, 성공적인 대통령 직을 수행하고 퇴임해야 자신이 미국의 대통령에 도전이 가능하다고 판단하였음직하다.

그 결과 현재 외교문제에서 백악관 보좌관들과의 경쟁에서 어려움에 처해 있는 힐러리 클린턴 국무장관은 자신의 남편을 평양에 보내 자신의 소관업무를 성공적으로 완수하게 한 것이다. 만약 영부인이 당시 르윈스키 스캔들을 확대하였다면 클린턴 전 대통령이 당시 평양을 방문한다는 것은 생각하기 힘들다.

큰 꿈을 이루기 위해서 개인적이고 사소한 경쟁의 틀을 과감히 박차고 더 큰 정치적 경쟁의 틀을 만들어 경쟁한 힐러리 클린턴 국무장관은 세계적 여장부이면서 대 전략가임이 틀림없다. 힐러리 클린턴은 사사로운 애정 관련 목표를 과감히 버리고 자신의 큰 꿈을 이루기 위한 원대한 정치적 목표로 설정한 경쟁의 틀로 바꾸어 앞을 향해 힘차게 나아가고 있다.

:: 미라이 공업주식회사

미라이 공업주식회사는 1965년 야마다 아키오가 설립한 전기설비 회사다. 일본 기후 현에 자리하고 있으면서 매출액 261억 엔, 사원 783명을 거느리고 경상이익률은 업계 평균의 2배가 넘고, 당기 순이익률도 업계 평균보다 2배가 넘는다. 전기업체라면 당연히 일본의 마쓰시다라고 생각하지만 마쓰시다를 제치고 시장점유율 1위를 차지한다.

어떻게 이런 일이 가능할까? 그 답은 기본적으로 '인간의 성선설에 근거한 경영원칙'을 적용한다는 데 있다. 이것은 서구 사회의 경영철학과 정반대 논리로서 '회사는 사원을 믿고 사원을 행복하게 해 주어야 그들이 최선을 다 한다'는 것이다. 한 마디로 사원을 감동시켜 사원이 가지고 있는 능력을 회사가 최대한 활용하겠다는 의지가 엿보인다.

미라이 공업은 '회사의 주인은 사원이다'라는 모토하에 운영되면서 창업 이래 40여 년 동안 한번도 적자 결산 없이, 평균 경상이익률 15%대라는 경이적인 성장을 지속하고 있다. 일본 기업 가운데 휴일이 가장 많고 연간 140일 정도, 정년도 70세이며, 성과주의도 없으며 철저한 연공서열이다. 월급도 일본 공무원과 비슷하고, 업계와 지역 평균보다 항상 높다. 5년마다 회사 문을 닫고 전세기를 빌려 전 사원이 해외여행을 간다.

미라이 공업주식회사는 두 가지 면에서 경쟁의 틀을 바꾸었다. 그 하나는 최대 라이벌인 세계 굴지의 마쓰시다와의 경쟁이다. 미라이 공업이 창업할 당시 전기설비업계는 마쓰시다가 지배하고 있었다. 마쓰시다 밑에서 눈치를 봐가며 하청을 받거나

틈새시장을 이용해 연명하던 시장 구조였다. 누구도 감히 넘보지 못하던 거인 마쓰시다였다. 하지만 야마다 씨는 마쓰시다를 넘지 않고는 살아남을 수 없다는 것을 잘 알았다.

전기설비는 규격이 법률로 다 정해져 있기 때문에 후발기업으로서 새로운 제품을 만들어 내는 것은 불가능하다고 생각하고 야마타 씨는 '제품 개량' 쪽으로 전략을 정했다. '마쓰시다가 생각하지 못했던 것이 반드시 있을 것이고, 그것을 찾아 개량하는 것만이 살 길이다' 라고 생각했다. 그는 다른 기업에는 눈도 돌리지 않았다. 오직 타깃은 골리앗 마쓰시다였다. '절대 타사와 같은 제품을 만들지 않겠다' 며 마쓰시다 제품을 연구했다. 그 결과 마침내 미라이공업은 마쓰시다를 제치고 스위치 박스 80%, 케이블 배선용 박스 90%, 합성수지 전선관 50% 등 압도적인 시장점유율을 확보하게 되었다.

미라이 공업은 보통의 후발 중소기업이 시작하는 하청업체로서의 운영을 지양하고 새로운 분야인 '제품 개량' 분야를 공격하는 경쟁의 틀로 마쓰시다와의 경쟁에서 승리한 것이다. 즉, 새로 기업을 시작하면서 동종의 하청 기업들과 가격이나 기술 수준으로 경쟁하지 않고 누구도 관심을 갖지 않은 분야 '제품개량' 쪽에 모든 노력을 집중하여 골리앗 마쓰시다를 이기는 블루오션 경쟁의 틀을 택한 것이다.

다른 하나는 종업원을 최고로 대우하는 '인본주의 감동 경영으로 경쟁의 틀'을 바꾼 것이다. 경영의 전문가들은 4대 경영 자원을 '자금, 인재, 상품, 정보'라고 한다. 그러나 야마다 상담역은 인재를 가장 중시하여, 모든 것의 중심에 '인간'을 두고 경쟁과 효율이 아닌 '사원과 고객에게 감동을 주는 것이 미라이공업의 철학'이라고 생각했다. 기업의 이익보다 '사원의 행복'이 먼저라는 독특한 인본주의 경영철학 아래, 창업 이래 일체 잔업을 금지해 온 미라이공업은 '잔업' 없이도 수익을 올릴 수 있는 기업 사례로서 오랫동안 기업교육의 교재가 되고 있다.

경쟁과 효율을 바탕으로 하는 서구 경영학 측면에서 보면 도저히 이해가 되지 않는 방식이다. 서구 철학의 기본은 인간의 성악설을 근본으로 하고 있으니 기업의 오너는 오직 자신의 이익 추구만을 위하여 종업원을 착취한다는 생각이 기본적으로 깔려 있고, 종업원들은 자신들의 이익을 추구하기 위해서 오너와 대등한 입장에서 협상을 할 수 있는 노동조합을 만들어 자신들의 이익을 오너로부터 쟁취해야 한다고 생각한다.

이것은 오너와 종업원 간의 팽팽한 긴장관계가 유지되는 투쟁의 연속이다. 오너는 어떻게 하든지 종업원을 철저히 감시 통제하여 노동 효율을 높이려하고, 노동자는 반대로 어떻게 하든지 편하면서도 많은 혜택을 받고자 한다. 이러한 결과 역사의 피비린내 나는 전쟁을 일으킨 자본론이 막스에 의해 저술되었고 우리나라를 비롯한 많은 나라가 이념전쟁의 희생양이 되었고 현재도 되고 있다.

이에 비해서 야마다 씨는 동양적 경영철학의 바탕 하에서

종업원을 한 가족으로 생각하고 종업원이 감동해야만 경영성과를 낼 수 있다고 생각한다. 기업을 하는 목적이 모든 사람이 행복해지기 위해서라는 인간 본연의 목적을 잘 파악하고 있다. 그러니 그가 생각하는 "종업원이 행복하면 회사가 잘 될 것"이라는 생각은 지극히 올바른 판단이란 생각이 든다. "자기 회사 사원 하나 감동시키지 못하는 기업이 고객을 감동시킨다는 것은 어불성설"이라는 게 그의 지론이다. 크게 공감이 가는 말이다.

　　인간을 감동시키면 투입 대 결과가 등식으로 성립되지 않고 결과가 더 큰 값을 나타난다. 서구의 경영방식은 투입 대 결과가 등가를 가지는 경영 형태를 최상으로 생각할 것이다. 그러니까 서구식 경영방식은 기계적이다. 그러나 야마다 씨의 동양식 경영 철학은 인간을 감동시켜 기대 이상의 결과를 얻는 방식이다. 서구의 경영방식은 인간을 하나의 생산 도구로 보는 관점인 데 비해 동양식 경영방식은 인간을 인간성이 발휘되는 인간을 본다.

　　미라이 공업주식회사 야마다 씨는 일본의 사회적 분위기를 정확히 파악하여 모두가 서구식 경영에 몰두하고 있는 상황에서 일본적 경영을 경쟁의 틀로 만들어 승부를 한 것이다. 사람은 기계가 아니라 사람이 대접받을 때 자신의 능력을 최대로 발휘하는 것이다.

　　미라이 공업주식회사의 경우는 목표를 '좋은 제품생산'보다는 '제품개량'으로 전환하고 회사 운영의 개념은 일반적인 서구의 성악설에 바탕한 '경영의 합리성'을 성선설에 바탕한 '감동'으로 대치하여 경쟁의 틀을 바꾸어 성공한 사례로 평가된다.

:: 착한 꽃가게

서울시 성동구 성수 2동 주택가에는 조그만 꽃가게가 하나 있다. 규모는 겨우 3평 정도이고, 주인은 경상남도 함양군에서 4남 1녀 중 셋째로 태어났다. 집안이 가난해서 1982년 중학교를 겨우 졸업하고 서울로 올라와 구로공단 인쇄공장에 취직했다가 1996년 인쇄공장을 그만두고 부인과 함께 꽃집을 열었다.

그는 꽃 판 돈 가운데에서 1%씩을 차곡차곡 모아 연말에 어려운 이웃을 돕기 시작했다. 그러다가 그는 꽃은 사랑인데, 꽃가게 주인이 사랑을 나누지 않고 팔기만 하면 안 될 것 같아 꽃값의 3%를 기부하기로 했다고 한다. 이렇게 하다가 자기이름으로 기부하는 액수를 매출의 1%에서 1만원으로 낮추는 대신 꽃값의 3%를 꽃을 산 사람의 이름으로 기부하고 있다. 그는 말하기를 "곰곰이 생각해보니까 기부금은 제 주머니가 아니라 손님 주머니에서 나오는 거잖아요? 손님이 낸 돈을 가지고 제가 생색내는 것 같아 쑥스러워지더라고요. 저는 중간에서 대리기부를 하는 심부름꾼 역할이면 만족합니다. 손님 이름으로 기부하면 손님도 이익, 나도 이익"이라고 했다.

그러면 그 꽃가게 주인에게 무슨 이익이 있을까? 우선 그의 말을 빌리면 "기부의 즐거움을 맛본 손님들은 제 가게 단골이 됩니다. 그리고 주위에 '착한 화원'에 가라고 홍보도 해 주시고요. 절대 손해 보는 장사가 아닙니다" 그렇다. 우선 가게 홍보가 되는 영업적 이익이 있다. 그러나 그보다 더 좋은 것은 자신이 행복하다는 것이다. 기부를 함으로써 얻는 그의 환한 얼굴은 인생을 살아가면서 얻는 최상의 행복이다.

보통 사람들은 돈을 벌기 위해서 이를 악물고 악착같이 뛴다. 남을 위한 배려는 없고 오직 자신의 주머니에 돈을 채우기 위해서 수단과 방법을 가리지 않는다. 그런데 돈을 버는 것이 과연 목적인가? 무엇 때문에 돈을 버는가? 이에 대한 답을 모른 채 자신을 혹사시키고 있는 것이다.

그러니까 잘못된 목표를 설정한 경쟁의 틀에서 힘들게 경쟁하고 있는 것이다. 이에 비해 꽃가게 주인은 분명한 인생의 목표를 바로 설정하였고 그 목표를 위해 노력하고 있으며 부가적으로 그 인생의 목표를 달성하는 데 유익하고 좋은 방법으로 경쟁의 틀을 만들어 즐거운 마음으로 노력하고 있는 것이다. 결국 그 꽃가게 주인은 성공한 인생을 위하여 자신의 인생이 진정으로 바라는 올바른 목표를 설정하여 새로운 경쟁의 틀을 만들었다.

:: 이나모리 가즈오 회장

일본에서 '교세라' 라는 거대한 기업을 일군 후 모든 것을 훌훌 털어버리고 불교에 입문하여 '인생이 무엇인가?' 를 공부하다가 다시 환속하여, 기업가들에게 컨설팅을 하고 있는 '이나모리 가즈오' 라는 분이 있다.

그는 젊은 시절 몸도 아프고, 여러 가지 어려움 속에서 대학을 졸업한 후 자그마한 중소기업에 들어갔다. 세라믹 공장이었는데, 도산 직전에 처한 아주 어려운 기업이었다. 다른 사람들이 다 떠나간 공장에서 심혈을 기울여 연구한 결과 세계에서 가장 먼저 '파인 세라믹'을 개발하게 되었다. 이를 계기로 그는 기업가로서 대성하게 되었다.

이나모리 씨는 기업은 이타정신으로 해야 한다는 생각을 항상 가지고 있었다. 본인 자신을 위해 돈을 버는 것이 아니라 '남을 위해서! 사회를 위해서!' 라는 생각으로 기업을 한 결과 그는 항상 성공을 했다고 한다. 이동 통신업에 뛰어들 때도 국영기업이 민영화된 NTT의 독점적 위치에 경쟁력을 부여하여 일본 국민들이 값싸게 이동통신을 이용하게 해야겠다는 생각으로 시작하였다.

그 결과 엄청난 이익을 내고 성공했으며 그는 이 세상을 위해 노력한 사람을 위한 '교토상'을 제정하여 수여하고 있다. 이나모리 회장은 항상 이타주의, 사랑, 겸손 등은 우주의 의지라

고 말하면서 우주의 의지대로 생활하고 행동하면 반드시 성공한 다는 말을 하고 있다.

성공하는 기업의 전략은 이기적인 무한경쟁의 틀에서 탈피하여 기업이익을 종업원이나 사회를 위해서 쓰겠다는 이타적 경영으로 기업 경쟁의 틀을 바꿈으로써 가능했다. 이나모리 회장은 기업 경영의 목표를 이기적 목표에서 이타적 목표로 바꾸어 새로운 경쟁의 틀로 만든 것이다.

루스티히 백작

1926년 당시, 암흑가의 최고 거물인 알 카포네에게 잘 차려 입은 키 큰 남자가 찾아왔다. 그는 자신을 빅토르 루스티히 백작이라고 소개하면서 자신에게 5만 달러를 주면 두 달 만에 두 배로 불려주겠다는 제안을 했다.

알 카포네는 사람을 믿지 않았다. 그러나 루스티히라는 사람이 암흑가의 최고 거물인 자신에게 와서 이런 말도 안 되는 제안을 하는 것을 보고 흥미를 느꼈다. 카포네에게 5만 달러는 잃어도 별 문제가 되지 않는 돈이었다. 다시 한번 백작을 훑어보니 품위가 있고 세련된 태도를 가졌으며 평범한 사람들과는 달라 보였다. 카포네는 백작의 제안을 따르기로 하고 직접 돈을 세어 백작에게 건네주었다. 그런데 돈을 받아 간 그는 바로 시카고에 있는 은행 금고에 넣어 두고 아무 일도 하지 않았다.

　두 달 후 루스티히는 금고에서 돈을 찾아서 카포네에게 갔다. 미안한 표정을 지으면서 자신의 계획이 실패로 돌아가서 정말 죄송하다고 사과했다. 화가 난 카포네는 죽일 것 같은 눈초리로 자리에서 서서히 일어났다. 그때 백작은 주머니에서 처음 가져갔던 5만 달러를 책상 위에 올려놓으면서 다시 한번 정중하게 사과하였다. "여기 당신 돈을 가져왔습니다. 진심으로 사과드립니다. 어떻게 말씀을 드려야 할지 모르겠군요. 제가 생각한 대로 일이 잘 풀리지 않았습니다. 당신과 저를 위해서 돈을 두 배로 불렸으면 좋았을 텐데 계획이 실패하고 말았습니다."

　이 말을 들은 카포네는 이해할 수 없다는 표정을 지으면서 의자에 앉았다. "백작, 나는 처음부터 당신을 믿지 않았고 사기꾼이라고 생각했소. 하지만 10만 달러를 받거나 아니면 한 푼도 돌려받지 못하거나, 둘 중 하나일 거라 생각했소. 그런데 이렇게 돈을 돌려주다니…."

　그러자 루스티히는 다시 한번 사과를 하고 돌아가려고 모자를 집어 들었다. 그때 카포네가 말하기를 "당신은 정직한 사람이군요! 그 일이 실패해 당신이 곤란한 상황에 처했다면 이걸 가져다 쓰시오." 카포네는 5만 달러 중에서 지폐 다섯 장을 세어서 그에게 건네주었다. 루스티히는 놀란 표정을 지으며 고맙다는 인사를 하고는 돈을 가지고 나왔다. 사실은 그 5,000 달러가 그가 애초에 목표하던 돈이었다.

루스티히는 알 카포네와 기존의 방법으로는 경쟁이 불가하다는 것을 알았다. 암흑가의 두목인 알 카포네에게 무력으로 경쟁하여 5,000 달러를 얻어 내는 것은 불가능하다는 것을 너무나 잘 알고 있었으므로 자신이 가진 장점과 카포네가 가진 약점을 이용해서 새로운 경쟁의 틀을 만들기로 한 것이다.

루스티히의 장점은 여러 나라 언어를 구사할 줄 알며 세련되고 품위 있는 몸가짐을 지녔으며 대담하고 뻔뻔할 뿐만 아니라 인간의 심리를 꿰뚫어 보는 데 뛰어난 인물이었다. 그는 만난 지 불과 몇 분 만에 상대의 약점을 파악하는 능력이 있었고, 어떤 사람이 잘 속아 넘어오는 지도 알았다. 그리고 대부분의 사람들이 사기꾼에 대비해 방어 태세를 갖추고 있다는 사실도 잘 알고 있었다. 그리고 그가 할 일은 그러한 방어태세를 무너뜨리는 것이며, 이를 위한 확실한 방법은 정직하고 성실한 태도를 보여 주는 것이라고 생각하고 있었다.

그런데 카포네의 약점은 그가 아무도 믿지 않는다는 사실이다. 그의 주변에는 정직하고 관대한 사람이 아무도 없었으며 항상 속이고 잡아먹으려 드는 늑대 같은 사람들에게 둘러싸여 살아가고 있으며 따라서 항상 긴장과 피로와 우울함이 함께 했다. 그런 연고로 카포네는 정직한 인물을 그리워하고, 모든 사람이 불순하고 간악한 음모를 품는 것은 아니라고 믿고 싶어 했다.

이러한 점을 종합하여 루스티히는 자신이 목표로 하는 5,000 달러를 카포네로부터 얻어 내기 위하여 암흑가에서 벌어지는 무력적 경쟁의 틀에서는 도저히 승산이 없다는 것을 분명히 알고 목표를 알 카포네에게 자신은 정직하고 성실한 사람으로 인식시키는 것을 설정하여 카포네가 스스로 팁을 주듯이 순순히 5,000 달러를 내놓게 하는 심리적 경쟁의 틀을 만들어 소기의 목적을 달성하였다.

∷ 어느 방송인의 정원

모 방송인이 농촌에 살고 있는데 잔디 밭을 만들고 가꾸느라고 잡초와의 전쟁을 벌였다고 한다. 그러나 민들레와 토끼풀을 뽑아내는 것 너무 어려워, 그만 지쳐서 3년째에는 '에라 모르겠다' 하고 내버려 두었다고 한다. 그런데 그렇게 내버려둔 잔디 밭은 잔디 밭이 아니고 잡초 밭이 되어 버렸다. 그런데 그 변해버린 잔디 밭은 여러 가지 잡초가 어울려서 피워내는 꽃으로 조화를 이루고 있었던 것이다. 그래서 그녀는 잡초와의 전쟁을 마감하고 잡초와 평화를 선택하였다고 한다.

  그렇다. 잔디 밭을 가꾸는 것은 아름다움을 즐기기 위해서다. 그런데 그 아름다움이라는 것을 한정하는 기준이 문제다. 잔디밭에서 느끼는 아름다움은 단순하고 질서정연하게 정리된 푸르름이다. 그러나 아름다움이라는 것이 어디 그것뿐이겠는가? 차라리 여러 가지 만화萬花가 어울려 있는 조화의 아름다움을 즐

기고자 한다면 굳이 잡초와의 전쟁을 할 필요가 없는 것이다.

대개 자연은 가만히 두면 스스로 조화를 이루어 가는데, 인간이 굳이 강제된 아름다움을 추구하려는 것이다. 편리성이라는 이유로 자연스러움을 왜곡하여 '그것이 아름답다'고 의미를 부여하는 것이다. 아름다움을 즐기는 것이 목적일진대, 왜 인공적인 단순하고 간결함의 아름다움만 추구하려고 하는가? 그보다는 다양성과 조화로움을 추구하는 것도 좋지 않은가? 조화로움은 자연이 추구하는 기본이지 않은가?

세상의 다른 일도 너무 획일화하지 말고 그 목적을 유연하게 분석하여 조화로운 삶을 사는 것도 현명한 일일 것이다. 어차피 세상은 상대적인 것이니까. 아름다움을 추구하는 것이 잔디밭을 가꾸는 목적이라면 정제된 인공적 아름다움을 추구하는 경쟁의 틀을 버리고 자연의 조화로운 아름다움의 경쟁의 틀로 바꾸는 것이 현명하지 않겠나?

굳이 잔디밭이 아름다움의 추구가 목적이라면 반드시 질서 정연한 강제된 아름다움만 고집할 필요가 없다. 그보다 상호 조화로운 아름다움이 더 시대적 상황과 부합한다. 잔디 밭을 전자의 목표 추구로 설정하면 가칭 잡초와 전쟁을 해야 한다. 그 반대로 후자의 목표를 추구하면 자연이 알아서 조화를 이뤄주므로 그냥 두면 되는 것이다. 결과적으로 아름다운 잔디 밭을 위하여 잡초와 전쟁을 하는 경쟁의 장에서 목표를 변경함으로써 잔디 밭이 자연스럽게 조화를 이루도록 하는 경쟁의 틀로 바꾼 것이다.

:: **효도 받고** 사는 노후

가족의 형태는 시대적 상황에 따라 변하는 것이 어쩌면 지극히 당연한 역사 발전의 한 단면일 수 있다. 최근에 다시 대가족 형태가 나타난다는 신문 보도가 있었지만 그것은 특별한 사건이고 우리나라는 이제 핵가족을 거쳐 1~2인 가족 형태로 발전하고 있다. 과거 우리의 전통적 사고는 자식이 부모에게 효도하는 것은 너무나 당연한 것이고 그것은 우리 사회를 지켜가는 하나의 사회적 기재였다. 그러나 서구 문명의 유입과 산업사회의 대두는 부모에 대한 효도보다는 자기 자신과 자식의 가치를 부모보다 앞세우는 현상을 가져왔다.

자식은 대체로 부모가 가지고 있는 재산을 빨리 물려받고 싶어 한다. 그리고 부모가 지니고 있는 재산을 이용해서 자신은 더 쉽게 돈을 벌고 싶어 한다. 만약, 부모가 일정액의 노후 생활을 위한 자금을 은행에 저축해 두고 있을 경우, 자식은 그 돈을 그냥 달라고 하지는 않더라도 적어도 은행이자를 지불하는 조건에서라도 이용하고 싶어 한다. 그러나 경험도 부족하고 인적 네트워크도 부족한 젊은 자식이 시작한 사업이 곧 바로 성공하기는 지극히 어렵다. 보통 사업에 성공하려면 적어도 세 번은 실패해야 한다는 말이 있다. 남들이 준 자본으로 사업에 성공하는 경우는 지극히 드물고, 돈을 두세 번 날려버리고 난 후 다시 맨주먹으로 시작해야 사업에 성공할 수 있다는 것이 일반적 상식이다. 그

러니 부모에게서 빌린 돈에 대해서 은행처럼 이자를 드린다는 것은 길어야 겨우 두세 달 정도일 뿐이다.

인생을 이미 살아본 부모는 이러한 결과를 미리 알고 있다. 그래서 부모는 돈을 주고 싶지 않다. 그러나 주지 않으면 부모와 자식 간에 서먹서먹한 관계가 되기 십상이다. 심지어는 유산을 차지하기 위해서 부모가 빨리 죽기를 바라는 못된 자식들도 있다고도 한다. 이러한 상황은 재물에 대한 인간의 끝없는 욕심에 기인한다. 물론 심성이 곱고 올곧게 자란 자식은 절대 그럴 리가 없지만, 요즘의 청소년 교육시스템이나 실태를 보면 그 반대일 경우가 많을 것이다.

물론 자식들도 부모에게서 가져간 돈으로 성공하여 자신의 능력도 과시하고 싶고, 부모님에게 은행 이자보다 더 많은 돈을 드리고도 싶다. 그러나 경험이 부족한 자식이 부모의 돈으로 사업에 성공하기란 쉽지 않은 것이다. 세상은 그리 호락호락하지도 않으며 부모의 돈으로 사업을 할 경우에는 그리 절박한 심정이 되지 않기 때문이다.

이러한 경우에 어떻게 하는 것이 가장 좋은가? 그 방법은 부모와 자식 간에 경쟁의 관계를 만드는 재물을 아예 없애는 것이다. 재물이 없으면 자식과 부모 간에 경쟁관계가 성립하지 않으니까 관계가 나빠질 이유가 없다.

그렇지만 경쟁할 재물을 완전히 없애버리면 노후가 걱정이다. 그러니까 자식과 좋은 관계를 유지하면서 노후를 걱정하지 않을 수 있는 방법이 연금이다. 연금은 황금 알을 낳는 거위와 같다. 매월 일정액이 한정해서 나오기 때문에 황금 거위의 배를 가르겠다고 덤비지도 않는다.

그러나 연금을 받지 못하는 사람들은 어떻게 할 것인가? 주위를 잘 살펴보면 연금과 같은 조건의 금융상품이 있다. 이러한 금융상품을 이용하여 연금과 같은 기능을 하도록 운영하면 된다. 연금이나 이러한 금융상품은 황금거위의 배를 갈라봐야 뱃속에 황금 알이 없는 것처럼 연금은 일정액 이상은 절대 손에 쥘 수 없는 돈이다.

이처럼 은퇴한 후에, 노후가 걱정이 없는 생활이 가능한 일정액의 수입구조를 만드는 것이 최상이다. 이렇게 되면 자식들에게 부담을 주지 않아서 좋고, 자식들이 부모의 재산에 의지하려는 의타심을 원천적으로 제거하는 데도 좋다.

연금으로 생활하는 부모는 자신의 노후를 여유 있게 보내면서 자식들에게 용돈을 자주 주는 것이 좋다. 큰 돈은 서로에게 부담이 되지만 용돈은 마음의 부담 없이 주고받을 수 있기 때문에 사람 간의 정을 나누는 윤활유 같은 역할을 한다. 용돈을 줄 때에는 가급적 본인만 알게 주는 것이 좋다. 사람은 누구나 아무도 몰래 자신만을 위해 쓰고 싶은 용처가 있기 때문이다. 자식에게 돈을 줄 때에도 아들보다는 며느리에게 주는 것이 몇 배 효과가 있다. 요즘의 가정관리는 전적으로 주부의 손에 달려 있기 때문에 며느리의 환심을 사둘 필요가 있다. 두 번째 용돈의 대상은

손자 손녀들이다. 아이들은 천진난만한 관계로 냄새나는 노인들을 싫어하는 경향이 있다. 그러나 할아버지 할머니가 만날 때마다 얼마간의 용돈을 준다면 할아버지 할머니를 좋아하게 될 것은 불문가지다.

며느리와 손자 손녀가 할아버지 할머니를 좋아하여 오시는 것을 반기게 되면 아들은 너무나 좋아할 것이고 가족애는 더욱 더 깊어 갈 것이다. 아마 손자들이 용돈이 필요하여 "왜 할아버지 할머니께서 오시지 않지?"라고 말하면 며느리는 자신도 용돈이 있었으면 하던 차라 속으로 반색을 하며 빙긋이 웃을 것이다. 이런 상황이 되면 며느리는 용돈을 받기 위해서라도 부모님에 대하여 오래 사시도록 보약도 해 드리고 즐겁게 해 드리려고 노력할 거다.

목돈을 가지고 있으면 자식은 그 돈에 관심을 가지게 됨으로써 문제가 발생하지만 일정액의 소액을 가진 부모 재산에 대해서는 관심이 없다. 그러므로 목돈을 가졌을 경우에는 그것을 부모는 지키려고 하고 자식은 그것을 자신이 이용하려고 하는 가운데 보이지 않는 심각한 경쟁의 틀이 형성되고 이러한 결과는 어느 쪽으로 결론이 나든 부모와 자식 간에 애틋한 정이 깃들기 어려운 구조가 된다.

이러한 경쟁의 틀에서 아예 경쟁의 목표물인 목돈을 제거해버리고 나면 경쟁의 틀 자체가 없어져 버리고 그 자리에는 인류 본래의 가치가 목표로 대치된다. 이렇게 되면 자연스럽게 가족애가 넘쳐나고 자식은 부모를 공경하고 오래오래 건강하게 사시도록 애를 쓸 것이다. 경쟁의 목표를 바꾸어서 부모와 자식 간의 화목한 효도 경쟁의 틀로 바꿀 수 있다.

:: 사회적 갈등 치유하기

미국의 백악관에서 흑백 화해 회동에서 맥주 파티를 가졌다. 미국의 오바마 대통령과 바이든 부통령, 게이츠 하버드대 교수, 그리고 크롤리 경사가 로즈 가든에 모여 맥주를 마시면서 화해의 장을 마련한 것이다. 그런데 재미있는 것은 그들의 생각을 물리적으로 대변해 줄 것으로 상징되는 그들이 선택한 맥주다. 4인이 각각 다른 4가지의 맥주를 택해서 마셨다. 정말 개성이 강한 사람들이라고나 할까? 아마 우리나라에서라면 당연히 대통령이 마시는 맥주를 같이 마셨을 것이다. 화합의 자리니까 화합주를 마신다고 소맥을 마시지 않았을까 싶기도 하다.

　　　　오바마 대통령은 미국 보통사람들이 가장 선호하는 '버드 라이트', 크롤리 경사는 캐나다 브랜드인 '블루 문', 게이츠 교수는 메사추세츠 지역 제품인 '샘 애덤스 라이트', 바이든 부통령은 네덜란드 브랜드의 저 알코올 맥주 '버클러'를 마셨다.

　　　　서로 다름을 인정하면서도 사안에 대해서는 서로 화합하는 미국다운 행태다. 이런 것들이 세계의 다양한 인종이 모여 살

면서 민주주의를 꽃피우는 미국이지 싶다. 이번 게이츠 교수와 크롤리 경사의 해프닝도 미국이니까 일어날 수 있는 것이다. 미국에서 가장 심각한 것이 인종문제다. 인종에 관한 법이 많다는 의미는 바로 인종에 관한 것이 가장 예민하고 문제가 많다는 것을 의미한다. 문제가 없으면 법을 만들 필요가 없으니까. 백인우월주의 하에 시작된 미국의 문화가 평등의 문화로 정착하는 데 생기는 역사의 과정이지 않을까? 그래도 미국이니까 이 정도로 치유되지 싶다. 서로 다름을 인정하고 공통의 문제를 해결하는 그런 방식을 우리도 연습해야 한다.

우리나라도 이제 외국인 100만 시대가 되었다. 이 땅에 와서 사는 외국인들과의 다름을 인정하면서 포용하는 정신이 필요하다. 그들도 이제 우리와 같이 살아가야 할 구성원이다. 외국인도 함께 해야 하는 시대적 상황에서 지역적으로 갈등을 해결하지 못하고 있고, 노사가 심각하게 대립하는가 하면 이념 간에도 대립하고 있다.

삼성경제연구원의 연구 결과에 의하면 이러한 사회적 갈등 때문에 지불하는 사회적 기회비용이 우리나라 GDP의 27%라고 한다. 이는 우리나라 국방비의 10배에 해당하는 액수다. 이제 우리도 서로의 다름을 인정하면서 우리 공통의 목표를 위해 화합하는 전략적 지혜를 발휘해야겠다.

취향과 개성의 다름을 서로 인정하고 중요한 사회적 목표를 위해 결집하는 경쟁의 장이 필요하다. 일사불란한 경쟁의 틀에서 다사 불란한 경쟁의 틀로 바꾸면 사회적 갈등을 치유할 수 있다. 갈등이란 경쟁하는 양 개체 간에 추구하는 이해의 차이에서 발생한다. 그러나 그 추구목표를 상향 조정함으로써 그 갈등을 해결할 수 있다.

따라서 사회적 갈등을 없애려면 서로의 차이를 인정하고 더 상위 목표를 식별하여 공감한 후 다사 불란한 경쟁의 틀을 만들어 해결할 수 있다. 즉, 경쟁의 목표를 상향 조정하여 새로운 경쟁의 틀을 만들면 되는 것이다.

:: 출산율 저하를 역이용하면

위기는 기회라는 말이 있다. 위태할 위危와 기회 기機가 합쳐져서 만든 말이니, 위태롭지만 그것을 잘 관리하면 기회가 될 수 있다는 것이다. 기회는 언제나 변화의 시기에 온다. 그래서 진보세력들은 기존의 체제를 흔든다. 기존의 체제를 흔들어 변화를 유도해야 그들에게 기회가 올 수 있다. 그러므로 체제에 대한 반대와 그 체제를 흔들기 위한 제반 활동은 진보주의자들이 딛고 서야 하는 기반이다.

위대한 전략가는 항상 위기 시에 그것을 위기로만 보지 않고 전화위복할 수 있는 기회로 보고 있는 것이다. 그것을 가능하게 하는 것이 세상의 이치라는 말은 여러 번 하였다. 세상은 음과 양으로 구성되어 있어 좋은 것의 반대편에는 반드시 나쁜 것이 있고 나쁜 것의 반대편에는 반드시 좋은 것이 있다. 단지 보통 사람들은 그 반대편을 보지 못할 따름이다.

그러한 것은 통찰력을 가진 사람들의 눈에만 보인다. 보통 사람들에게 그 반대의 끝단이 보이지 않는 이유는 그 반대편이 때로는 땅속에 깊이 박혀 있을 수도 있고 때로는 깊은 물 속에 잠겨 있을 수도 있으며 때로는 짙은 그늘 속에 놓여 있어서 보지 못한다. 그러나 혜안을 가지고 보면 반짝이는 햇빛의 반대편 그늘진 응달에 놓여 있는 그 끝단이 보이는 것이다.

지금 출산율이 떨어졌다고 떠들썩하다. 그렇다. 출산율이 떨어지면 생산인구가 줄어들어 문제가 크게 발생한다. 우리나라처럼 대규모 군사력을 유지해야 하는 경우에는 당장 징집병력에 문제가 생긴다. 그리고 더 큰 문제는 사회보장제도로서 설계된 연금, 의료보험 등이 미래 후손들의 수입에 근거하여 재원을 마련하도록 설계되어 있다는 점이다. 그런데 출생률이 떨어져 생산인구가 줄어들면 연금이나 의료보험의 설계 기반이 무너지는 것이다.

그래서 관련부처와 기관에서는 출산장려금을 준다든지 하는 여러 가지의 인센티브를 부여하고 있고 사회단체 일각에서는 출산장려 캠페인까지 벌이는 추세다. 그러나 그렇게 한다고 해서 출산 능력이 있는 젊은 여성들이 출산의지를 갖게 될 가능성은 그리 높지 않다. 여성의 사회참여 폭이 넓어지고 자아의식이 커진 결과로 그들은 이제 출산에 따른 각종 고통과 양육에 따른 문제를 기꺼이 부담하려 하지 않는다.

이러한 트렌드는 지금까지 많은 여성운동가들이 지향했던 바이기도 하다. 여성의 지위 향상과 자아의식 고양은 출산을 포함한 여자만이 받는 고통에서 해방되고자 하는 것은 너무나 당연한 귀결을 가져온다. 그러므로 출산율이 떨어지는 것을 어떻게 하든 출산율을 높이는 틀에서만 문제를 해결하려고 하는 것은 전략적이지 못하다. 출산율 향상과 여성의 자아의식 향상을 비롯한 여성운동가들이 주창하는 가치는 상충될 뿐만 아니라 출산에 대한 장려책들이 기존의 다른 정책과도 충돌하는 경우도 많다.

따라서 이 문제는 새로운 전략적 차원에서 접근해야 한다. 인구를 늘려야 하는 이유는 생산인력 확충에 있다. 그래서 이 문제를 세계화와 더불어 문제를 해결하는 경쟁의 틀로 전환하는 것이 바람직하다. 우리는 지금까지 세계화를 한다고 하면서도 의식 한편에는 순혈주의를 고집하고 있다. 우리가 흔히 말하는 백의민족 또는 단일민족이라는 말이 옳은가 하는 점을 다시 한번 음미해 봐야 한다. 문화인류학적 측면에서나 역사적으로 보아도 우리 민족은 북방 민족과 남방 민족으로 구성되어 있으며 반만 년의 역사를 거치면서 중국과 많은 혈연관계를 유지하였고 남으로는 왜와도 피가 섞인 게 사실이다. 그리고 최근세사에서도 서양인과의 혼혈관계가 있었고 최근에는 농촌지역을 중심으로 동남아시아 여러 나라로부터 많은 신부들이 들어와 우리 사회 구석구석에서 큰 역할을 하고 있다. 그뿐만이 아니다. 순전히 외국인으로 우리나라에 와서 사는 사람들도 100만 명을 넘어섰다.

이제 국경이 큰 의미가 없는 세상이 되었으며 국가 간의 상호의존성이 증대됨은 물론 지식 정보화 사회는 지구촌이라는 이름으로 하나가 되어가는 추세다. 이제 국민이라는 이름은 그 나라의 법을 지키면서 살고자 하는 사람들의 집단으로 인식되고 있으며, 이제 국민적 동질성은 혈연을 기준으로 하는 것보다 문화의 동질성으로 삼는 것이 타당하리라 본다.

그래서 이제 우리는 외국에 우리나라의 문을 활짝 열고 우리나라에 많은 사람들이 와서 살고 싶게 만드는 것이 필요하다. 많은 사람들이 미국에 가고 싶어 하는 것처럼 세계의 많은 사람들이 우리나라에 와서 살면서 우리나라를 위해서 일하고 살게 만들면 되는 것이다. 세계 역사를 보면 이민족을 자유롭게 받아들인 로마나 미국이 세계 최강의 나라가 된 것을 알 수 있다.

법과 제도를 포함하여 우리 국민의 의식도 변화하여 진정한 세계인으로서 생각하고 행동한다면 우리나라는 세계화가 완성되는 것이다. 우리의 생활방식, 즉 문화가 상대적 우월성을 지니고 있고 그 삶의 방식을 세계인이 채택한다면 우리가 세계를 지배하게 되는 것이다. 많은 외국인이 저마다 꿈을 가지고 이 땅에 와서 즐겁게 일하고 행복하게 산다면 출산율 저하로 인한 생산인구 감소는 전혀 걱정하지 않아도 될 것이다. 오히려 다양한 문화가 융합하여 더 새롭고 경쟁력 있는 그 무엇이 만들어질 것이다. 우리나라에 와서 사는 외국인들과의 관계에서 공고한 세계적 네트워크가 저절로 만들어질 것이다.

닫힌 생각에서 벗어나 과감히 마음을 열고 세상을 바라보는 통찰력이 절실히 필요하다. 문제가 발생한 좁은 범위에서 고민하지 말고 더 넓은 시각으로 문제를 해결하려는 의지가 필요하다. 새로운 더 넓은 경쟁의 장을 펼치면 문제는 오히려 간단히 해결되고 더 큰 기회의 장이 주어진다. 요컨대, 출산율 자체에만 집착하지 말고 출산율 저하를 걱정하는 문제인 생산인구 증가라는 기본적 목표를 상기하고 그 문제를 푸는 다양한 대안을 고려하여 가장 적절한 문제 해결의 장을 펼치면 답을 찾을 수 있다.

경쟁의 목표를 출산율 제고에서 생산인구 증대로 조정하여 새로운 경쟁의 틀을 만들면 출산율 저하문제로 나타나는 제반 문제를 해결할 수 있을 것이다.

:: 기대 수준을 낮추면

행복이란 대개 기대 수준과 현실 충족도 간의 차이 때문에 생긴다. 그러니까 역설적으로 아무 것도 기대하지 않으면 불행해지지 않는다. 모르는 사람과의 관계에서는 조그만 호의에도 감사하고, 감동하지만 잘 아는 사람과의 관계에서는 그렇지 못하다.

그러다 보니 잘 아는 사람들에게 불만이 많고 불화가 많다. 특히, 한국 사회에서는 '아는 사람에게 거는 기대'는 과히 거의 무한대 수준이다. "네가 나에게 어찌 이럴 수가 있나?"라는 생각을 하는 순간 갈등이 생기고 그 갈등이 자라서 언쟁으로 나아가 마지막에는 싸움으로 변하기도 한다.

대개 이런 기대를 많이 하는 사람들은 정적인 사회에 익숙한 사람들이다. 서울 사람보다는 시골사람들이, 젊은 사람보다는 나이 많은 사람들이 그런 경향이 많다. 시쳇말로 이제 '그 놈의 정'을 너무 믿지 말고 쿨하게 살아야 한다. 나이 많은 사람들은 젊은 세대에게 거는 기대 수준을 낮춰야 한다.

세상의 이치라는 것이 "물 좋고 그늘 좋은 곳은 없는 법이다" 그러니 사람의 경우에도 학벌 좋고, 직장 좋고, 집안 좋고, 외모 준수한 그런 사람이 과연 있기나 한 걸까? 그런 사람이 있다면, 분명 성격이 나쁘거나 대인관계가 나쁠 수밖에 없다. 적어도 아쉬울 것이 없이 자란 사람이 남의 입장을 배려할 리 없으며 자기가 잘났는데 왜 거드름을 피우지 않겠는가?

화려하고 멋진 하드웨어로 장식하고 나면 그 내용물인 소프트웨어는 반드시 부실하다. 그래야만 균형이 맞는다. 겉이 딱딱한 호두의 속은 아주 부드럽지만, 겉이 무른 복숭아는 속의 씨가 정말 딱딱하다. 그래야 이 세상에 존재할 수 있는 것이다.

기대 수준을 낮추면 왜 행복해질까? 아무 것도 기대하지 않았는데 누가 호의를 베풀면 기쁜 것이 사람의 마음이다. 그러니 기대 수준을 바닥으로 해두면 아무 호의나 배려를 받지 않아도 불쾌하지 않다. 사람은 좋은 호의나 배려를 받아야 행복해지는 것이 아니다. 즉, 경쟁의 목표를 하양 조정하여 경쟁의 틀을 완화시킴으로서 행복을 추구하는 전략이다.

:: 과정을 즐기면

일반적으로 사람들은 산에 가면 무조건 정상을 향해 돌진한다. 숨을 몰아쉬며, 길 옆에 놓여 있는 작은 돌이나 야생화는 한번 봐주지도 않으면서 숨을 헐떡이면서 올라간다. 우리네 인생살이도

이와 별반 다르지 않다는 생각이 든다.

　　사람은 무슨 일을 하든지 재미가 있어야 한다. 그리고 그 재미를 얻으려고 노력한다. 그런데 과정과 결과 중에서 어느 것을 즐기느냐는 아주 많은 차이를 만든다. 과정은 무시하고 결과만을 즐기려는 사람은 그 결과에 이르는 과정이 너무나 고통스럽다. 산을 오르면서 오르는 길가의 작은 모습도 보고, 때로는 멀리 전망도 보고 또 같이 가는 사람들과 이런 저런 인생살이 이야기도 하면서 쉬엄쉬엄 가다보면 어느새 정상에 도착할 것이 아닌가? 이것이 그냥 정상을 향해 앞만 바라보고 숨을 헐떡이면서 돌진하는 것 보다 더 풍성한 산행이 되지 않겠나?

　　근래 우승한 운동선수들 인터뷰를 보면 '즐기려고 노력했다' 든지, '즐겼다' 는 답변이 많다. 정상만을 향해 경쟁하는 선수들은 힘들다. 최근 새로운 직업이 생겨나는 것은 과거에 결과에만 포커싱하던 것을 과정에 포커싱한 결과다. 레포츠를, 보면 대개 결과보다 과정에 초점을 두어 개발한 것들이다. 예를 들면 어부는 물고기를 잡는 결과에 중점을 두지만 낚시꾼은 과정에 중점을 둔다. 그러므로 낚시꾼은 잡은 고기의 과다는 별 관심이 없고 '손맛' 을 느끼기 위해 그 어렵고 복잡한 준비를 하고 위험하기까지 한 행동을 한다.

　　여행은 과정을 즐기는 대표적 경우다. 애초에 이동을 한다는 것은 목적지에서 어떤 일을 하기 위해서다. 따라서 가는 과정에서 서비스와 같은 것은 필요 없고 오로지 빨리 가는 것이 가장 중요하다. 그러나 여행은 다르다. 목적지에서 볼 것이 있어서 가겠지만 가는 과정도 아주 중요하다. 기분 좋게 가야 한다. 맛있는 것도 먹고, 재미있는 이야기도 하면서, 편안한 서비스도 받으면서 가고 싶은 것이다.

새로운 일자리 창출은 결과나 과정 중에서 현재 없는 것을 찾아서 즐기도록 하면 된다. 우리는 흔히 식당에 가서 밥을 먹는다. 차려 준 것을 먹고, 맛과 포만감을 즐기고 나온다. 그런데 과정에 초점을 맞춘다면 새로운 개념의 식당도 가능하다. 손님이 직접 주방에서 자신이 먹을 것을 요리해서 먹고 가는 것이다. 그 요리하는 과정을 아주 재미있게 만들어 주는 것이 관건이다. 새로운 요리를 만드는 기회를 주든지, 아주 매력적인 쿡이 레시피를 설명해 주면서 도와 준다든지, 생각해보면 음식 만드는 과정에서 재미있게 해 줄 방법은 얼마든지 있을 것이다. 음식을 먹는 식당에서 음식 만드는 과정을 즐기는 식당으로 바꿀 수 있다.

결과를 즐기고자 하면 대개 노동이 되고 과정을 즐기고자 하면 운동이 된다. 노동은 스트레스를 유발하고 과정은 재미를 유발한다. 그러므로 결과에 대한 목표를 효율적으로 달성하기 위해서는 과정을 즐기다 보면 결과를 자연스럽게 얻게 되도록 하는 것이 좋다. 그렇게 하면 같은 일을 하면서도 남은 노동을 하는 데 자기는 운동을 하는 것이 된다. 스트레스를 받는 노동을 한 결과와 즐거운 운동을 해서 얻은 결과 중 어느 것이 더 좋은 성과를 낼 것 같은가? 불문가지다. 결과에 잡착하지 말고 과정을 즐기는

삶을 사는 것이 어떻겠나? 만약 인생이 결과에만 집착한다면 그것은 죽으러 가는 것밖에 더 되겠나? 그러므로 과정을 즐기는 것은 아주 전략적 행위다. 이것은 경쟁의 목표를 결과 지향에서 과정지향으로 경쟁의 틀을 바꿈으로써 가능하다.

∷ 상대의 자존심을 세워 주면

경쟁의 시대에는 '남의 불행이 나의 행복' 이라고 하는 말을 서슴지 않는다. 1차원적인 생각과 직접적 접근방식의 사고에서는 경쟁하는 상대를 어떠한 방법으로라도 이겨야 내가 행복해진다. 모든 경쟁에서 이기면 행복할까? 그럴 수도 있겠다. 그런데 단지 전제 사항이 있다. 지극히 일차원적인 사고의 틀 내에서는 그렇다. 파충류나 개, 고양이 뇌 수준에서 맞는 말이다. 그런데 이것이 고차원의 수준으로 올라가면 이야기가 달라진다. 상대의 불행한 표정을 보고 기뻐하는 사람은 사람의 수준에 걸맞은 뇌 작용이 안 되는 사람이다.

　　21세기 초를 살아가는 현 시점에서 우리 인간이 살아가는 방식은 변화를 요구하고 있다. 특히, 상당한 경제적 발전을 이룩한 우리 한국과 같은 상황에서는 더욱 그렇다. 경제적 발전은 우리 인간의 생활에 생존 차원의 생리적 욕구가 상당 수준 충족되는 상황이다. 그러니 이제는 생리적 차원의 욕구가 아니라 더 상위 차원의 욕구를 희구하고 있는 상황이다. 만약 이러한 상황을 인식하지 못한다면 그 사람은 목표와 수단 간의 혼돈 속에 사는 사람이다.

이제 사람은 만나는 사람이 기쁜 표정을 보아야 행복하다. 심리학적 용어로는 "거울 뉴런"이라고 하는데 거울에 비치는 모습처럼 상대의 즐거워하는 모습에서 내가 행복을 느낄 수 있는 것이다.

그럼 상대는 어떻게 하면 기뻐할까? 물질적 제공도 그 한 방법이 될 수도 있겠지만 그것은 극히 제한적이다. 잘못하면 뇌물이 될 수도 있을 것이고 가까운 가족일 경우에는 패배한 인생을 만들 수도 있을 거다. 그렇다면 가장 좋은 것은 뭔가? 만나는

상대를 재미있게 해 주면 된다. 어떻게 재미있게 해 줄까? 가장 먼저 생각해야 하는 것은 만나는 상대가 관심을 갖는 분야에 대해 관심을 가져 주는 것이다. 그래서 소통이 되게 하는 것이다. 그리고 더 중요한 것은 상대의 자존심을 지켜 주고 세워 주는 것이다. 이것은 아무리 주어도 문제가 될 것이 없다. 상대의 자존심을 상하게 하는 짓을 하면 계산할 수 없는 보복이 돌아오고 상대의 자존심을 지켜주면 무한의 보상이 돌아온다.

경쟁의 시대가 가고 상생의 시대가 오고 있다. 상생의 시대에 살아가는 방법은 상대를 존중하고 상대를 재미있게 해 주는 것이다. 그렇게만 한다면 경쟁해서 이기는 것보다 더 큰 결과를 한꺼번에 얻을 수 있을 것이다. 경쟁에서 얻는 이익이 전술적 차원이라면 상대를 기쁘게 해서 얻는 이익은 전략적 차원이다. 전술적 차원에서 얻은 이익은 상대가 호시탐탐 되찾아가려고 할 것이다. 그러나 전략적 차원에서 얻은 이익은 시간이 지날수록 배가 될 것이다. 앞으로 우리가 살아가는 삶은 당신이 만나는 상대를 어떻게 하면 기쁘게 할 수 있을까에 노력해야 한다. 단순한 경쟁에서 전략적 경쟁은 상대를 높여 주는 상생이 인생에서 승리하는 전략이다.

더 큰 목표를 위해서 상대와 자존심 경쟁을 하지 말고 상대의 자존심을 높여 주어 나 자신의 자존심도 동반 상승할 뿐만 아니라 더 큰 목표 달성에 기여하게 할 수 있다. 경쟁의 목표를 한 차원 높게 상향 조정하여 새로운 경쟁의 틀을 만들면 가능하다.

마라톤 전투
칸네 전투
탄넨베르크 전투
제2차 세계대전 시 독일군의 전격전
베트남 전쟁
테러 창시자 하산 이 사바
엘리자베스 1세
루스벨트 대통령
다윗의 승리
노부나가
제럴드 템플러 장군
드라마 '자이언트'의 이성모
훌륭한 병원장
산골 한의사
포도밭 금덩어리
늙은 마누라를 파출부에서 해방
객지 자식의 올바른 효도
현대전에서 승리하기
한식 세계화
안전한 사회 만들기
성공한 인생

유리한 경쟁의 틀로 바꿔라

4

경쟁개념의 변화

Chapter __04

경쟁개념의 변화

:: 마라톤 전투

기원전 8~6세기에 걸쳐 적극적으로 해외 식민지 확보를 위해 전력을 경주한 그리스는 동방의 강자였던 페르샤와 격돌을 피할 수 없었다. 서남아시아를 통일한 페르샤의 다리우스 1세가 소아시아 서안의 그리스 식민지에 대하여 압력을 가하자 이오니아의 제 도시가 반 페르샤운동을 전개하게 되었고 이에 부응하여 아테네는 동일민족이라는 명목하에 20척의 전선을 지원하게 되었다.

이로서 시작된 페르샤전쟁(B.C. 492~479)은 3차에 걸쳐 행해 졌다. 제1차 전투는 다리우스 1세의 원정군이 아토스(Athos)곶 앞바다에서 대폭풍우를 만나 실패하였다. 마라톤 전투는 제2차 페르샤 원정 때의 전투다. 당시 아테네 국민의 일반적인 정서는 반 페르샤적이었으나 정치 지도자측에서는 친 페르샤 파와 반 페르샤 파로 양분되어 있었다. 당시 페르샤왕 다리우스 1세는 제1차 원정의 실패를 만회하게 위하여 에게해를 건너 아테네로 원정을 개시하였다. 이에 그리스군이 마라톤 평원에서 내습한 페르시아군을 격파한 전투가 마라톤 전투다.

통상 고대 전투가 수적 우세에 의해 승패가 결정되었지만, 마라톤 전투는 통상의 고대 전투와는 다르게, 전술이 여하히 수적 우세를 제압할 수 있는가를 보여 준 최초의 사례. 그리스의 밀티아데스는 전통적으로 정면이 강한 페르시아군과 대적하여 전사 상 최초로 계획적인 양익포위를 적용하였는데 그는 수적 열세_{페르시아 3만~4만 명, 그리스 1만 명}를 극복하기 위하여 아테네군 양익은 통상의 폭인 8오를 유지하고 중앙부는 4오를 유지하되 좌우로 길게 신장 배치했다.

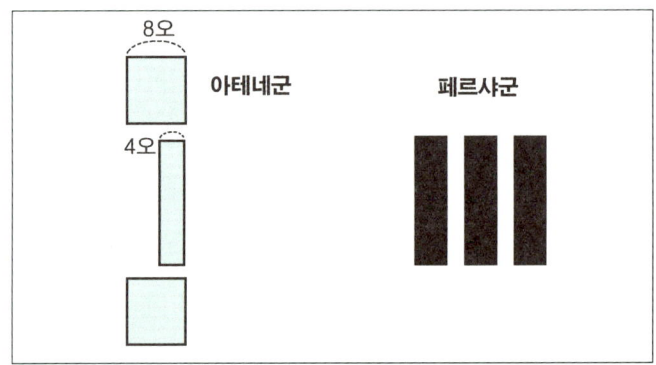

그리스군의 선제공격으로 시작한 전투에서, 그리스군은 종전의 전진대형과는 달리 중앙이 천천히 나아갔다. 이에 최정예로 구성된 페르시아군은 그리스군을 돌파할 목적으로 그리스군의 중앙을 향하여 빠른 속도로 진격하였다. 이때 그리스군은 중앙이 페르시아군을 고착하는 동시에 증강된 양익은 속도를 증가하여 전진함으로써 페르시아 군을 자연스럽게 포위하여 공격하였다.

이 전투에서 그리스군은 대승을 거두었다. 페르시아군은 사상자가 6,400명이나 발생한 반면 그리스군은 불과 1,900명의 사상자밖에 내지 않았다.

마라톤 전투 이전의 대부분의 전투는 전투력의 투사가 정면으로만 작용하는 시스템으로, 힘에 의한 정면 충격에 의해 승패를 결정지었다. 그러나 그리스의 밀티아데스는 병력이 3~4배로 우세한 페르시아군을 맞아 기존의 정면 접전방식으로는 이길 수 없다는 사실을 간파하고 열세한 병력으로도 이길 수 있는 전략이 필요하였다. 따라서 정면 전투 방식의 기존 경쟁의 틀로는 절대 이길 수 없으므로 페르시아군의 전투력 투사가 제한되게 하여 그리스군의 전투력 투사 능력이 상대적으로 우세해지는 경쟁의 틀로 바꾸어야 할 필요성이 요구되었다.

따라서 아테네의 밀티아데스는 전방으로만 전투력이 투사되도록 조직되고 훈련된 페르시아군이 측방과 후방으로부터의 공격에 대해서는 전투력이 제대로 발휘되지 못하게 전혀 새로운

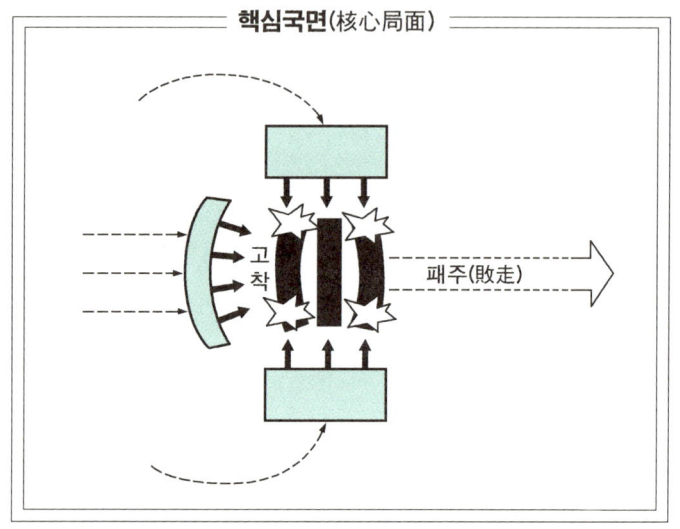

전술적 접근방법인 포위 전술을 구사하였다. 다리우스 1세는 예상치 못한 상황에 직면하자 사고체계가 교란되어 지휘체계 상 마비가 일어났으며, 병사들은 정신적 공황 상태에 빠져 전투 기량을 발휘할 수가 없었다.

당시 페르시아군은 병력면에서나 기동성면에서도 그리스군을 능가하였다. 그러나 밀티아데스 이전까지는 그 누구도 상상하지 못했던 양익 포위를 구상하여 병력의 수적 경쟁의 틀을 전투력 투사 경쟁의 틀로 바꾼 것이다. 밀티아데스의 승리는 당시의 전략적 상황을 예리한 통찰력으로 분석하여 전혀 새로운 경쟁의 틀로 바꾼 창의적 전략의 결과로, 정면 대결의 상호 돌파의 전술적 운용 개념을 과감히 탈피하여 이전까지 전혀 사용된 바 없는 적을 포위하여 측 후방을 공격함으로써 방진대형의 페르시아군이 전투력 발휘를 전혀 못하게 제한하였다. 개념요소의 변화를 통하여 유리한 경쟁의 틀로 만든 모범적 사례이다.

:: 칸네 전투

칸네 전투는 B.C. 216년 카르타고와 로마가 이탈리아 칸네 지역에서 싸운 전투이다. 이 전투는 인류 역사상 가장 완벽한 포위 섬멸전의 전형으로 기록되고 있다. 일반적으로 로마는 잘 알려져 있지만, 카르타고에 대해서는 모르는 사람이 많을 것이다. 카르타고는 B.C. 8세기경 포에니 인_{페니키아 인}이 북아프리카 튀니지만의 곳 지역에 건설한 식민지이다. 당시 카르타고는 시칠리아 섬의 일부와 이베리아 반도_{현 스페인과 포르투갈}, 북아프리카 서반부 일대 등지에 많은 식민지를 통할하고 있었다.

그런데 시칠리아 섬에서 로마와 카르타고 식민지인과의 불화가 원인이 되어 두 나라는 갑자기 전쟁에 돌입하게 되었다. 이 즈음 한니발의 아버지 하밀카르 바스카스_{Hmilcar Barcas}는 이베리아반도 정복을 목전에 두고 사망하였다. 그 뒤를 이은 매부 하스드루발도 피살되자 한니발은 26세의 나이로 이베리아반도의 카르타고군 총사령관이 되었다. 한니발은 부친의 뜻을 받들어 이베리아반도를 완전 정복하고 드디어 알프스를 넘어 로마를 향해 진격하게 된다. 한니발은 트레비아 전투와 트레시메네호 전투에서도 대승을 거두고 아드리아해안 일대에서 1개월간 휴식을 취한 후 카르타고군의 기병 기동에 유리한 장소로 로마군을 끌어 내기 위해 칸네 부근으로 야간에 행군하여 로마군의 보급창과 남부 아풀리아 지방의 곡창지대를 점령하였다. 한편 로마군 지휘관 바로는 한니발의 계획에 말려들어 한니발이 원하던 아우피더스강 북안제방에서 카르타고군과 대치하였다.

당시 로마는 새 집정관으로 파비안 전술지연 전술의 창시자인 퀸티우스 파비우스Quintius Fabius를 세웠다. 파비우스는 원정군이 원하는 속전속결 전략을 와해시키기 위하여 지연 전술을 구사하려고 하자 로마인들은 파비우스의 전략적 사고를 이해하지 못하고 그를 비겁자라고 비난하면서 새로운 집정관으로 아밀리우스 파울루스Amilius Paulus와 테렌티우스 바로Terentius Varro를 세웠다. 그런데 두 사람의 성격은 대조적이어서 신중론자인 파울루스와 야심에 차고 성격이 급한 바로는 군의 지휘를 하루씩 교대로 하는 이상한 지휘형태를 택하였다.

로마의 바로는 칸네에서 카르타고 한니발을 만나게 되자 수적 우세로 제압하기 위하여 전 전열을 두텁게 배치하였다. 총병력 15개 군단을 3개 전열로 정렬했으며 로마인으로 된 정예기병 2,400명을 우익에, 연합군 기병 4,800명을 좌익에 배치하고 경보병으로 전열 정면을 엄호토록 하였다.

이에 대비하여 한니발은 로마 기병 2,400명과 맞설 수 있도록 좌익에 스페인과 고올 인으로 구성된 중 기병 8,000명을 집

중시켰다. 로마군의 좌익 4,800명과 대치하는 한니발 우익에는 2,000명의 누미디아 기병이 담당케 하였다.

로마군이 집결하자 한니발은 양익 포위를 하고자 보병의 중앙을 약화시키고 양 측면을 강화하였다. 전투가 개시되어 경보병끼리 전초전이 시작되자, 이를 신호로 삼아 그의 약화된 중앙군이 앞으로 전진하였다. 그러나 이때 강력하게 편성된 양익군은 조금도 움직이지 않고 제 자리를 지켰다.

작전은 아래 그림에 보는 바와 같이 먼저 한니발의 좌익 기병은 적 기병을 완전히 분쇄하고 적의 측면과 배후를 우회한 다음, 누미디아 기병을 방어하려고 열중하는 로마군 좌익 기병의

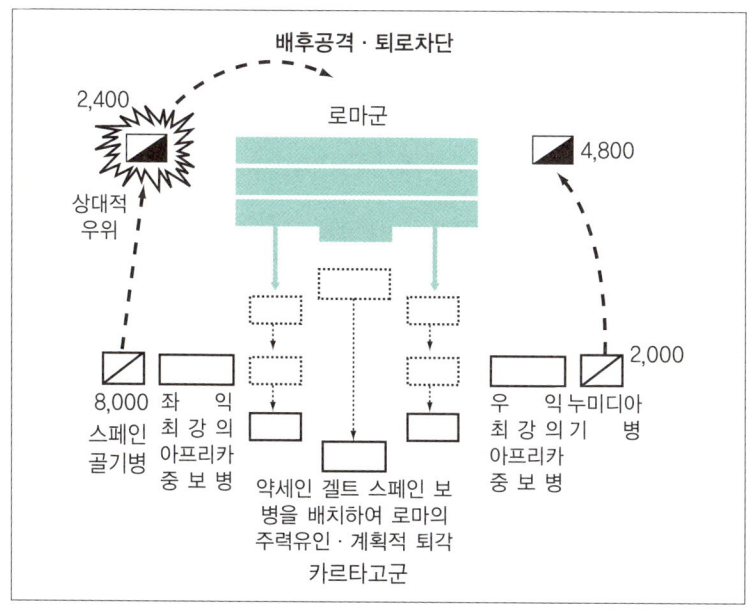

배후에 대하여 불의의 습격을 가하여 누미디아 기병과 연합작전으로 로마군의 좌익 기병마저 완전히 격파하였다. 이어서 한니발의 중앙 돌출부는 미리 준비된 전투계획에 의거하여 치열한 로마군의 공격정면에서 서서히 후퇴하였다.

카르타고군이 후퇴하자 바로는 목전의 승리가 임박한 줄로 착각하여 그의 제2, 3열뿐만 아니라 경 보병까지 합한 전 병력을 이미 혼란을 이루고 있는 제1선에 투입하여 이를 증강하도록 명령하였다. 이에 카르타고군의 중앙은 로마군의 의욕을 적당히 자극하면서 후퇴를 계속하여 마침내 수적으로 확고한 우세에 있던 로마군을 자신들이 마련한 자루 속으로 서서히 끌어 넣었다. 로마군의 중앙이 과도하게 밀집되어 혼란 상태가 극심해지자 카르타고의 중앙군은 후퇴를 멈추고 양익의 아프리카 정예보병과 우회기동한 배후의 기병이 함께 로마군을 총공격하여 완전히 섬멸하였다.

로마군은 개전 시 두 배가 넘는 병력이었지만, 카르타고군이 추격할 필요도 없을 정도로 궤멸되어 44,000명의 전사자를 낸 반면 한니발 측의 전사자는 6,700명에 불과하였다.

칸네 전투는 지휘관의 전략적 혜안이 얼마나 중요한가를 보여주는 극치다. 한니발은 그가 원하는 장소에서의 전투로 주도권을 잡은 다음, 포위 섬멸하고자 하는 전술모형을 그대로 시행함으로써 완전한 승리를 거두었다. 주도권을 잡는다는 것은 지휘관의 사고체계가 질서정연하게 작동하는 것을 보장하고 그 결과

는 지휘관의 의도대로 전투 진행을 가능하게 한다.

한니발은 열세한 병력으로 우세한 로마군과의 전투에서 기존의 전투대형으로 싸워서는 승리가 불가능하다는 것을 알았다. 기존의 전투 방식은 편성된 제대(팔랑스)가 전면으로 전진하여 나타나는 압박형 충격력으로 상대 전투력을 파괴하는 것이다. 이러한 방식은 상대적으로 우세한 병력의 군이 승리하는 것은 자명하다. 한니발의 입장에서는 이런 전투 방식은 분명 불리한 경쟁의 틀이다. 따라서 로마의 바로 군이 우세의 병력의 충격력이 발휘될 수 없는 경쟁의 틀을 만들 필요가 있었다. 그것이 한니발이 구사해야 할 전략이었다.

이를 위해 한니발은 적장인 바로의 우직함과 급한 성격을 이용하고 로마군의 측면과 배면을 공격하여 혼란에 빠뜨려 상대적 우세를 달성할 수 있는 포위작전을 구상하였다. 같은 포위작전이지만 마라톤 전투 보다 한 발 앞선 것은 배면 공격을 포함하여 전 방향에서 공격 섬멸하고자 한점이다. 한니발은 상대적으로 우세한 병력을 양익에 배치하여 적을 견제케 하고 중앙은 열세하게 편성하여 전진하였다가 후퇴케 함으로써 적을 유인하였다. 로마군이 카르타고군의 중앙으로 밀고 들어와 한니발이 예상한 대로 자루 속에 갇히자 측방과 후방으로부터의 공격을 받은 로마군은 혼란에 빠져 전투력 발휘가 불가능하였다.

결국 한니발은 열세한 병력으로 우세한 로마군을 맞아 경쟁의 개념요소를 변경하여 유리한 경쟁의 틀을 만든 것이다. 즉,

정면 대결의 경쟁 틀에서 측방과 후방을 동시에 공격하는 다 방면 대결 경쟁의 틀로 바꾼 것이다.

:: 탄넨베르크 전투

탄넨베르크 전투는 제1차 세계대전 중에서 가장 교훈적인 전투의 하나로 일컬어진다. 독일의 동부전선에서 러시아군은 독일군의 예측을 뒤엎고 프랑스의 강압적 요구에 의해 동원이 완료되기도 전에 독일 국경을 넘었다. 한편 독일의 몰트케 장군은 이미 러시아의 공격에 대비하여 제8군을 배치해 두고 있었다.

독일 국경을 넘은 러시아 제1군은 레넨캄프 지휘 하에 독일 제8군을 동북방에서 견제하여 전선에 고착시키고, 제2군은 삼소노프의 지휘 하에 남방으로 대규모 우회하여 독일 제8군의 병참선을 차단한 후 공격한다는 계획을 세우고 1914년 8월 13일 공격 명령을 하달하여 8월 17일까지 계속 진격하고 있었다.

한편, 8군 사령관 프리트비츠가 러시아 군이 국경선을 넘었다는 보고에 초조해하면서 "비스툴라 강으로 후퇴하겠다. 그러나 그 곳에서도 러시아군을 저지할 수 있을지 자신이 없다"라고 몰트케에게 보고하자 몰트케는 그를 해임시키고 후임으로 67세의 퇴역노장 힌덴부르크Hindenburg를 임명하였다. 동시에 참모장 왈다제 장군도 해임하고 후임에는 리에즈 요새 공략 시 수훈을

세운 루덴돌프Ludendorff를 임명하였다.

　　이러한 상황에서 재기 발랄한 제8군 작전참모 호프만 중령과 사령관보다 먼저 임명된 명 참모장 루덴도르프 장군은 사령관 힌덴부르그가 도착하기 전에 나름대로의 작전계획을 세워 각 군단에게 하달하여 실행에 옮겨버렸다. 또한, 힌덴부르그 장군 역시 이틀 후 작전계획을 수립하여 각 군단에 기동명령으로 하달한 후 그 다음날 특별 열차 편으로 제8군 사령부가 위치하고 있는 마리엔부르크에 도착하였다. 그런데 그 작전 계획은 호프만 중령이 수립하여 군단에 이미 하달하여 실행에 옮겨버린 작전계획과 일치하였다. 이러한 것이 가능한 것은 사안의 본질을 정확하게 꿰뚫어보는 통찰력이 사령관, 참모장 그리고 작전참모 간에 일치하였다는 것을 보여 준다.

　　이렇게 상하 간에 의사소통이 원활한 독일 군과는 달리 상대편인 러시아의 군사령관들은 러일전쟁 시부터 숙명적인 앙숙관계였다. 러일전쟁 당시 레넨캄프와 삼소노프는 같이 기병사단장으로 전투에 참가하였는데, 요양 전투 당시 레넨캄프의 증원이 미흡하여, 삼소노프는 승기를 놓치게 되었으며 그 결과 중요한 구리 탄광이 일본군의 손에 넘어갔다. 심지어 그들은 봉천 역에서 만났을 때에도 병사들이 보는 앞에서 멱살을 잡고 싸우는 추태를 보이기까지 했다. 이러한 두 앙숙이 러시아군의 제1군과 2군의 사령관으로 임명된 것이다.

　　참고로 탄넨베르크 계획을 수립한 작전참모 호프만 중령

은 러시아 문제 전문가였다. 1898년 독일육군대학을 졸업한 후 그는 6개월간 통역관으로 러시아를 여행한 경험이 있고 독일군 참모본부 러시아부에서 5년간 근무하였으며 1904년과 1905년 러일전쟁 시에는 독일군의 관병무관으로서 일본군에 종사한 바 있는 러시아 문제에 정통한 군인이었다. 그러므로 그는 레넨캄프와 삼소노프 간의 불화관계를 잘 알고 있었으며 작전계획은 이러한 내용까지 이용한 역작이었다.

러시아군은 굼빈넨전투에서 독일군이 철수한 것을 알고 러시아 제1군 레넨캄프 군은 그 자리에서 3일간을 지체하였으며 러시아 제2군 삼소노프군은 8월의 뙤약볕을 받으며 8~9일간 강행군을 실시하여 남으로 이동했다. 이러한 과정에서 독일군은 러시아군이 평문으로 보내는 전신을 통해 러시아군의 상황과 기도를 완전하게 파악하고 있었다. 이러한 상황에서도 러시아의 제1군 레넨캄프군은 완만한 속도로 이동하여 삼소노프군과 64km나 이격된 지역에 도착하였다. 이렇게 상호 지원거리 밖에 있었지만 합동작전을 할 생각은 아예 하지 않았다.

이러한 사실을 모두 알고 있는 독일군은 러시아 제2군을 포위 섬멸할 역사적 결단을 하기에 이르렀다. 러시아군의 상황을 정확히 파악한 독일 군 지휘부는 제1기병 사단만을 러시아 제1군 전방에 두고 나머지 전군을 러시아 제2군 방향으로 기동하여 포위에 들어갔다. 이러한 상황을 모르는 삼소노프는 그의 주력인 제13, 15군단으로 하여금 독일 제20군단을 공격하라고 지시하

었다.

　　　이때 호프만 중령의 최초 계획에 의거, 서방으로 철수하여 러시아 제2군에 대한 공격을 준비하던 독일 제17군단과 제1예비군단에 대해 힌덴부르크는 곧바로 남방으로 기동하여 러시아 제2군 북방을 공격케 했으며, 독일 제20군단도 좌우 양익 군과 함께 총반격을 개시했다. 독일 제1군단장 프랑소와는 빌레부르크까지 포위망을 형성하여 러시아 제2군을 완전 섬멸했다. 결과적으로 독일군은 10,000~15,000명의 병력 손실을 입은데 비해 러시아군은 포로 90,000명 외에 125,000명의 전상자와 500문의 포를 잃었다.

　　　탄넨베르크 전투는 현대판 칸네 전투로 일컬어진다. 소규모의 부대로 적의 대규모 부대를 견제하고 대규모 부대로 적의 소규모 부대를 포위하여 완전히 섬멸한 것이다. 탄넨베르크 전투에서는 독일군 1개 사단으로 러시아 제1군을 견제케 하고 9개 사단으로 러시아 제2군을 포위케 한 것이다. 이렇게 함으로써 러시아 제2군에 대한 독일군의 절대 우위의 전력으로 전투할 수 있는 여건을 조성하여 독일에게 유리한 경쟁의 틀을 만든 것이다.

　　　흔히들 전승불복이라고 하지만, 전사에 대한 이해가 부족하고 러시아의 1, 3군 사령관의 불화와 같은 비정상적인 관계에서는 과거 전사의 복사판이라도 승리할 수 있다는 것을 보여 준다. 그러나 엄밀하게 분석해보면, 타넨부르크 전투는 칸네 전투와 같이 소규모 부대로 대규모 부대를 견제하고 대규모 부대로

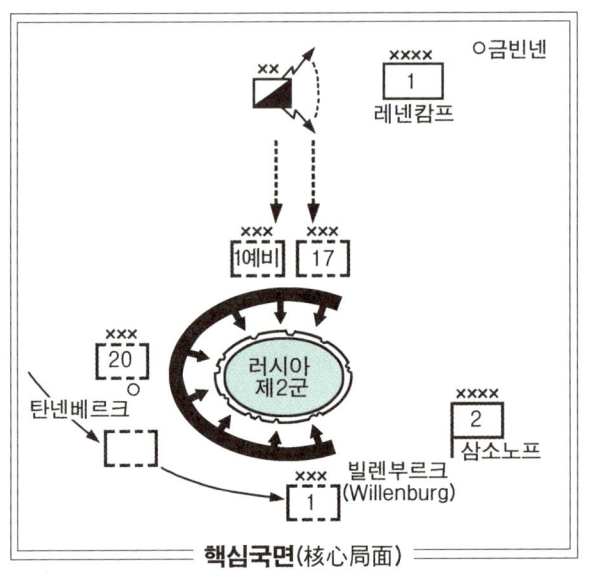

핵심국면(核心局面)

소규모 부대를 포위 섬멸하는 기본 정신만 계승하였다. 호프만 중령은 전사와 지형 그리고 적장의 리더십과 지휘관들 간의 심리 상태까지 통찰하여 20세기 초에 걸맞는 대규모 포위 섬멸 작전을 계획하여 실행한 것이다. 광활한 전장에서 호프만 중령은 독일군의 우세한 기동력을 활용하여 러시아 1군을 견제하고 3군을 포위하고자 했던 것이다. 이것은 경쟁의 개념 요소를 바꾸어 승리한 사례로 평가할 수 있다. 이를 가능케 한 요인 중 보이지 않는 요소로 독일군과 러시아군의 리더십 차이도 간파할 수 있다.

:: 제2차 세계대전 시 독일군의 전격전

1940년 5월 10일 완전한 준비를 갖춘 독일군은 123개 사단을 서부전선에 투입하여 프랑스군을 6주 만에 궤멸시켰다. 당시 프랑스와 연합군은 1차 세계대전의 전쟁 패러다임인 방어제일주의 사상에 만연되어 공격을 경시하고 오직 방어만이 승리할 수 있다고 판단하고 있었다. 연합군의 작전계획은 요새에 의한 방어 전략으로서 스위스 국경지대로부터 몽메디 간에 연결된 마지노선으로 독일군을 방어하고 여기서 얻은 시간으로 국내에서 병력을 동원하여 전투에 임한다는 것이었다.

마지노 요새는 1927년 '동북국경 축성 안'이라는 안건으로 계획되어 의회에 제출되었으나 워낙 방대한 예산이 소요되어 1929년에야 통과되었다. 이 당시 육군상이 마지노였기 때문에 마지노 요새로 명명되었다. 1933년 완성된 마지노 요새는 모든 구조물이 강철과 콘크리트로 지하에 구축되었다. 전투시설과 연결하기 위해 엘리베이터, 에스컬레이터, 탄약운반 리프트까지 설치하였다. 프랑스 육군은 이 마지노 요새에 정예 현역사단과 요새 전문 사단 등 50개 사단을 배치하였다.

비록 구축된 마지노선이 충분한 방어역할을 한다 하더라도 벨기에와 프랑스 간의 국경지대의 요새는 사실상 제대로 연결되지 못하였다. 요새는 띄엄띄엄 구축되어 있었으며 아르덴느 삼림 배후지역에는 그것마저도 전혀 구축되지 않았다.

이에 비하여 독일군은 공격위주의 작전계획을 수립하였다. 최초 독일 최고사령부는 1차 세계대전 당시의 슐리펜 계획에 입각하여 리에즈 북방에 주공을 둘 것을 결심하였다. 그러나 A집단군 참모장 만쉬타인 장군은 강력하게 리에즈 남방 아르덴느 방향에 주공을 지향할 것을 주장하였다. 군 수뇌부는 반대하였으나 히틀러가 만쉬타인의 계획을 승인하였다. 이렇게 하여 독일군의 최종 공격계획이 그림과 같이 완성되었다.

제1단계 작전은 아래 그림과 같이 복크 장군이 지휘하는 B 집단군은 화란과 벨기에를 공격하고, 레에프 장군이 지휘하는 C 집단군은 마지노선 정면에서 견제작전을 수행하며, 룬드쉬테트 장군이 지휘하는 A 집단군은 주공으로 아르덴느 삼림을 돌파

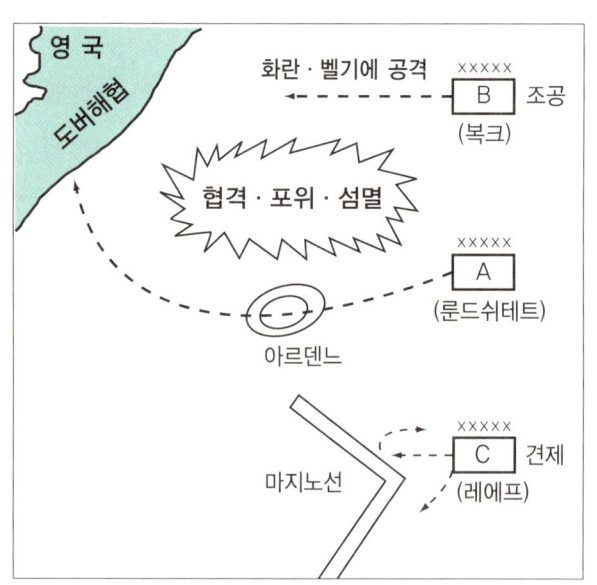

하고 해안까지 진격함으로써 솜므강 이북의 연합군을 차단·포위하고, B집단군과 협격하여 섬멸하도록 하였다.

그리고 제2단계 작전으로 B집단군을 솜므강 하류에서 남서쪽으로 진격케 하고 A집단군은 파리 동부를 돌파하여 프랑스군을 마지노선 배후로 밀어붙이고 C집단군과 협격하여 섬멸하는 것이었다.

5월 14일 독일 공군이 벨기에를 공격하는 시점을 시작으로 B 집단군은 리에즈에서 공격을 개시하였으며 주공인 A 집단군은 기갑부대를 선두로 하여 구데리안은 세당에서, 롬멜은 디낭에서 공격을 개시하여 파죽지세로 나아가 5월 13일에는 뮤즈강에 도달하였다. 급강하 폭격기와 전차 및 자주포의 지원 하에 적군의 눈앞에서 부교를 설치하고 야간을 이용, 도하를 감행하여 5월 14일 새벽에 전군단의 도하를 성공시켰다.

독일군은 5월 18일 솜므강에 연한 페론뉴에 도달하였고 5월 19일에는 아미엥을 점령하였으며 5월 20일에는 아베비일 점령, 5월 21일에는 볼로뉴를 장악함으로써 영국군의 병참선을 차단하고 프랑스군을 남과 북으로 갈라놓았다. 6월 9일 독일 A 집단군은 파리 동방 랭스 부근에서 구데리안의 기갑부대를 앞세우고 맹렬히 진격하여 6월 12일에는 이 지역을 돌파하고 물밀듯이 밀어붙였다. 마침내 6월 14일 파리를 점령하였으며 6월 17일 구데리안군은 마지노 요새 안의 프랑스군 50만 명을 포위하였고 마지노선 정면에서 견제작전을 수행했던 C 집단군이 전면공격에 들어가자 프랑스군은 붕괴되었다. 46일간의 전투결과 독일군은 전사 27,000명, 실종 18,000명이었고 영국군은 전상자 68,000명, 프랑스군은 전상자 123,600명, 포로 20만 명이 발생하였다.

독일군은 아르덴느 삼림지대를 통한 기습작전의 성공과 완벽한 전격전의 수행, 전투력의 집중, 공정부대 및 5열의 활동, 공중 우세권 장악 등을 통하여 승리하였다. 반면에 프랑스군은 마지노선에 대한 과신으로 수동적인 전쟁 준비와 방어제일주의 사상 주공판단의 실패, 전차를 단순히 보병지원용으로 사용하는 전술적 실수, 그리고 연합군 간의 협조체제 미흡으로 실패하였다.

결국 프랑스는 1차 대전의 결과에 따른 방어우위 전투의 패러다임에서 벗어나지 못하고 마지노 요새를 건설하여 그 요새만을 믿고 구태의연한 전략 전술의 운용에 빠져 있었다. 이에 비하여 독일은 베르사이유의 굴욕적 조약에 대하여 와신상담하면서 폰 젝트에 의한 군비의 증강과, 항공기와 전차를 결합한 전격전 개념을 발전시킴으로써 기습공격이 가능한 군으로 만들었다. 프랑스가 기존의 전쟁 패러다임에 안주하고 있는 데 반하여 독일은 자신의 장점을 마음껏 발휘할 수 있는 비대칭 전략을 통하여 절대적으로 유리한 경쟁의 틀을 만들어 놓고 난공불락의 요새인 마지노선을 소수의 조공으로 견제를 한 후, 프랑스를 단 46일 만에 유린함으로써 세기에 빛나는 전략의 정수를 보여 주었다.

전격전은 경쟁의 요소 중에서 개념을 변경하여 유리한 경쟁의 틀을 만든 모범적 사례로 평가된다.

:: 베트남 전쟁

베트남 전쟁의 시작은 서구 식민지 정책으로부터 시작되었다. 1858년 프랑스는 베트남에서 가톨릭 신자가 탄압을 당하자 이를 보호한다는 명목으로 침공하여 40여 년간 식민정책을 펴오다가 1899년 베트남, 캄보디아, 라오스 등으로 구성된 불령인도지나연방을 만들었다. 이러한 상황에서 1930년 2월 호치민은 베트남을 식민지로부터 해방시키고자 홍콩에서 공산당을 조직하여 프랑스에 대항하였다. 2차 대전 중인 1940년 9월 일본의 침공에 대항하기 위하여 '항불 항일 통일전선 베트민'이 중국 유주에서 1941년 9월 19일 결성되었으며 이 베트민은 세력을 강화하여 1945년 5월경에는 북부 베트남지역에서 6개성을 장악하였다.

베트남 전쟁의 제1단계는 프랑스 식민정책과의 투쟁이었는바, 프랑스가 하노이에 교두보를 확보하기 위하여 공격을 개시하자 베트남 민주공화국은 화포와 18대의 전차, 미제, 프랑스제, 일제무기를 사용하여 정규전으로 대항하였으나 실패하고 보 구엔 지압이 게릴라전에 돌입하였다.

1951년 프랑스 지배 하에 있는 적강 베트남과 중국과의 경계 지역을 소탕하기 위해 베트남은 수개 사단으로 진격하였으나 압도적인 프랑스군의 위력 앞에 실패하였다. 1954년 6월 프랑스군 8개 대대가 점령하고 있는 디엔 비엔 푸 길이 16km, 폭 10km의 골짜기: 북베트남 서쪽 라오스와 경계지역에 있음를 공격하였다. 1954년 3월부터 베트민은 약 2

개월 간 프랑스군 포위작전을 폈다. 프랑스군은 우세한 화력과 적극적인 공중지원으로 최초에는 주도권을 장악하였으나 몬순기 후 때문에 공중지원이 부진해지자 생명선인 비행장을 베트민에게 탈취당하고 포위망이 좁혀지자 항복하였다.

그 결과 1954년 7월 20일 제네바 협정을 체결하여 북위 17도선을 기준으로 월맹군은 이북, 프랑스군은 이남으로 집결하게 되었으며 1956년 7월까지 남북 총선거를 실시하기로 조인했다. 세계 공산주의 확산을 차단하려고 노력하고 있었던 미국의 아이젠하워 정부는 베트남에서 총선거를 부인하고 반공을 위한 성전에 개입하기에 이른다. 한 국가가 공산국가가 되면 그 이웃국가도 차례로 공산국가가 된다는 '도미노 이론'에 근거를 둔 미국의 대외정책은 냉전체제 하에서의 당연한 귀결로 보여진다.

1956년 7월 총선거가 유산되고 미국의 지원 하에 들어선 고딘디엠 정권의 독재와 부정부패, 무능으로 인하여 1960년 12월 20일 베트남 민족해방전선, 즉 베트콩이 탄생하였다. 1964년 통킹만 사건1964년 8월 4일 미국 전함 터너 조이호와 마독스호가 월맹의 어뢰정 3척과 통킹만에서 조우 시 미국 전함이 공해 상에서 사격을 받았다고 주장을 계기로 미국은 베트남에 직접적인 군사력을 투입하였다. 1968년에 이르러서 미국은 55만 명에 이르는 지상군 병력과 엄청난 화력 및 예산을 투입하고도 마침내 파리평화회담을 통하여 정전협정을 체결하고 1973년 1월 28일 월맹군의 추격을 뒤로 하고 간신히 빠져나왔다.

베트남전은 미국의 현대 무기 실험장을 방불케 하는 대량

소모전을 전개하였으나 베트콩의 게릴라전에 패한 전쟁이다. 베트남의 공산통일을 지휘하고 있었던 호치민은 미국과의 전쟁에서 현대전으로 경쟁하는 것은 불가능하다는 것을 이미 프랑스와 전쟁 경험을 통해 충분히 알고 있었다. 따라서 보 구엔 지압이 모택동에게 전수한 게릴라전으로 대응하기로 결심하였다. 호치민은 민족해방이라는 명분으로 베트남 인민의 지지를 얻고, 몬순기후와 열대 정글을 이용한 게릴라전은 미국의 현대전 무기의 장점을 무력화시킬 수 있다고 판단하였다.

호치민은 부패한 월남의 지도자를 부각시켜 월남인들의 지지를 얻는 데 총력을 기울이는 한편 지루한 비정규전을 통해서 미 국민들 사이에 염전사상이 일어나도록 유도하였다. 그리고 공산주의자들의 기본 전술로서 협상을 하는 동안에도 공세를 강화하였다. 공산주의자들은 협상도 하나의 전술로 이용하는 것인데 미국은 이를 이해하지 못했다.

요컨대, 베트남전은 호치민이 미국과 정규전으로 하는 경쟁의 틀에서는 승산이 없음을 경험을 통해서 간파하고 게릴라전을 중심으로 한 비정규전으로 하는 경쟁의 틀을 만들어 미국을 패배시킨 전쟁이다. 베트남 전쟁은 전략이 얼마나 중요한지를 웅변으로 대변해 주고 있다. 세계 역사상 최강의 미국을 상대로 가진 것이 아무것도 없는 베트민이 승리한 전쟁이다. 현대전의 입장에서 볼 때 유리한 것이라곤 한 가지도 없는 베트민의 지도자 호치민과 보 구엔 지압은 정글과 민족주의를 이용하여 자신들에게 유리한 경쟁의 틀을 만들었다. 왜소한 베트남인의 신체구조도 정글에서 비트를 파고 비정규전을 하는 데는 오히려 유리하게 작용하였으며, 자주 내리는 비도 비정규전에는 유리하게 작용하였다.

기존의 모든 요소 중에서 장점으로 부각되는 점을 찾아서 강자에게 대항하는 방법으로 정글에서 비정규전을 창안해 낸 것이다. 베트남 전쟁은 경쟁의 요소 중에서 경쟁의 개념을 획기적으로 변경하여 베트민에게 유리한 경쟁의 틀을 만든 사례로 평가된다.

:: 테러 창시자 하산 이 사바

11세기 말 이스파한(오늘날의 이란)의 "하산 이 사바"는 인류 최초의 테러 창시자이다. 하산 이 사바는 페르시아 북부에서 코란에 신비주의를 접목한 교리를 추종하는 니자리 이스마일파를 이끌고 있었다. 그는 페르시아 북부에 자신의 종파를 위한 국가를 개척하고 그 국가가 이슬람제국 내에서 번영하도록 만들고 싶었다. 그러나 그를 따르는 신자 수가 적은 데다 권력자들이 버티고 있는 상황에서 더 이상 세력을 확장시킬 수가 없었다.

그래서 그는 정치권력에 대항하여 역사상 최초로 테러 전쟁을 조직화하는 전략을 고안하였다. 하산의 계획은 지극히 간단

했다. 이슬람 세계에서 존경받는 지도자의 권위는 대단했으므로 그만큼 지도자의 죽음은 혼돈을 부를 것이라고 판단하고 지도자들을 선택해서 습격했다. 습격 대상의 선택은 다소 임의적이었다. 따라서 누가 표적이 될지 알 수가 없었다. 그러한 불확실한 공포는 상대 진영을 공황에 빠뜨리는 최고의 효과를 발휘하였다.

이스마일파는 그들이 장악한 성을 제외하면 별로 보잘것이 없었다. 그러나 부하들을 꾸준히 술탄 정부의 심장부 깊숙이 침투시킴으로써, 자신들이 어디에나 도사리고 있는 듯한 착각을 조장했다. 그의 생애를 통틀어 총 50회에 불과한 암살 행위를 통해, 그는 마치 수십만 군을 거느린 것처럼 대단한 정치력을 거머쥔 것이다.

이러한 힘은 단순히 개인들이 두려움에 떠는 것보다는 살인 행위들이 전체 사회에 얼마나 큰 효과를 파급시킬 것인가에 달려 있었다. 이러한 파급효과는 심약한 사람들이 먼저 망상에 사로 잡혀 의심을 드러내고, 뜬소문을 퍼뜨려 비교적 강한 사람들까지 불안에 떨게 만들었다.

이렇게 되니까 사람들은 수십 번씩 분노와 항복 사이를 오르락내리락하는 감정의 기복을 경험하기 시작하였다. 이런 공황 상태에 빠진 집단은 균형을 잡지 못하며 아무리 강력하고 결단력이 있는 사람이라도 결국에는 그러한 사회 분위기에 감염되고 만다.

술탄 산자르도 이와 같은 전철을 밟았다. 이스마일파의

암살테러가 계속되자 술탄 산자르는 1120년 압도적인 병력으로 이스마일성들을 점령하고 그 주변 지역을 무장 야영지로 전환시 킨다는 계획을 세웠다. 그리고 그는 그의 생명을 노리는 모든 시 도를 차단하기 위해 각별한 주의를 기울였다. 침실 배치도 바꾸 었고 최측근만 접촉했다. 산자르는 개인적으로 철저한 보안을 유 지하고 있다고 믿으면서, 곧 이 같은 공황에서 벗어날 수 있을 거 라고 생각했다.

전쟁 준비가 진행되자. 하산 이 사바는 산자르에게 사람 을 보내어 살인 종식을 의제로 하는 협상을 제의하였다. 그러나 산자르는 그들을 모두 돌려보냈다. 형세가 역전된 것 같았다. 이 제 두려움에 떠는 쪽은 이스마일파였다.

그런데 출정을 앞둔 어느 날 아침, 술탄이 잠에서 깨어보 니 침대에서 몇 발치 안 되는 방바닥에 단검 한 자루가 반듯하게 꽂혀 있었다. "이게 어떻게 들어왔을까? 이게 대체 무슨 뜻일 까?" 생각하면 할수록 몸서리쳐졌다. 술탄은 이제 아무도 믿을 수 없었다. 술탄은 그날 해질 무렵쯤에는 감정적으로 완전히 황 폐해진 상태였다. 이윽고 그날 저녁에 그는 하산으로부터 메시지 를 받았다. "제가 술탄의 안녕을 바라지 않았다면, 단검을 딱딱한 바닥이 아니라 술탄의 무른 가슴팍에 꽂았겠지요."

산자르는 참을 수 없었다. 더 이상 이런 나날을 견디기 힘 들었다. 불안과 의심, 끊임없는 공포 속에 살아가는 것은 끔찍한 일이었다. 이 악마 같은 자와 협상하는 편이 낫겠다는 생각이 들

어 그는 출정을 취소하고 하산과 화해했다.

　　　　이러한 것을 가능하게 한 것은 이스마일파가 지닌 장점이다. 즉, 암살자들은 결코 도망가지도 않았다. 살해한 뒤 묵묵히 체포되어 고문을 당한 다음 처형당하고 나면, 또 다른 암살자가 뒤를 이었다. 그 무엇도 그들의 과업을 중단시킬 수 없을 것 같았다. 암살자는 마치 잘 만들어진 하나의 정밀 무기와 같았다. 지금 중동지역에 벌어지고 있는 자살폭탄 테러리스트들은 아마 이와 같은 전통의 유산이라 생각한다. 이슬람의 대의를 위해서 자신의 목숨을 버리는 것을 가장 큰 영광으로 여기는 그 사회적 규범인 지하드가 이를 가능케 한다.

　　　　이처럼 테러는 열세한 측이 강력한 측을 상대하는 전략이다. 테러를 하는 측은 수적 열세 때문에 재래식 전쟁, 심지어 게릴라전조차 엄두를 내지 못한다. 그들이 의지할 수 있는 최후의 전략은 테러뿐이다. 그들은 종종 절박하며, 온몸을 불사르는 대의를 갖고 규모가 훨씬 큰 적을 상대한다. 윤리적 고려 따위는 상대적으로 무색해지며 혼돈을 야기하는 것 또한 그들 전략의 일환이다.

　　　　클라우제비츠의 말처럼 "전쟁은 정치의 연장이다"라는 말을 되새겨보면 결국 전쟁이란 정치적 목적을 달성하기 위한 행위이며 어떤 방식으로든지 정치적 목적을 달성한다면, 그것도 가장 적은 병력과 노력으로 가능하다면 가장 훌륭한 전략이라고 생각한다. 테러는 약자가 강자와의 경쟁에서 자신의 강점을 최대한 이용하여 군사적 차원의 경쟁이 아닌 정치적 차원의 경쟁의 장으로 전환하여 상대를 굴복시키는 전략이다. 하산 이 사바는 충성스러운 전사를 수단으로 활용하여 유리한 경쟁의 틀을 만든 것이다. 그런데 그 충성스러운 전사의 숫자는 지극히 미미하므로 전장을 형성해서는 승산이 없다. 따라서 지도자의 주변에서 지도자의 목숨을 노리는 방법으로 정치적 목적을 달성하였다. 이것은 경쟁의 요소 중에서 개념적 요소를 변경하여 유리한 경쟁의 틀을 만든 경우다.

:: 엘리자베스 1세

엘리자베스 1세가 왕위를 물려받은 1558년, 영국은 내전으로 고통 받고 있었고 재정 상태는 엉망이었다. 이에 비해서 스페인은 막강한 군사력을 가진 강대국이었다. 그런데 스페인 왕 페리페 2세는 독실한 가톨릭 신자로서 개신교의 보급을 막는 것을 개인적인 소명으로 여기고 있었다. 따라서 펠리페 2세는 유럽 대륙에서 개신교가 퍼져나가는 것을 막는 것은 물론 영국에도 가톨릭교회를 부흥시키겠다는 야망을 품었다.

펠리페의 의중을 파악한 영국의 대신들은 전쟁이 불가피하다는 생각을 갖고 영국 군대를 네덜란드와 벨기에에 파견할 것을 엘리자베스 1세에게 권유하였다. 그러나 여왕의 생각은 달랐

다. 여왕은 스페인을 재정적으로 파괴하여 영국을 안전하게 보호해 줄 그런 전쟁을 하고 싶어했다. 따라서 여왕은 대신들의 건의를 받아들이지 않고 펠리페를 자극하지 않으면서 스페인과 평화를 유지하는 데 힘썼다. 여왕은 해군력 증강을 위한 자금 비축시간을 벌고자 했다. 그녀가 생각하기에 스페인은 신세계에서 점점 더 영토를 확장해가면서 막강해졌지만 그 식민 제국이 너무 멀리 떨어져 있는 약점이 있다는 것을 알았다.

식민지 제국을 유지하고 거기서 부를 실어 나르기 위해 펠리페 2세는 거대한 함대에 전적으로 의존하고 있었는데, 이는 이탈리아 은행가들에게 막대한 자금을 빌려 마련한 것이었다. 이 말은 곧 은행가들에게 그의 신용을 입증하려면 신대륙에서 금을 싣고 오는 배의 항로가 안전하게 보장되어야 한다는 것을 의미하였다.

엘리자베스 여왕은 영국에서 가장 뛰어난 해군 제독인 프랜시스 드레이크 경을 스페인 보물선이 지나는 항로에 파견했다. 그 배는 누가 보아도 해적에 지나지 않았다. 펠리페의 보물선 한 척이 포획될 때마다 보물선에 대한 위험도가 증가하여 대출에 붙는 이자율이 올라갔고, 그 결과 펠리페왕이 1582년 영국 침공을 위한 함대를 파견하려 했지만 자금의 부족으로 연기할 수밖에 없었다.

엘리자베스 여왕은 펠리페의 신용을 파괴하기 위하여 힘쓰는 한편 영국의 정보 네트워크를 세워, 이를 유럽에서 가장 정교한 정보기관으로 만들어 활용하였다. 이를 통해서 그녀는 펠리페에 대한 정보를 끊임없이 입수하였고 그 결과 함대의 규모가 얼마나 큰지, 언제 출항할지 정확히 파악하였다.

1588년 여름 스페인의 무적함대는 마침내 준비를 마쳤다. 20척의 칼레온을 포함한 배 128 척으로, 이는 영국의 전체 해군과 맞먹는 규모였다. 무적함대는 7월에 리스본을 출항했다. 그러나 무적함대에 관한 정보를 입수한 엘리자베스 여왕은 작고 기동력 있는 함대를 보내 보급선을 침몰시키고 무적함대를 혼란에 빠뜨렸다.

무적함대는 마침내 프랑스 칼레항에 닻을 내렸다. 그곳에서 네덜란드와 벨기에에 주둔하고 있는 스페인 군대와 합류할 예정이었다. 이에 영국은 스페인의 원군 보강을 방해할 목적으로 배 8척을 모아 가연성 물질을 가득 싣고 빽빽하게 대형을 이룬 스페인 함대를 향해 돌진하였다. 그 결과 스페인 함대는 불길에 휩싸여 아비규환을 이루었으며 앞을 다투어 빠져나가려는 배들이 충돌하는 바람에 함대의 질서는 완전히 와해되었다.

칼레에서 보급품과 배를 잃은 스페인 함대는 기강과 사기가 떨어져 더 이상 영국을 침공할 수 없었으며 남은 배들은 영국 해군의 추격을 피하기 위해 스코틀랜드와 아일랜드를 돌아 귀항하고자 했다.

엘리자베스 1세는 패퇴하는 스페인 배를 추격하는 수고를 들이지 않고 그 쪽 바다의 험한 날씨가 스페인 함대를 파괴하도

록 두었다. 그 결과 스페인의 무적함대는 상처투성이가 되어 돌아왔는데 44척의 배가 소실되었고 나머지 배 대부분도 항해가 불가능할 정도로 파괴되었다. 바다에 수장된 선원과 병사들이 전체의 2/3에 달했다. 반면 영국은 단 한 척의 배도 잃지 않았으며 전사자 수는 채 100명도 되지 않았다.

통쾌한 승리 후에도 엘리자베스 1세는 승리감에 도취해 시간을 낭비하는 일은 하지 않았다. 그녀는 예산을 절약하기 위하여 해군을 축소하였다. 그녀의 대신들은 승리의 여세를 몰아 스페인을 공격할 것을 종용하였지만 그녀는 결코 듣지 않았다.

그녀의 목표는 분명하였다. 펠리페 2세의 자원과 재정을 고갈시켜 유럽의 가톨릭 지배와 영향력을 행사한다는 그의 꿈을 좌절시키는 것이었다. 결국 스페인은 무적함대의 패배 후 재정적으로 회복하지 못하고 영국을 향한 야욕은 포기하였다.

이를 평가해보면, 엘리자베스 여왕은 전략적 차원에서 일을 수행한 것이다. 요즘 전략의 차원에서 보면 안보전략 차원에서 펠리페 2세를 요리한 것이다. 대신들이 전술적 또는 작전적 차원에서 건의한 것을 수용하지 않고 국제정치 상황과 국내 상황을 정확히 분석한 후 스페인의 약점을 최대한 이용하였다.

스페인의 약점은 앞에서 적시한 바와 같이 식민지 경영에서 부를 축적하여 펠리페 2세의 야욕을 달성하는 체제로 되어 있었으며 그 재원을 조달하는 체제는 원거리 식민지에서 금을 실어와야 하고 그 경비는 이탈리아 금융가로부터 대출을 받아 이뤄지고 있었던 것이다.

　　엘리자베스 1세는 스페인의 아킬레스건을 찾아내었다. 스페인의 재정적 어려움을 만들면 영국 침공은 불가능하다는 사실을 간파하고 그 재정적 어려움을 조장하는 방법으로 식민지로부터 오는 보물선을 납치하였다. 이렇게 함으로써 대출이자를 증가하게 만들었고 이로써 스페인의 무적함대가 영국 침공을 준비하는 데 시간이 걸리게 하여 영국이 해군력을 증강하는 데 필요한 시간을 벌었던 것이다. 영국의 대신들이 건의한 전쟁이라는 '직접 경쟁의 틀'을 묵살하고 재정적 압박으로 스페인 펠리페 2세의 야욕을 무너뜨리는 '간접 경쟁의 틀'을 구사하였다. 이것은 개념을 변화시켜 경쟁의 틀을 바꾼 경우에 해당한다.

　　작전전략 차원에서도 패퇴하는 스페인 함대를 추격하지 않았다. 스코틀랜드와 아일랜드의 바닷가로 돌아가는 스페인 함대가 부닥칠 바다의 거친 날씨를 예견하고 영국 해군을 출동시키지 않았다. 이것은 이이제이 전략이다. 즉, 스페인 함대와 직접 싸우지 않고 스페인 함대가 기상과 싸우게 만든 것이다. 영국 해군과 스페인 해군 간의 경쟁의 틀을 기상과 스페인 해군 간의 경쟁의 틀로 바꾸어 버린 것이다.

∷ 루스벨트 대통령

1940년 프랭클린 D. 루스벨트 대통령은 두 번째 임기의 마지막 연도를 보내고 있었다. 그런데 그는 국내외적으로 할 일이 많아 다시 한 번 더 대통령을 하고 싶었다. 그러나 미국 정계에서는 어떤 대통령도 세 번 연임이 불가능하다는 것이 불문율로 통하고 있었다.

당시 미국의 상황에서는 2차 대전이 진행 중인 유럽에 개입할 것이 확실시 되고 있었고 국내적으로도 자신이 계획하고 있는 일들을 끝내지 못하고 있는 것들이 있었다. 한 번 더 연임을 해서 이 모든 것을 마무리 짓고 싶었지만, 연임하겠다는 기미를 보이면 여당 내에서조차도 반대할 것이 분명했다.

그래서 루스벨트는 '수동적 공격 전략'으로 자신이 원하는 바를 얻기로 결심했다. 대선 후보자를 지명하는 민주당 전당대회가 열리기 전까지 몇 달 동안 그는 수차례에 걸쳐 자신은 대통령이 되고 싶은 의향이 전혀 없음을 거듭 표명하고, 당내 인사들에게 자신의 후임이 될 후보를 물색하라고 독려했다.

그러는 사이에도 어휘를 주의 깊게 선택하여 자신이 후보로 나설 가능성을 완전히 배제하지는 않았으며, 여러 명의 후보를 경선으로 밀어 넣어 어느 한 사람이 두드러진 지지를 받지 못하게 만들었다. 즉, 고만고만한 사람들이 경선에 참여케 하여 '도토리 키 재기' 같은 경선 상황을 만들었다. 즉, 유권자들이 특별하게 선택하고픈 사람이 없게 만든 것이다.

전당대회가 열리자 루스벨트는 무대 뒤로 물러나서 자신의 존재감을 부각시켰다. 그의 부재로 대회 진행이 더할 나위 없이 지루해지자, 참석자들은 그의 이름을 연호하기 시작했다. 하지만 그는 바로 나서지 않고 참석자들의 지지가 극에 달할 때까지 모습을 드러내지 않고 기다렸다가 앨런 버클리 상원의원이 연설을 하는 도중에 그가 보낸 메시지를 읽게 했다. "대통령께서는 대통령직을 연임하거나 대통령 후보로 나서거나 전당대회에서 지명될 의향이 지금껏 한번도 없었으며, 지금도 그 생각에는 변함이 없다고 하십니다." 이 메시지는 '나는 지극히 대통령을 한 번 더 하고 싶다'는 의미의 역설을 그렇게 표현한 것이다.

잠시 침묵이 흐른 뒤, 장 내에 대의원들의 함성이 울려 퍼졌다. "루스벨트! 루스벨트!" 이들의 간청은 한 시간 동안 지속되었다. 다음 날 대의원 투표를 앞두고 '루스벨트!'를 연호하는 함성이 다시금 전당대회 홀을 채웠다. 이윽고 현직 대통령의 이름이 후보자 명단에 기입되었고, 그는 첫 번째 투표에서 압승을 거두었다.

루스벨트는 전당대회에서 정상적인 경쟁의 방법으로는 연임이 절대 불가능하다는 것을 알고 간접 전략으로 남들이 자신을 지지하게 하여, 자신은 어쩔 수 없이 떠밀려서 후보자가 되는 길을 택했다. 일반적인 적극적 경선의 틀에서 수동적 경선의 틀로 전환하여 자신에 대한 지지를 끌어냄으로써, 자신이 원하는

세 번째 연임 목표를 달성한 것이다.

　　루스벨트 대통령은 3선이 '경선 내 경쟁의 틀'로서는 불문율에 의해 불가하므로 경선 내의 경쟁의 틀에서는 후보자가 나올 수 없게 만든 다음 자신은 '경선장 외 경쟁의 틀'을 만들었다. 그것은 인간의 본성을 최대한 이용한 것으로 절대 사사로운 욕심이 없다는 모습을 보이고자 '절대 나서지 않는다'는 메시지를 보내고 당원이 불러내면 마지못해 입후보하는 경쟁의 틀을 고안한 것이다. 사람은 '감추면 들춰보고 싶어하고 보여 주면 보지 않으려는 속성'을 역이용한 사례의 한 단면이다. 여기서 루스벨트 대통령은 경쟁의 개념적 요소를 변경하여 경쟁의 틀을 바꾸어 자신의 목적을 달성하였다.

∷ 다윗의 승리

다윗과 골리앗의 싸움은 성경에 나오는 이야기다. 어쩌면 이 싸움이 인류 역사상 전략이라고 말할 수 있는 최초의 싸움이 아닐까? 후에 다윗은 훌륭한 리더십이 인정되어 왕이 되었으며 유태인을 지도하는 위치에까지 오르게 된다. 따라서 다윗이 골리앗을 이긴 방법이야말로 진정 전략의 진수라고 생각한다.

　　다윗은 마을을 때려 부수기 위해 나타난 거인 골리앗을 만나 싸워야 하는 상황에 처했다. 만일 골리앗을 이기지 못하면 마을은 초토화가 될 것이며 자신뿐만 아니라 온 마을 사람들의 생존이 걸린 절체절명의 문제였다. 다윗은 골리앗과 접근전으로 싸우면 질 것이 뻔하다는 것을 알았다. 그래서 다윗은 자신이 골리앗보다 잘 할 수 있는 것이 무엇인가 생각해 보았다. 그것은 다름이 아니고 평소 양을 돌보면서 심심풀이로 놀이 삼아 던지던 돌팔매Sling질이었다. 다윗의 돌팔매질은 원하는 표적을 언제든지 정확하게 맞힐 수 있을 정도의 실력이었다.

다윗은 돌팔매로 골리앗과 싸우겠다고 결심을 하고는 골리앗으로부터 멀리 떨어져서 골리앗의 급소인 눈을 돌팔매로 때려서 골리앗이 앞을 보지 못하게 한 다음 결정타를 먹여 이겼다.

만약 평범한 다윗이 거인 골리앗과 싸워야 하는데, 기존의 싸움 방식인 접근전을 시도했다면 다윗은 골리앗에게 한 주먹도 안 되는 상대다.

다윗은 골리앗이 유리한 접근전을 회피하고 자신의 장기인 돌팔매질을 최대한 활용할 원거리 전투를 택하였다. 다윗은 경쟁의 요소 중에서 개념과 수단을 변경시킨 경우이다. 그러나 근접전으로서는 불가함을 알고 원거리 전투로 싸우겠다는 개념의 변경이 지배적 요소로 평가된다.

:: **노부**나가

근세사에서 동아시아 세계 질서를 크게 뒤흔들어 놓은 것은 일본의 조총이다. 일본은 1542년에 포르투갈 모험가인 핀투라는 사람에 의해 서양식 총기를 전해 받은 것으로 역사는 기록하고 있다. 임진왜란이 발발하기 꼭 50년 전이다. 일본은 이 서양 총을 자체적으로 발전시켰는데, 더욱 중요한 것은 사용 방식도 창의적으로 개발하였다는 것이다.

당시의 소총 제작 기술로는 탄환을 장전하여 발사하기까지 많은 시간이 걸렸다는 것이다. 당시의 총은 총구로 화약을 먼저 넣고 그 다음에 탄환을 넣은 다음 꼬질대로 다져넣고, 이것을 다시 화약과 연결된 심지에 불을 붙여서 발사하는 총구장전식이었다. 요즘 우리가 보는 후미장전식 총은 19세기가 되어서야 개발되었다. 이러한 총구장전식 총을 발사하는 데는 28단계의 공정이 필요했다. 총이 창이나 검에 비해서 원거리 전투를 가능하게는 했지만 공정이 너무 복잡하고 시간이 많이 걸리는 것이 문제였다. 특히, 총을 발사한 후 다시 장전하는 동안 적이 돌격해 오면 어떻게 해야 할지 하는 것이 큰 문제였다.

당시 일본은 이 문제를 연속발사 방식으로 해결했다. 즉, 사수들이 열을 지어 앞줄의 사수들이 발사하고 나면 그동안 장전을 마친 다음 줄이 발사하는 식이었다. 일본은 1575년 5월 21일의 나가시노 전투에서 극도로 발전한 연속발사 방식의 전투를 실제로 시현하였다. 이 당시 노부나가 부대는 조총 사수들을 23열로 세워서 차례로 쏘게 함으로써 20초마다 1,000발의 발사가 가능했다. 이런 정도의 화력이라면 아마 당대 세계 최강의 부대였을 것이다.

총구장전식 소총의 문제를 해결하기 위하여 정확한 문제 정의를 하였다. 즉, 그것은 발사간격을 단축하는 것이었다. 당시 일본은 발사간격을 단축하기 위하여 당시의 기술로는 기계적 한계를 가진 총 자체에서 문제를 풀지 않고 이를 조직적 차원에서 조직운영의 개념을 변경하여 해결한 것이다. 즉, 문제를 둘러싸고 있는 외연환경을 확대하여 상황을 분석하여 대안을 찾아낸 결과다.

노부나가 부대는 경쟁의 요소 중에서 요소를 변경하여 상

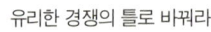

대보다 유리한 경쟁의 틀을 만든 것이다.

:: 제럴드 템플러 장군

1948년 6월 16일 세 명의 영국인들이 식민지 말레이시아의 고무 농장에서 일 하고 있을 때 정글에서 말레이시아 공산군이 농장을 습격했다. 이 기습으로 영국인 세 명이 모두 살해되고 테러리스트들은 도주했다.

영국은 비상사태를 선포하고 이후 12년 동안 영국군과 말레이시아 테러리스트 간에 게릴라전이 계속되었다. 말레이 공산당(MCP: Malayan Communist Party)은 주로 촌락과 외곽에서 사는 중국계 농민들을 지지 기반으로 삼고 있었다. 가난하게 사는 이들에게 말레이 공산당은 물질적 풍요를 약속했는데 이것은 당시에 상당한 호소력을 가지고 있었다.

처음에 영국은 말레이에도 다른 식민지 국가에서와 같이 가혹한 제국주의 강경책을 펼쳤다. 봉기의 탄압을 담당했던 장군들은 집단 처벌 방식을 취했다. 모든 말레이인들을 한 덩어리로 묶어 잠재적인 폭도로 간주함으로써 공산주의 테러리스트와 모종의 관계가 있을 것으로 의심되는 용의자들을 대량으로 검거하고 고통을 가했다. 이러한 결과는 말레이 공산당에 가담하는 사람들이 늘어났고 말레이 공산당은 더욱 힘을 얻게 되었다.

이러한 상황에서 서독에 주둔하고 있던 제럴드 템플러 장군이 이 문제를 해결하기 위해 말레이로 왔다. 그는 중국 농민들을 회유하기 위해 완전히 새로운 작전을 구상하는 데 착수하였다. 먼저, 그는 봉기가 발생하게 된 동기와 중국 농민들이 도피 중인 말레이 공산당의 지도자인 진평을 따르는 이유를 조사했다. 그런 다음 그가 처음 한 군사행동은 비전투원들의 안전을 보장하는 것이었다. 중국 농민들이 영국군을 신뢰하지 않는다면 말레이 공산당 조직을 와해시키는 데 필요한 결정적인 정보를 제공해 주지 않을 것이기 때문이었다.

관련자와 관련 지역에서 나온 첩보는 봉기를 진압하는 전략의 핵심이었다. 즉, 템플러는 중국계 말레이인들이 자신들의 안전이 보장되지 않는 한 영국의 반공 작전에 절대 협력하지 않을 것이라고 생각했다. 그리고 나아가서 테러리스트 모두가 강고하고 교조적인 신봉자는 아니라는 점도 간파했다. 그들 중 상당수는 이데올로기적인 확신 때문이라기보다는 여러 가지 이유로 인해 조직에 휩쓸려 들어간 젊은이들이었다.

그렇게 때문에 영국군의 완벽한 처벌정책은 그들이 궁지에 몰렸을 때조차도 항복하지 않을 것이다. 고대 그리스의 미틸레네인들이 그랬던 것처럼 그들에게는 항복할 이유가 없는 것이다. '항복의 결과로 외국 군대로부터 무차별적인 처벌을 당할 것이 자명하다면 결사항전을 선택할 수밖에 없는 것이다.' 어차피 죽을 목숨이라면 끝까지 싸우다가 죽는 것이 낫다.

디오도투수가 그랬던 것처럼 템플러 장군은 테러리스트를 지지하는 중국 농민들의 편차를 가려냈다. 그리고 무고한 마을 사람들 모두를 가혹하게 처벌하는 과거의 전략을 포기하라는 지시를 내렸다. 그리고 투항한 적군을 동원하여 공중 방송으로 심리전을 실시하고 왜 항복하게 되었는지를 전하는 메시지를 지속적으로 내보냈다. 또한 그 지역에 있는 여성들이 아주 위태로운 상황에서 출산을 하고 있다는 사실을 알아내고 영국군은 중국 여성들에게 영국군 지역 내에 있는 아주 깨끗한 여성 클리닉을 보여 주는 효과적인 전단지를 만들어 살포하였다. 이러한 여러 가지 심리적인 전술들은 테러리스트와 지원 세력을 서서히 무너뜨렸다.

템플러는 한 걸음 더 나아가 안전을 제공하는 것만으로는 충분하지 않다는 것을 알고 진평이 약속했던 것에 버금가거나 그보다 훨씬 나은 조건을 제시했다. 그는 농촌의 중국인들을 말레이 공산당의 본거지에서 멀리 떨어진 곳으로 이주시켜 새로운 곳에 정착시켰다. 많은 중국인들이 강제 이주에 분노했지만 그는 '사후보호정책'으로 무마가 가능할 것으로 판단하였다. 영국은 사후보호정책의 일환으로 보건간호, 교육시설, 현대적인 문화설비에 부가하여 새로운 경제적 기회를 제공하였다. 시간이 흐름에 따라 농촌의 중국인들에게 가장 매력적인 물질적 혜택을 제공해 줄 수 있었던 것은 지평이 아니라 영국인들이라는 것이 확실해졌다. 마침내 진평의 봉기 세력은 줄어들고 테러 조직은 영국에 화평을 요청하게 되었다.

위의 사례는 아프간에서 고전하고 있는 미국에게는 아주 훌륭한 교훈이 될 것이다. 이와 같이 민중의 지원을 기반으로 하는 테러리스트의 게릴라전은 민중과 테러리스트를 분리시키는 것이 가장 중요하다. 이를 위하여 테러리스트를 지원하는 민중을 탄압하면 할수록 테러리스트 세력은 강해진다.

그러니까 테러리스트 봉기 세력을 격멸하는 테러리스트와 직접 벌이는 경쟁보다는 민중에 대하여 테러리스트와 누가 민중의 마음을 더 많이 사는가를 경쟁하는 것이 낫다. 즉, 테러리스트를 격멸하기 위해 무기로 싸우는 직접 경쟁의 틀을 버리고 민중의 마음을 얻는 것을 목표로 하는 간접경쟁의 틀을 만들어 승리함으로써 테러리스트의 지지기반인 민중을 테러리스트와 분리할 수 있다. 민중의 지지를 잃은 테러리스트들은 물을 잃은 물고기처럼 더 이상 생존이 불가하므로 항복을 받아 낼 수 있다. 즉, 테러리스트 동조 세력에 대한 무차별적 처벌을 테러리스트와 지원세력 간, 또는 테러리스트 내의 강경파와 온건파 간의 분리를 위하여 신뢰라는 심리적 접근방법으로 바꾸어 테러리스트의 항복을 받아내는 데 성공하였다. 템플러 장군은 자신에게 유리한 경쟁의 틀을 만드는 방법으로 경쟁의 요소 중에서 개념을 변환시켜 성공하였다.

∷ 드라마 '자이언트'의 이강모

드라마에 자이언트 나오는 주인공 이강모는 경쟁업체인 '만보건설' 조민우가 국회의원인 아버지에게 도움을 청해 이강모가 사장인 '한강건설'의 모든 자금줄을 차단하고 골재마저 매점매석하여 가격을 두 배로 올려 놓았다. 드라마에서 조민우는 이강모를 망하게 하려고 갖은 수단을 다 쓴다.

이강모는 아버지의 원수인 조필연에게 복수하기 위하여 어떻게 해서라도 성공하려고 한다. 아버지의 원수인 조필연과 과거 만보건설 회장인 황태섭에게 복수하는 길은 오직 자신이 성공하는 것이라는 생각에 모든 어려움을 참고 견디면서 한강건설을 만들었다. 돌산을 개발하여 아파트를 짓고 있던 한강건설은 조민우의 농간으로 자금줄이 차단되자 어려움에 봉착한다. 하청업체들은 공사를 더 이상 할 수 없다며 철수하겠다고 한다. 이때 이강모는 시간을 벌기 위해 그들에게 1주일간 휴가를 가라고 한다. 고민에 고민을 거듭하고 있는데, 어느 날 이강모의 애인인 황정연이 유압식 브레이커를 한강건설에 보냈다. 그 당시 유압식 브레이커를 개발한 사장은 판로가 없어서 생산을 중단하고 있었다.

황정연은 돌을 깨는 데 유압식 브레이커가 있으면 도움이 될 것이라는 생각을 하고 그 브레이커를 설명서와 함께 한강건설로 보냈다. 설명서를 읽고 난 이강모의 머리에 번쩍이는 섬광이

지나갔다. 브레이커를 들고 나가 바위를 뚫어보고는 대형 브레이커가 있으면 이 바위를 잘게 쪼갤 수 있다는 생각까지 하게 된다. 그리고 골재라는 것이 결국은 큰 바위가 쪼개져 만들어진 것이라는 생각을 하게 된다. 그래서 브레이커 제조사 사장을 만나 생산하는 모든 대형 유압식 브레이커를 사들이기로 하였다.

여기서 가장 중요한 것은 사장 이강모의 전략적 사고다. 모든 사람들이 골재는 강에서 퍼오는 것으로 생각하고 있을 때, 이강모는 바위를 깨서 만들면 된다는 생각을 한 것이다. 보통의 골재는 자연이 깨어 주어 강바닥에 깔려 있는 것을 사람이 퍼다 쓰는 것이었다. 이강모의 생각은 그 깨는 과정을 사람이 하면 된다는 것이다. 그리고 돌산은 그 돌을 깨내어 어디 가져다 버려야 하는데, 그 수송비와 돌을 버리는 장소를 구하는 것도 쉽지 않다. 그런데 브레이커로 바위를 자갈로 잘게 깨고 나면 버리는 것이 아니라 조민우가 두 배로 값을 올려 놓은 골재가 되는 것이다. 이것이 전략의 기초인 발상의 전환인 것이다.

과거 경쟁의 틀이 그 돌산을 빨리 깨어 내 바위를 치우고 아파트를 지을 부지를 만드는 것이라면 이강모가 깨달은 것은 돌산의 바위를 잘게 깨서 골재로 파는 전혀 새로운 블루오션에서의 경쟁의 틀을 만든 것이다. 부지 확보는 부수적으로 떨어지는 부산물이었다.

유압 브레이커를 이용하여 치워버려야 하는 암반을 잘게 부수기만 하면 그 값비싼, 그리고 조민우의 방해로 구하기도 힘

든 골재를 만들 수 있는 것이다. '골재는 강에서 실어오는 것, 그리고 암반은 깨서 내다 버려야 하는 것'이라는 고정관념을 깨고 그 암반을 강에 있는 자갈 크기로 깨기만 하면 된다는 사실을 깨달은 것이다. 강에 있는 자갈도 산으로부터 큰 바위가 굴러서 강으로 오는 동안 깨어졌다는 인과관계를 보통 사람들은 쉽게 깨닫지 못한다.

'골재는 강에서 실어오는 것'이라는 고정관념을 골재는 바위를 인위적으로 깨어 만들 수도 있다는 사실에 기반하여 강에서 골재를 실어오는 경쟁의 틀에서 골재를 만드는 경쟁의 틀로 바꾼 것이다. 이것은 경쟁의 요소 중에서 개념의 전환을 통해 전혀 새로운 경쟁의 틀을 만든 성공적 사례이다.

∷ 훌륭한 병원장

강남의 모 병원장은 좋은 병원을 만들기 위해서 기존의 '사후After 서비스'를 '사전Before 서비스'로 바꾸어 고객을 만족시키기 위한 전략을 수립하여 시행하고 있다고 한다.

이를 위해 대대적인 설문조사를 한 결과 주차공간이 좁아서 주차장소를 찾다가 예약시간에 늦는 고객이 많다는 사실을 알고 '무료주차 대행 서비스'로 해결하였고, 진료를 받는 각 단계마다 매번 번호표를 뽑고 원무과 창구에서 대기해야 하는 번거로

움을 평소 사용하는 신용카드 정보를 등록한 뒤 맨 마지막 단계에서 일괄 수납토록 하는 '오픈 카드제도'로 해결하였으며, 일과 시간에만 진료 예약과 변경을 할 수 있는데 대한 불만은 연중무휴 '24시간 전화 예약시스템'으로 해결하였다.

예전에는 병만 잘 고치면 좋은 병원이라는 명성을 얻을 수 있었다. 병원과 의사가 귀한 시절에는 병을 고쳐준다는 사실만으로도 감사의 대상이었다. 그래서 환자들은 의사를 선생님이라고 호칭하며 존경을 표했고 병을 고쳐준다는 사실만으로도 고마워했다. 그러나 이제는 병원도 경쟁의 시대가 되었고 환자도 이젠 고객으로 대해야 하는 시대적 상황이 되었다. 고도의 전문지식을 바탕으로 환자가 아닌 질병에만 초점을 맞춘 채, 의술을 베푼다는 시혜적 개념으로 환자를 대해서는 더 이상 병원을 유지하기 어려울 것이다. 경제 성장과 더불어 이제 병원을 찾는 고객들의 기대 수준이 한껏 높아져 있는 상황이다.

그 병원장은 고객중심의 병원관리를 하기 위해 위에 열거한 개선책을 내놓자 병원 내부에서조차 "병원 운영이 여유로운 것도 아니고 다른 병원들도 감수하고 있는 문제인데 왜 굳이 큰 비용을 들여가며 해결하려 하느냐"며 재고를 요청하는 목소리가 높았다고 한다.

그러나 과감히 자신의 소신을 밀어붙인 그 병원장은 현명한 전략가임에 틀림없다. 이제 과거 시혜적 차원에서 진료를 하는 병원에 만족하지 않고 기대수준이 큰 고객으로 변한 현실에서

과거의 방식, 병원이 병만 잘 고치면 된다는 식으로 경쟁했던 틀을 과감히 바꾸어 고객의 입장에서 사후 서비스가 아닌 사전 서비스 개념을 도입하여 고객이 원하는 고객중심의 경쟁 틀로 바꾼 혜안이 돋보인다. 아마 머지않아 경쟁의 틀을 바꾸면서 소요된 비용의 몇 배로 생산성이 높아질 것이고 다른 병원들도 필연적으로 그 병원을 따라갈 것임이 분명해 보인다. 이제 병원을 찾는 환자도 인간다운 대접을 받고 싶어 한다. 시간을 낭비하면서 무작정 의사의 지시만 쳐다보는 시대는 지났다고 보는 것이 맞다. 경쟁의 요소 중에서 개념을 병 잘 고치는 병원에서 고객 서비스 차원으로 변환시켜 새로운 경쟁의 틀로 바꾼 사례다.

산골 한의사

오래전 강원도 인제군 상남면에는 유명한 한의사가 한 분 있었다. 지금은 다른 곳으로 이사를 갔다는 이야기가 있는데 어디 사는지는 잘 모르겠다. 상당히 오래 전 그 분이 쓴 책을 읽은 적이 있는데 난치병을 치료하는 방법이 현대적 의학과는 다르다는 것을 알고 상당히 감명을 받은 바가 있다.

동양 의학에서는 병을 만드는 것도 사람이고 그 병을 치료하는 것도 사람이라는 격언이 있다. 즉, 생활 습관이나 적절치 못한 생활을 하므로 해서 병이 생기고 그 생긴 병은 몸 자체가 가진 활동에 의해서 자연치유를 한다는 논리다. 후자에 대해서 양의들도 인정을 한다. 그것이 호메오스타시스다.

　　그 한의사에게는 병원에서 포기한 환자들이 주로 찾아왔다고 한다. 말기 암 환자가 많았는데, 그는 환자가 오면 우선 환자 상태를 살펴본 후, 쌀 한 말과 소금 한 됫박을 준비해서는 방태산으로 올려 보낸다고 했다. 당시 방태산에는 화전민들이 살다가 떠난 집들이 더러 있었다. 그 화전민 집에서 혼자서 어떻게든 생활하라고 요구했다. 누구의 도움도 받지 말고 오로지 혼자의 힘으로, 물론 산에 산재한 산나물이나 약초도 뜯어 먹으면서 살아갈 것을 요구하였다.

　　그러면 일반 병원에서의 치료와 어떻게 다른가? 병원에서는 일단 중환자가 들어오면 침대에 눕히고 링거주사를 꽂는다. 그리고는 각종 체크를 하기 위해 여러 가지 검사를 한다. 주기적으로 약을 주고 또 그 결과를 검사한다.

　　이렇게 하다 보니 환자는 환자복을 입고 침대에서 가만히 누워 있어야 한다. 사람이란 사실 멀쩡하게 건강한 사람도 한 사나흘 정도 누워 있으면 환자가 된다. 그러니까 자체 바이탤리티가 떨어진다. 바이탤리티가 떨어지면 몸의 신진대사가 제대로 되지 않는다. 환자 자체가 가지고 있는 자연 치유력은 제로 상태가 되고 오로지 병은 약물로만 치료하게 된다. 그런데 이 약물이나 방사선 등은 사람의 정상 세포와 이상 세포의 차이점을 구별하지 못한다. 그러니 이상 세포를 죽이려는 약물과 방사선이 정상 세

포까지 무차별로 공격을 한다. 환자는 점점 몸이 쇠약해지고 그 쇠약해진 몸은 더욱 더 바이탤리티가 떨어지는 악순환의 연속이 된다.

그런데 그 한의사는 먼저 인간의 자연 치유력을 가장 소중한 치료의 수단으로 삼았다. 방태산에서 혼자 살아가려면 몸을 움직여야 하다. 물론 맑은 공기와 물이 있으니까 더할 나위 없이 좋겠지만 가장 중요한 포인트는 환자가 부지런히 몸을 움직이는 과정에서 바이탤리티가 증대되는 것이다. 이 왕성한 몸의 바이탤리티는 병을 치유하는 힘으로 작용하고 그 힘은 정상 세포들의 손상 없이 강력한 파워의 백혈구를 만들어 병을 공격하여 승리하게 만든다.

이런 측면에서 그 한의사의 동양 의학은 인간과 자연에 대한 깊은 통찰력에서 출발한 전략적 치료법이다. 직접적인 접근법인 서양 의학과는 달리 어려운 생존 조건을 만들어 주고 거기서 혼자의 힘으로 살아가게 한 것이다. 환자는 자신이 그저 생존의 활동을 열심히 하지만 그 자신이 모르는 사이 바이탤리티가 증가하는 것이다. 그 한의사는 그 바이탤리티를 증가시켜 그것이 병을 치료하게 하는 간접 방법을 쓴 것이다.

그러니까 일반 병원이 약물로 병을 직접 공격하는 직접적 접근방법을 쓰는 데 반하여 그 한의사는 환자의 바이탤리티로 하여금 병을 공격하게 하는 간접 접근방법을 쓴 것이다. 그러니까 병을 공격하는 방식에서 경쟁의 틀이 전혀 다른 것이다.

경쟁의 개념의 변화를 추구한 것이다. 약물이 병과 직접 싸우게 하는 직접 접근방법의 경쟁 틀을 체내에서 생성된 바이탤리티로 하여금 병과 싸우게 하는 간접 접근방식의 경쟁의 틀로 바꾸어 병을 낫게 한 사례로서 경쟁의 개념 변화 사례에 속한다.

∷ 포도밭 금덩어리

옛날에 포도 농사를 짓는 노인에게 두 아들이 있었다. 그런데 이 두 아들은 일할 생각은 않고 그저 놀기만 할 뿐이었다. 항상 아들 걱정을 하다가 노인이 연로해서 병이 들었다. 죽음을 앞둔 노인은 두 아들을 불러서 이렇게 말했다. "내가 포도밭에 금덩어리를 묻어 두었으니 내가 죽거든 찾아서 의좋게 나누어 써라." 노인이 죽기 무섭게 두 아들은 괭이를 들고 포도밭을 뒤지기 시작했다. 포도밭을 몽땅 파헤쳤으나 금덩어리는커녕, 구리조각 하나 나오지 않았다.

그러나 결과는 그해 가을에 나타났다. 두 아들이 포도밭을 파서 갈아엎은 결과, 전에 없는 포도 대 풍작이 되었다. 그 때서야 두 아들은 아버지의 뜻을 알아차리고 매년 열심히 포도밭을 가꾸어서 잘 살았다는 이야기가 있다.

여기에서 노인의 전략이 있는 것이다. 노인의 전략적 목표는 게으르고 놀기만 좋아하는 두 아들들에게 '노동의 가치와

부지런함'을 가르치고 싶었던 것이다. 그래서 전략적 개념은 땅을 열심히 일구는 유인책으로써 금덩어리를 포도밭에 묻어두었다고 거짓말을 한 것이다. 만약 노인이 그런 거짓말을 하지 않았다면 아들들은 절대 포도밭을 일구지 않았을 것이다. 그렇다면 아들들은 언제나 빈둥빈둥 놀면서 인생을 허송세월하며 살다가 생을 마감하였을 것이다. 여기서 노인의 탁월한 전략적 혜안이 돋보인다. 아들들에게 영원히 간직할 수 있는 보물, 즉 열심히 일하는 습관을 가르치기 위해, 노동의 달콤한 성과를 체득하게 하기 위하여 금덩어리 거짓말을 한 것이다.

노인은 평소에 열심히 일하라고 아무리 다그쳐도 말을 듣지 않는 두 아들들에게 직접적 접근방법으로는 안 된다는 것을

알았다. 따라서 포도밭에 묻힌 금덩어리를 캐는 가공의 중간 목표를 제공하여 아들들을 근면하게 만들고자 하는 목표를 달성한 것이다.

일반적으로 평범한 사람은 미래에 일어날 일에 대한 생각이 부족하다. 따라서 선각자는 일이 진행되어 일어날 결과까지 예측하여, 일반인들이나 젊은 사람들을 예정된 목표로 가도록 유인하는 것이 전략이다. 그러므로 전략가는 미래를 꿰뚫어보는 혜안을 가진 선각자가 되어야 한다. 아무 생각 없이 움직이는 우중의 주장에 밀려 떠내려가는 나라는 미래가 없다. 민주주의가 인간이 만들어 낸 정치제도 중 가장 우수한 것이긴 하나, 그 최대의 약점이 포퓰리즘에 바탕을 둔 우중정치이다.

바람직한 미래를 위해서는 '금덩어리 거짓말'을 하는 노인의 지혜 정도라도 갖는 전략가가 필요하다. 노인은 경쟁의 개념을 직접적 접근법에서 간접적 접근법으로 바꾸어 경쟁의 틀을 만들어 아들들이 포도밭을 열심히 가꾸게 하였다.

:: 늙은 마누라를 파출부에서 해방

오래 전에 들은 이야기다. 경찰 간부로 퇴직한 한 친구가 퇴직해서 지내고 있는데 시집간 딸이 임신을 해, 친정에 와서 지내고 있었단다. 이윽고 아이를 낳고 산후조리를 끝내고도 자기

집으로 갈 생각을 하지 않더란다. 이렇게 되니 사위마저 와서는 아예 처가에서 회사에 다니고 있었다고 한다. 처음에는 자신의 자식들이 와서 지내는 것이 좋았다고 한다.

그런데 점점 부인이 힘들어 하는 것이었다. 밤이면 끙끙 앓기까지 하더란다. 그래서 부인을 이런 상황에서 벗어나게 해야 한다고 생각한 끝에 작은 집으로 이사를 가기로 결심하고 20평짜리 아파트로 옮기고 나니 딸아이 가족들은 더 이상 와서 자고 가는 일이 없더란다. 그리고 부가적인 장점은 집이 작으니 부인과 자주 부딪히게 되어 스킨십도 증가하여 부부 간에 정도 더 생기더라는 것이다.

대개 자식들은 자신의 엄마를 자신이 어렸을 때 엄마에 대한 이미지를 지속적으로 연장하고 있다. 즉, '엄마는 강하고 언제나 자신을 위해 일하고 무엇이든 다 할 수 있는 슈퍼 우먼'으로 머릿속에 자리매김하고 있다. 그러니 엄마가 힘들어 할 것이라고는 생각하지 않는다. 자신의 엄마가 나이가 들어, 힘이 줄어들었다는 사실도 인정이 되지 않는다. 그러니 모든 일을 엄마에게 맡기고 자신은 편한 마음으로 빈둥거리면서 지낸다.

이러한 상황에서 남편의 전략적 판단이 돋보인다. 만약, 딸아이 식구를 엄마가 힘이 드니 자기 집으로 가라고 말하거나 엄마가 노쇠해졌으니 딸아이 보고 일을 하라고 말했다면 딸아이는 서운해 했을 것이다. 딸아이의 머리로는 엄마의 허약함이 상상조차 되지 않는 것이니까. 이때 남편은 딸아이와 직접 경쟁하는 대신에 딸아이 가족이 지내기 불편한 집으로 이사를 함으로써 이 문제를 간접접인 방법으로 해결한 것이다.

　　　　직접 경쟁하여 서로가 마음의 상처를 입는 경쟁의 틀을 지양하고 집의 규모를 줄임으로써 딸아이 가족이 스스로 지내기 불편해 머물지 못하도록 함으로써 문제를 해결하였다. 아버지와 딸 간의 직접적인 경쟁의 틀을 딸과 아파트 생활환경 간의 간접적인 경쟁 틀로 바꾸는 전략으로 자연스럽게 문제를 해결한 것이다.

∷ 객지 자식의 올바른 효도

대개 형제들 중 맏이는 고향에서 부모님을 모시고 동생들은 객지로 가서 생활하는 경우가 많다. 고향에는 선산이 있고 대대로 내려온 땅이 있어 맏이가 되면 부모를 두고 고향을 떠날 수가 없는 것이다. 이러한 상황에서 대개 맏이는 농사일을 하면서 부모님을 모신다.

　　　　명절이나 가족이 모일 집안 행사가 있으면 동생들은 고향집을 방문한다. 고향집에 계신 어머니는 특히 객지에 있는 자식은 자주 볼 수 없으므로 많이 보고 싶은 것이 인지상정이다. 흔히 속담에 "열 손가락 깨물어서 안 아픈 손가락 없다"라는 말이 있긴 하지만 매일 얼굴을 맞대고 사는 맏이 아들 내외보다 오랜만

에 만나는 객지에 사는 아들 내외에게 더 관심이 간다.

그런데 고향에서 시부모 모시면서 농사일을 하는 맏며느리는 이러한 상황이 가장 견디기 힘들다. 농사일이라는 것이 허리 한번 펼 틈이 없으면서도 수입은 시원찮다. 이런 상황에서 도시에 사는 동서가 좋은 옷을 입고 자가용을 타고 와서 샐샐거리는 모습을 보고서 손아래 동서라고 이해하고 사랑스럽게 여기는 여자는 별로 많지 않다고 생각된다.

그런데 문제는 대개 도회지에서 왔던 동생들이 가고 난 다음에 일어난다. 객지에 살고 있는 동생들은 하직 인사를 하면서 그간 효도하지 못한 마음을 달래려고 대개 어머니에게 약간의 용돈을 드리고 나온다. 그리고 휑하니 차를 타고 떠나버린다. 그러고 나면 용돈을 받은 어머니는 작은 아들이 용돈을 주고 갔다고 동네방네 떠들고 다니면서 작은 아들 칭찬에 침을 튀긴다.

이런 광경을 지켜보고 있는 맏며느리는 속이 뒤집힌다. 자기는 없는 살림을 꾸리면서 매일 온갖 수발을 들며 모시고 있는데, 자신에게는 변변한 칭찬 한번 안하시고, 일 년에 겨우 한두 번 와서 용돈 몇 푼 드렸다고 칭찬하는 시어머니가 밉고, 동시에 시동생들 가족도 미워진다. 그렇게 되면 지금까지 시어머니에게 하던 봉양도 하기 싫어진다.

이러한 방식은 자식들의 어머니에 대한 직접 접근식 효도 경쟁이다. 이를 전략적으로 전환하려면 간접 접근방법을 써야 한다. 이러한 상황을 전략적으로 판단해보면, 어머니의 삶에 영향력을 가장 많이 미치는 사람은 맏며느리다. 맏며느리는 대부분의 시간을 시어머니와 같이 보내고 있고, 같은 감정의 환경에서 살아간다. 맏며느리가 기분이 좋아서 시어머니를 좋아하게 만드는 것이 중요하다. 그러니까 어머니에게 효도를 가장 잘 하는 방법은 맏며느리를 기분 좋게 만드는 것이다.

　　객지에서 모처럼 어머니를 방문한 아들이 어머니에게 용돈을 드리기보다는 어머니를 가장 가까이 모시는 형수님에게 용돈을 드리는 것이 좋다. 시동생은 형수님을 아무도 보지 않는 부엌 같은 장소를 택하여, 진지하게 성의를 다하여 "어머님을 모시느라고 고생하신다"는 위로의 말과 함께 용돈을 가만히 손에 쥐어주면서 눈을 찡긋하면 된다. 특히 형수에게 용돈을 드렸다는 사실이 누구에게도 절대 알려지지 않는 것이 좋다. 용돈이란 자신만이 꼭 쓰고 싶은 곳에 쓸 수 있어야 좋으므로 아무도 모를 때 그 가치가 더 빛난다. 시골의 빠듯한 살림에 비자금을 만들 방법이라고는 거의 없는 상황에서 시동생이 몰래 용돈을 준다면 얼마나 좋아하겠는가?

　　그 다음 벌어질 일은 보지 않아도 비디오다. 기분이 좋아진 맏며느리가 준비하는 시어머니 밥상은 당장 달라질 것이고 시어머니가 말하기도 전에 원하는 바를 찾아서 잘 해 드릴 것이다. 그리고 떠나는 시동생 차에는 시골에서 농사지은 것들을 이것저것 봉지봉지 싸서 트렁크에 가득 실을 것이다. 떠나는 시동생 내외를 배웅하는 자리에서는 진심어린 마음으로 또 오라고 간곡히

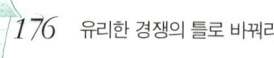

당부 또 당부할 것이다. 이 광경을 형은 영문도 모른 채 흐뭇하게 웃으면서 떠나는 동생을 바라볼 것이다.

어머니에게 직접 용돈을 드리는 것이 형제 간에 직접적으로 효도 경쟁을 하는 전술적 경쟁의 틀이라면 형수에게 용돈을 드려서 형수의 마음을 좋게 하여 형수로 하여금 항상 어머니를 잘 모시게 하는 것은 전략적 차원의 효도 경쟁방법이다. 경쟁의 요소 중에서 개념을 변경하여 소기의 목적을 달성한 사례로 평가할 수 있다.

∷ 현대전에서 승리하기

현대전은 IT문명이 중심축을 이룬 시스템 전쟁이다. 실시간으로 원하는 정보를 얻을 수 있고 이를 기초로 적시에 작전을 지휘할 수 있다. 이러한 상황은 과거 물량으로 승부하던 대량 소모전과는 그 형태를 달리한다. 대량 살상전 시대에는 전력의 규모가 승패를 결정짓는 요소였다. 그러나 현재와 같이 복잡한 시스템으로 구성된 현대전 상황 하에서 물량의 다과는 그리 문제가 되지 않는다. 특히 병력면에서는 더욱 그럴 것이다.

미래 전에서 전쟁의 성패는 전력 투사시스템이 얼마나 효율적으로 운영되느냐에 달려있다. 그러므로 시스템 운영에 참여하는 각 개인이 자신의 역할에 얼마나 정통하고 각 개별 요소가 얼마나 시스템적으로 상호 원활하게 작동하느냐에 달려 있다. 이러한 여건은 가급적 시스템은 단순하게 설계하되 그 운영자는 영민한 정예요원으로 구성해야 한다는 점을 요구하고 있다. 숫자만 많고 업무에는 정통하지 못한 담당자는 아예 없느니만 못할 수도 있다. 단순하게 전투력만 많은 것보다는 소수의 정예요원이 운영하는 전투력이 더 큰 능력을 발휘할 수 있다. 그러므로 물량 전에서 과감히 벗어나 첨단화된 과학을 기반으로 한 스마트 전으로 승부해야 한다.

전쟁은 결과적으로 피아 최소의 희생으로 전쟁의 목적을 달성하는 것이 최상이다. 왜냐하면 현대의 무기체계는 그 위력이 너무나 가공할 수준이기 때문에 비록 승리를 한다고 해도 너무 많은 희생을 수반한다면 승리 그 자체도 아무 의미가 없다. 이를 위해서는 적의 전투력 투사 시스템을 마비시키는 것이 가장 좋다. 구체적으로 적의 전투력 투사시스템 마비는 시스템의 '핵심 노드'를 찾아 파괴하면 된다. 이렇게 하면 최소의 파괴로 전투력 투사 시스템을 마비시킬 수 있고, 그 결과는 상대의 전투력의 작동을 불가능하게 만들어 이길 수 있다.

그렇다면 실제로 최소로 파괴하는 수준은 얼마 정도가 적당할까? 이에 대한 정확한 답을 주기는 쉽지 않지만, '영화 다이하드 4.0'은 "테러리스트는 모든 사이트를 공격할 필요가 없다. 중요한 허브만 잘 알고 공격할 경우 전체 네트워크를 마비 상태로 만들 수 있다. 인터넷의 구조를 잘 알고 있는 누군가가 중요한

노드 1%만 공격해도 전체 인터넷 기능의 절반이 마비되고 4% 정도를 공격하면 인터넷은 연결이 완전히 끊긴 조각으로 파편화될 수 있다"는 것을 보여 준다.

위의 영화가 시사하는 바는 첨단 IT문명이 접합되어 있는 현대 전에서 전력투사 시스템의 핵심노드를 4%만 파괴해도 적은 전투단위가 파편화되어 전투력 투사가 불가능할 것이라는 것이다. 이러한 현상은 전투력이 첨단화하면 할수록 그 정도가 심해질 것이다.

현대 전은 인간이 편리함을 추구하기 위해서 구성한 복잡한 시스템을 마비시킴으로써 소기의 목적을 달성할 수 있다. 따라서 현대 전은 파괴 경쟁의 틀에서 마비 경쟁의 틀로 바꾸어야 한다. 이것은 경쟁의 요소 중에서 개념을 바꾸어 유리한 경쟁의 틀로 만들 수 있다는 가능성을 보여 준다.

∷ 한식 세계화

'밥맛이야!' 라고 하면 '별로 맛이 없는 것을 지칭' 할 때나 '마음에 들지 않은 행동을 하는 사람을 보고 내뱉는 말' 이다. 그런데 왜 그렇게 말의 뜻이 변해버렸는지 잘 모르지만 밥맛은 좋은 것이라는 생각이 더 든다. 언제나 변함없이 한결같은 맛! 담담한 맛은 평생을 먹어도 물리지 않고 좋다. 주변에 있는 사람도 밥맛 같은 사람이었으면 좋겠다. 조그만 일에 흥분하고 기분 나빠하고 또는 좋아서 날뛰다가 금방 토라지는 그런 것보다는 그저 담담하게 묵묵히 아무리 오래 같이 있어도 물리지 않는 그런 사람이 많았으면 좋겠다.

그런데 이탈리아에서 요리를 공부한 박찬일 씨의 '비밀 레시피'라는 글에서 여태 알지 못했던 밥에 대한 새로운 사실을 알아냈다. 읽고 보니 고개가 끄덕여지는 내용이다. 그의 말에 따르면 밥은 한식의 중심이라고 한다. 맞는 말이다. 밥이 빠지면 한식은 존재하지 않는다. 그런데 요즘 한정식 집에 가면 분명 한식

인데 상을 내오는 방식은 서양식인 경우가 많다. 전채 요리랍시고 서양 음식처럼 나온다. 그것을 다 먹고 나면, 그 이후에 밥과 국이 나오고 된장찌개, 김치 등 우리의 전통음식이 나온다. 아마 이것도 사대주의의 한 형태가 아닐까 생각한다.

한식은 밥과 반찬을 같이 먹어서 입 속에서 다양한 조합이 일어나야 제대로 된 맛을 느낄 수 있다는 것이다. 그렇다. 한식은 밥과 반찬이 어우러지는 것을 전제로 간이 맞춰져 있다. 밥은 어떤 반찬과도 조합을 이룰 수 있게 그 맛이 담백하다. 우리 한식 반찬 중 가장 기본적인 된장찌개와 김치는 너무 짜서 독립적으로는 먹을 수가 없다. 그 반찬들이 밥과 어우러질 때 제각각의 맛이 개성 있게 혹은 창의적으로 맛을 낸다. 그러니까 한식은 상 위에 밥과 반찬이 공간적으로 배열되어 있는 것이다.

우리가 양식이라고 부르는 서양음식이 시간적 배열인데 비하여 한식은 공간적 배열을 하고 있다. 따라서 한식은 공간적으로 배열이 되어 있어 먹는 사람에게 선택의 자유를 준다. 이에 비해 서양음식은 선택의 자유가 없다. 한식은 상 위에 놓인 음식을 밥과 함께 원하는 반찬을 마음대로 먹을 수 있다. 먹는 사람의 취향에 따라 다양한 맛을 즐길 수 있다. 그러나 양식은 시간적으로 차례차례, 하나의 음식은 하나의 접시에 담겨서 나온다. 선택의 자유가 없다. 다만 먹거나 먹지 않거나 하는 선택밖에 없다. 그러므로 같이 먹는 사람들은 거의 같은 맛만 느낀다.

그렇다. 박찬일 씨의 지적은 새로운 발견이다. 한식이 발전할 수 있는 새로운 경쟁의 틀이다. 그냥 한식의 외형이 아니라 한식이 안고 있는 철학이 발견되는 순간이다. 한식은 1차적으로 밥상에서 선택의 자유가 보장되어 있다. 밥상 위에 있는 반찬 중 무엇을 고르느냐 하는 것은 오로지 먹는 사람의 취향과 선택이다. 2차적 선택은 입 속에서 이뤄진다. 그 반찬의 양을 얼마만큼 밥과 함께 먹을 것인가이다. 그 뿐인가? 한 가지 반찬만 먹을 것인가? 여러 가지 반찬을 골고루 먹을 것인가도 먹는 사람의 선택에 달려 있다.

세상의 재미는 선택의 자유에 있다. 식탁에서, 아니 밥상이 맞겠다. 밥상에서 자기가 먹고 싶은 것을 한꺼번에 죽 늘어 놓고 원하는 것을 젓가락으로 집어먹는 것은 완벽한 선택의 자유를 보장한다. 우리는 흔히 양식이나 중국식을 먹을 때 다음에 나올 음식이 무엇인지 몰라서 궁금할 때가 있다. 그때엔 음식 순서 표를 보는 데 처음 경험하는 코스음식은 불안하기까지 하다. 먹을 양을 조절하는 것도 쉬운 일이 아니다. 앞에 나오는 것을 잔뜩 먹었다가 나중에 주 요리는 입도 못 대는 경우도 있다. 그냥 꾸역꾸역 다 먹어버리면 포만감을 이기지 못해 고생을 하는 경우도 있다. 이에 비해 한식은 지극히 고객 중심이다. 밥상에 차려진 것을 보고 자기가 원하는 것만 골라서 적당히 먹으면 되는 것이다. 이 얼마나 선택의 자유가 보장된 밥상인가?

근대화 과정에서 '우리 것은 뒤떨어진 것이고 서양 것은 앞선 것'이라는 생각이 지배하고 있었던 관계로, 한식을 발전시

킨답시고 내건 소위 '한식의 세계화'는 한식을 서양의 격식에 맞춰버리는 어리석음을 범하고 있다. 모든 생활 방식은 그 나름의 문화를 배경으로 하고 있다. 그리고 문화는 태동하여 성장한 자연적, 인위적 환경의 영향 하에 있다. 우리의 한식은 한반도라는 자연환경과 우리네 조상들의 삶의 방식으로 결정되었다. 그런데 우리의 음식을 서양식의 배열 방식으로 차린다면 그것은 엄격한 의미에서 한식이 아니다. 다시 말해 한식의 존재 방식이 아닌 것이다.

이제 한식의 세계화 방향은 바뀌어야 한다. 아니 한식의 세계화가 아니라 한식의 독자성으로 외국인들에게 자리매김해야 한다. 객체가 아니라 주체가 되어야 한다. 선택의 자유가 사람에게 재미를 주는 것이고 그 재미가 사람을 행복하게 하는 것인데, 한식은 선택의 자유가 보장된 밥상이므로 한식은 사람을 행복하게 하는 밥상이라는 새로운 가치를 전 세계에 알려야 한다. 이제 한식을 음식의 양식 배열 방식으로 양식, 일식, 중식과 경쟁하던 것에서, 경쟁의 개념을 바꾸어 새로운 경쟁의 틀로 만들어야 한다. 한식의 세계화를 서양 사람들의 식생활 환경에 맞춰서 경쟁하는 틀로는 한계가 있다. 이제 한식은 '선택의 자유'라는 소프트웨어를 수단으로 즉 경쟁의 요소 중 개념을 변경함으로써 유리한 경쟁의 틀을 만들 수 있는 것이다. 경쟁의 틀로 바꾸면 승산이 있다.

:: 안전한 사회 만들기

에이브러햄 매슬로우의 니즈 하이어라키욕구단계설에 의하면 생존의 욕구가 채워지고 나면 안전에 대한 욕구가 증가한다고 한다. 그리고 사회발전 단계에서 볼 때에도 GDP가 2만 달러에 이르면 생존의 욕구에서 안전에 관한 욕구로 전이된다고 한다. 지금 우리나라가 이 단계에 들어섰다. 소득수준은 2만 달러인데, 아직 안전에 대한 국민들의 의식수준은 따라가지 못하고 있다. 말로는 안전이 중요하다고 하면서도 정작 정책수립 및 집행단계에서는 경제논리에 밀린다. 아마 아직도 개발연대 의식의 관성이 붙어 있는 것이 아닌가 생각한다.

특히, 우리나라는 급속한 경제발전을 이룩하면서 안전은 항상 뒷전일 수밖에 없었다. 그 결과 도시화 과정에서나 산업현장에서 안전은 너무나 열악한 상태이고 안전에 관한 법들이 개별적으로 제정, 시행되는 과정에서도 문제가 많고 아직도 법령 미비 분야가 많다.

국가적 차원에서 재난 및 안전에 관한 것은 어느 정도 정비가 되어있으나 국민들이 실제 피부로 느끼는 생활 현장에서 안전문제는 아직 멀었다. 이 문제는 지방자치시대에 지방자치단체가 책임을 지고 처리해야 할 사안인데 현실은 그렇지 못하다. 아직도 우리나라에서는 재난 안전 관련 조직이 미약하다. 안전에 관심이 있는 사회단체가 활발히 움직이고 있지만, 국가적 차원에서 체계적으로 업무를 수행하는 데는 한계가 있다.

그러므로 행정력이 안전에 대한 노력을 집중해야 하는데 지방자치시대가 열린 지금 지방자치 단체장들의 관심은 다른 곳에 있는 듯하다. 현장을 둘러보면 대부분의 지자체가 담당부서가 미약하게 편성되어 있고 직원도 신참이거나 아니면 퇴직을 얼마 남기지 않은 자들로 편성해 놓고 있다. 거기다 업무량에 비해 절대 인력이 부족하고 예산편성 역시 항상 뒤로 밀려 있다. 문제는 지방자치 단체장들이 안전에 대한 관심을 가지게 되면 상당한 문제는 해결이 가능하다고 본다. 민선 지방자치 단체장에게 안전에 대한 지시 공문은 우이독경일 따름이다. 그러면 어떻게 하면 민선 지방자치 단체장이 안전에 대해 관심을 집중하게 할 수 있을까? 민선 지방자치 시대에 중앙정부의 통제는 별 효과가 없다. 천적 전략을 써야 한다.

선거직에서 천적은 누구인가? 유권자다. 그러니 유권자가 파워를 발휘하게 하면 된다. 유권자가 "이제 먹고 살만하니 안전하게 살고 싶다. 안전에 관심이 많은 사람을 시장 또는 군수로 뽑아야겠다"는 생각만 하게 만들면 된다. 이러한 의식의 변화는 오피니언 리더들이 언론 매체에 많이 기고하고, 언론도 적극 동참하고, 각종 사회단체들이 여기에 적극 참여해 준다면 그리 어려운 일이 아닐 것이다. 이렇게 되면 후보자들은 선거공약으로 안전을 내세울 것이고 유세현장에서는 안전을 목이 터져라 외쳐댈 것이다.

이 전략은 중앙정부와 지방자치단체 간의 경쟁 틀을 유권자와 지방자치 단체장 간의 경쟁 틀로 전환한 것이다. 직접 관심을 가지라고 강제하는 것보다 지방자치 단체장에게 가장 영향력이 큰 레버리지를 사용한다는 점에서 지극히 전략적이다. 이 전략은 국민의 대다수가 유권자이기 때문에 유권자 안전의식이 높아지면 사회 전체의 안전 수준이 높아지는 부수적 효과는 당연하다. 지금껏 사회운동은 후자에 초점이 맞춰져 있는데 우리나라에서는 전자가 더 효율적이라고 생각한다. 그렇게 되어야 경향각지에서 활동하는 사회단체에게 지자체장의 관심과 지원도 많아질 것이다. 유권자의 마음을 움직여서 지자체장의 관심을 유발하는 경쟁의 틀로 바꾸는 것이 좋다. 이것은 경쟁의 요소 중에서 경쟁의 개념을 변환한 것으로 직접 접근방식이 아니고 간접 접근방식으로 경쟁의 틀을 바꾼 것이다.

:: **성공한** 인생

사람들은 입신양명하고자 노력한다. 다시 말해, 소위 출세라는 것을 위해 평생을 고생하며 산다. 그렇다면 출세라는 것이 무엇인가? 확실하지는 않지만, 아마 지금과 같은 세상에서는 지위가 높거나 돈을 많이 버는 것을 출세라고 하는 것 같다.

그런데 출세는 왜 하는가? 그것이 인생의 목표가 되는 것

이 정말 옳은가? 이에 대한 답은 상당히 수준 높은 철학적 문제이기 때문에 우선 접어두고 출세를 하는 것이 이 세상을 살아가는 많은 사람들의 목표라고 가정하고 그 출세를 위해서 어떻게 하는 것이 좋은가를 생각해 보고자 한다.

지금까지 우리는 출세를 위해서는 열심히 공부해서 좋은 직장에 들어가고 직장에 들어가서는 열심히 일해서 인정을 받아 상위 직으로 승진하는 것이다. 다른 한 가지 방법은 아침부터 저녁 늦게까지 열심히 일을 해서 돈을 모으고 그 모은 돈은 함부로 쓰지 않고 근검절약해서 큰 돈으로 불리는 것이다. 다시 말해서 출세라는 목표를 위해서 오로지 앞만 보고 나아가는 전투적 삶을 요구하고 있다. 그리고 우리는 지금까지 각박하고 치열하게 살아야 성공할 수 있다고 배워왔다. 위대한 전기는 대부분 이러한 것들을 주 내용으로 하는 책들이다.

그렇게 사는 것이 진정으로 바람직한 삶일까? 생각을 바꾸면 다른 방식으로 목표를 달성할 수 있지 않을까? 지금까지의 출세에 대한 사고방식이 '목표를 향해 옆도 돌아보지 않고 열심히 나아가는 직접적인 전투적 방식'이라면 이제는 그 목표에 이르는 중간 단계의 여러 가지 작은 목표를 만들어 달성함으로써 즐겁게 목표에 도달하는 간접적인 접근 전략을 활용해보는 것이 더 낫지 않을까?

사람이 살아가는 데는 재미가 있어야 한다. '재미'를 사전에서 찾아보면 "아기자기하게 즐거운 느낌" 또는 "좋은 성과나 보람"이라고 설명하고 있다. 관용구 차원에서는 '재미를 보다'는 '어떤 성과를 올리다'로, '재미를 붙이다'는 '어떤 일을 좋아하거나 재미를 느끼게 되다'라고 설명하고 있으며 형용사인 '재미있다'는 '아기자기하게 즐겁고 유쾌한 기분이나 느낌이 있다'라고 설명한다.

목표달성을 위해서 노력하는 과정에서 각박하고 치열하게 사는 것보다 재미를 느끼면서 노력하는 것이 훨씬 의미 있고 성과가 높지 않을까? 특히, 과거 투입 노력과 산출 결과가 일정한 비율을 가지는 포드식 경영방식에서는 전자가 바람직하지만 오늘과 같은 지식 정보화시대에서, 창의성이 가장 중요한 경영성과를 내는 현실에서는 후자가 더욱 바람직하다는 증거가 많다.

마이크로소프트사의 빌 게이츠는 "재능 있는 사람이나 노력하는 사람도 재미있어서 일하는 사람을 이길 순 없다. 흥겹고 신나게 일할 때 위대한 일이 가능하다"고 말했다. 우리의 자랑스러운 피겨스케이터 김연아도 우승의 비결을 묻는 질문에 "잘하는 것을 즐겁게 계속했던 게 열쇠"라고 답한 바 있고 하루 16시간 이상을 연습실에서 땀을 흘리는 세계적 발레리나 강수진 역시 "힘들지 않느냐?"는 주위의 질문에 "아뇨!, 이곳에 있을 때가 가장 재미있는 걸요"라고 답했다고 한다.

단일 규모 세계 최대의 단조 공장을 가진 주식회사 '태웅'의 허용도 사장은 일을 재미로 하는 사람이다. 그는 지금 당대 창업으로 한국의 100대 기업에 들며 현재의 그의 재산은 1조 원이

넘는다고 한다. 진주 교대를 나와 초등학교 선생님을 하다가 적성에 맞지 않아 시작한 사업에서 그는 일하는 것이 그렇게 즐거울 수 없었다고 한다. "아침에 눈을 뜨면 공장에 빨리 가고 싶어 안달이 났다. 새벽 4~5시에 공장에서 가열로에 불을 붙이고, 그래도 할 일이 없으면 공장 이곳저곳을 청소하고 기계를 닦았다. 공장 식구들이 출근할 때까지 기다리는 것이 그렇게 즐거울 수가 없었다"라고 말했다. 이것은 고 정주영 회장이 "내가 평생 동안 일찍 일어나는 것은 그 날 할 일이 즐거워서 기대와 흥분으로 마음이 설레기 때문"이라고 한 말과 아주 흡사하다.

　　그렇다. 목표를 위해 열심히 일하는 것도 좋지만 그렇게만 하면 포드식 경영의 결과만 나타난다. 좀 더 나은 성과를 얻기 위해서는 하는 일에 대한 긍정적 생각으로 일에 재미를 느끼면서 일을 하는 것이 좋다. "어차피 피할 수 없는 것이라면 차라리 그것을 즐겨라!"라는 말은 군사훈련을 받고 있을 때 흔히 들은 말이다. 똑같이 근육을 쓰는 것이지만 '재미를 느끼면 스포츠이고 그렇지 못하면 노동'이라는 말도 있다. 그러니 목표달성을 위해서 노력하는 과정에서 재미를 느낄 수 있는 틀을 만들면 그것이 더 좋다.

　　먼저 목표를 너무 생각하지 말고 현재의 당면한 일을 재미있게 하는 방법을 찾는 것이다. 자신이 하는 일에 대한 성과나 보람에 대해 크게 기뻐하고 그런 결과가 나오도록 기획하고 추진하면 된다. 자신의 능력으로 달성 가능한 작은 목표를 세우고 그것을 이룩한 후에 보람을 느끼면 일이 재미있어지는 것이다. 일상에서 작은 기쁨들의 반복이 가능하도록 만들고 일부러 좋게 느끼면 된다. 교차로에 도착하자마자 푸른 신호등이 켜지면 "아 기분 좋다!"라고 생각하고, 여행을 가는데 오던 비가 그치고 하늘이 개이면 작은 행복을 느끼면 된다. 이렇게 작고 사소한 것에 행복감을 느끼면 세상이 재미가 있어지는 것이다.

대개 조직에서 크게 성공한 사람들은 승진을 위해서 이리 뛰고 저리 뛰는 사람이 아니고 현재의 일의 성공에 보람을 갖고 현재의 일에 최선을 다하는 사람들이다. 그들에게 그 순간순간의 성과와 노력이 모여서 승진이라는 보상이 주어지는 것이다. 사실 회사에 출근하여 월급을 받거나 승진을 위해서 일한다 생각하면 자신이 얼마나 비참해지겠나? 그것보다는 열심히 그리고 재미있게 일하다보니 어느새 한 달이 가서 월급을 받게 되고 몇 년이 지나서 승진이 되어야 자신이 자랑스럽지 않겠나?

요컨대, 출세를 위해 일하지 말고 현재의 일에 재미를 붙여 일하면 그 결과가 쌓여서 저절로 출세를 하게 된다. 목표에 이르는 노정에서 생기는 모든 일들을 잘게 쪼개서 그 나름의 보람과 재미를 느낄 수 있는 범위를 설정해서 일한다면 항상 재미를 느끼면서 행복한 삶을 살아갈 수가 있고 그 결과가 모여서 자신이 바라는 출세의 목표에 이를 수 있을 것이다.

인생에서 출세를 위해 직접적으로 달음박질치면서 모든 것을 희생하지 말고 그 출세의 목표에 이르는 길에서 여러 가지

자잘한 중간 목표를 세워 그 작은 목표를 달성하는 데 많은 재미를 느끼면서 풍요로운 인생을 산다면 더 더욱 높은 곳에 이를 수 있을 것이다. 그것은 인생을 각박한 전투적 경쟁의 틀에서 아기자기하게 재미있고 여유 있는 행복감을 느낄 수 있는 가운데 목표를 달성할 수 있는 간접적 접근방식의 전략적 경쟁의 틀로 바꾸는 것이다. 즉, 경쟁의 개념적 요소를 변경한 것으로서 열심히 일하는 경쟁의 틀을 재미 경쟁의 틀로 바꾼 것이다.

말레이 전역
마하트마 간디
오바마 대통령
룰라 대통령
설계가 크리스토퍼 렌
거상 임상옥
저가 항공사 '라이언 에어'
맥 카페
선술집 '텟펜'
반찬가게 '사이치'
아오모리의 사과
감동을 파는 백화점 판매원
신뢰를 파는 농장
지극히 현명한 이장
골프 선수 양용은
일류 국가 만들기
효율적인 정책 홍보
부부 싸움
감성 서비스
유용한 불편함

유리한 경쟁의 틀로 바꿔라

5
경쟁수단의 변화

Chapter__05

경쟁수단의 변화

:: 말레이 전역

말레이는 전략자원의 보고이며 일본에게는 인도네시아로 가는 중요한 접근로이다. 반도의 남단에 위치한 싱가포르는 영국 극동 세력의 아성으로 퍼시벌 중장이 지휘하는 80,000명의 병력이 주둔하고 있었으며 항공기 158기와 전함 1척, 순양함 1척을 보유하고 있었다.

　　퍼시벌 장군은 일본군이 바다로 공격할 경우 싱가포르에서 능히 저지하리라 믿고 있었기에 정글 전투 등 육로상의 특수전에 대해서는 전혀 대비하지 않았다. 이에 반해 일본군은 12월 8일 야마시다 중장의 제25군 4개 사단과 제2함대 및 400여 대의 항공기를 투입하여 말레이 반도 북부로부터 공격을 개시하였다. 그 결과 일본군은 3일 만에 제공권을 장악하고 지상군은 파죽지세로 영국군을 격파해 나갔다.

　　12월 10일 이후 영국군은 제대로 저항도 못하고 후퇴만을 거듭하였다. 이듬해 1월 초 영국군은 슬림강으로 후퇴하여 쿠알라룸프르선에서 방어를 시도하려 했으나 1월 6일 야간에 일본군 1개 전차중대가 영국 진지를 돌파하여 20마일 후방의 도로와 교량을 점령해 버리자 영국군 11사단은 후방을 차단당하여 와해되었다. 1월 말에는 조호르선을 포기하고 싱가포르로 철수하였다. 일본군은 약 1,000 km의 말레이 반도를 불과 5일 만

에 장악하였다.

　싱가포르 공격에 들어간 일본군은 아래 그림과 같이 2월 8일, 포병과 항공기로 싱가포르를 공격하였으며 말레이반도와 싱가포르 사이의 조호르 수로는 단정을 이용하여 도하하였다. 일본군의 3만 명보다 더 많은 병력을 보유한 영국군은 훈련 부족과 사기 저하로 인해 일본군에게 압도당하여 2월 15일에는 싱가포르가 함락되었으며 퍼시벌 장군은 일본군 사령과 야마시다 장군에게 무조건 항복하였다.

　이 전역은 훈련이 되지 않은 영국군이 잘 훈련된 일본군에게 당한 전례다. 일본군은 말레이 반도의 정글을 경장비와 수일분의 식량을 휴대한 소집단 부대로 침투 및 우회전술을 통해 예정 집결지에 도착한 후에는 영국군의 배후를 공격하고 성공 후에는 새로운 목표를 설정하여 반복 작전을 전개하였다. 동시에

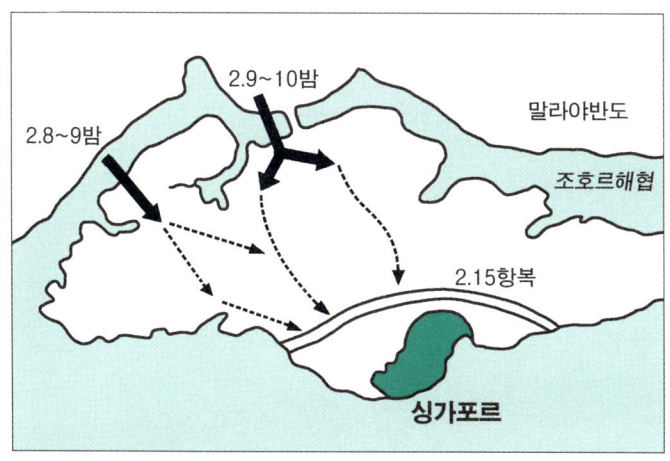

전차로 정글을 돌파하고, 속도를 높이기 위하여 소로에 적합한 자전거를 수단으로 자전거부대 편성하여 공격하였다. 영국군의 고식적인 진지 방어 전투방식 경쟁의 틀을 과감히 거부하고 정글에서의 속도전으로 새로운 경쟁의 틀을 만들어 영국군을 대파하였다.

이 전투는 일본군이 경쟁의 요소 중에서 수단의 변화를 통해서 영국군이 예상하지 못한 일본군에게 유리한 경쟁의 틀을 만든 대표적 사례이다. 정글 전에서 속도를 높이기 위해 고안한 자전거부대는 탁월한 창의적 작품이다.

:: 마하트마 간디

간디는 비폭력 저항운동의 대명사다. 그는 영국의 식민지인 인도가 영국으로부터 독립을 하기 위한 투쟁의 방법으로 비폭력 저항운동을 선택했다. 영국에서 법률을 공부한 간디는 1906년 남아프리카 법정 변호사로 일하고 있을 때 '수동적 저항'이라는 형태의 투쟁을 창안하였다. 그는 영국인에 대해서 완전히 파악하고 있었다. 모든 전략의 성공 열쇠는 손자병법에 나와 있는 것처럼 '적을 알고 나를 아는 것'이다.

간디는 영국인들이 '정치적 자유와 교양 있는 행동'의 전통을 고수한다고 자부하는 자유주의자들이었으며, 그들 스스로

이러한 자아상을 무척 중요하게 여긴다는 것을 알았다. 그러므로 간디는 영국인의 이러한 성향은 '평화롭게 저항하는 이들을 공격하는 것은 영국인의 도덕적 순결주의에 걸맞지 않는다'는 것도 알았다.

반면 인도인들은 오랜 세월 동안 영국의 지배를 받으면서 굴종의 삶을 살아 왔으며, 종교적으로 내세관이 강하기 때문에 '현재의 곤경이나 어려움은 운명으로 받아들이고 현세에서의 고통이 내세의 영화를 보장한다'고 믿는 의식이 강하다는 것을 잘 알고 있었다. 그리고 만약 인도인들이 다른 식민지들처럼 폭력적으로 저항한다면 영국인들은 그들을 폭력으로 진압한 다음, 정당방위였다고 주장할 것이라고 생각했다. 그러나 반대로 그들이 비폭력(간디의 이상이자 철학이었으며 인도의 유서 깊은 전통) 방식을 사용한다면 영국인들이 무력대응을 주저할 것이라는 것을 알았다.

이러한 판단 하에 간디는 1930년 3월 2일 인도 총독인 에드워드 어윈 경에게 소금행진을 할 것이라는 내용의 편지를 보냈다. 그리고 그는 뭄바이 부근에 있는 그의 아쉬람(수행공동체)에서부터 바닷가 마을인 단디까지 추종자들의 행진을 이끌었고 각지의 인도인들에게 동참하도록 선동했다. 그 당시 영국은 인도에서 소금 생산에 대한 독점권을 행사하고 과다한 세금을 부과하고 있었다. 소금이 유일한 양념인 인도의 극빈층에게는 이것은 과도한 부담이 아닐 수 없었다.

간디의 편지를 읽은 어윈 총독은 기력이 쇠한 예순 살의 간디가 많아야 80명 정도인 오합지졸을 이끌고 320Km가 넘는 먼 거리를 행진하기는 힘들 거라고 생각했다. 실제 행진을 시작하는 것을 보니 간디의 저항행진은 우스울 정도로 작은 규모였다. 인도국민회의 인사들마저도 그 사실에 실망하였다.

어윈은 "이 늙은 성자와 대부분이 여성인 그의 추종자들을 체포하거나 공격해서 안 될 것이다. 오히려 꼴사나워 보일 테니 말이다. 가혹하게 대응하기보다는 스스로 소멸되도록 내버려 두는 것이 좋을 것이다. 결국 이러한 저항운동은 아무런 효과를 얻지 못하고 오히려 간디가 불신을 받아 인도 민중을 홀려온 그의 주문 또한 효력을 상실할 것"이라고 생각했다.

1930년 3월 12일 아주 작은 규모로 출발한 간디의 행진이 마을을 통과할 때마다 무리가 불어나자 간디도 점점 과감해지기 시작했다. 그는 인도 전역의 학생들에게 학업을 중단하고 행진에 동참하라고 호소했다. 그러자 수천 명의 학생들이 합류하고 수많은 사람들이 그들의 행진을 보려고 길가로 모여들었으며, 그들을 향한 간디의 연설도 격앙되어 갔다. 4월 6일 그는 추종자들을 이끌고 바닷물에 들어가 정화의 의식을 치른 뒤 바닷가에서 의도적으로 소량의 소금을 채취했다. 그러자 인도 전역에 간디가 소금세법을 어겼다는 소문이 빠르게 퍼져나갔다. 그렇지만 간디는 결코 어윈 총독이 자신을 체포하지 못하리라는 것도 간파하고 있었다.

어윈은 사태의 추이를 지켜보면서 점점 경악했다. 간디에

게 완전히 속았음이 분명해진 것이다. 별다른 영향력을 발휘하지 못하리라고 생각했던 종교적 상징은 민중의 마음을 흔들었고 소금이라는 쟁점은 영국 정책에 대한 반발의 뇌관이 되고 말았다. 결국 간디는 주도면밀하게 영국에게 위협감은 주지 않으면서도 인도인들의 반향을 얻을 수 있는 쟁점을 교묘하게 선택한 것이다.

최초에 간디를 체포했으면 별 문제가 없었을 것이다. 그러나 소금행진이 끝난 상황에서는 너무 늦어 버렸다. 이제 체포하려니 불에 기름을 붓는 격이고 그렇다고 방치하려니 약하게 보일 뿐만 아니라 간디의 주도권을 인정하는 셈이 되었다. 그러니 이러지도 저러지도 못하고 있는 사이 그 여파가 인도 전역으로 확산되기 시작하였다. 수천 명의 인도인들이 간디처럼 소금을 채취하려고 바닷가로 나갔고, 도시에서는 이 불법 소금을 나눠주거나 팔기까지 하였다. 이 비폭력 저항운동은 다른 형태의 저항으로 이어져, 국민회의가 영국 상품 불매 운동을 주도하는 등의 저항운동으로 발전하였다.

어윈은 마침내 5월 4일 간디를 체포하여 재판도 없이 투옥하여 9달 동안 감금하였다. 간디의 체포는 하나의 도화선이 되어 5월 21일 인도인들은 정부가 운영하는 다라사나 제염소로 평화행진을 했다. 이러한 상황이 되자, 인도인 무장 경찰들과 영국인 경관들은 그곳을 방어하기 위해 곤봉으로 행진을 저지하였다.

간디의 비폭력 원칙에 따라 시위대는 스스로 방어하려는

어떠한 시도도 하지 않고 곤봉세례를 받고는 차례로 쓰러졌다. 이러한 사실은 언론에 대대적으로 보도가 되어 마침내 영국의 인도 식민지 통치가 종지부를 찍는 계기가 되었다.

간디는 진정 영명한 전략가다. 그는 영국과 폭력으로 대적해서는 절대 불가하다는 것을 알고 경쟁의 틀을 비폭력 저항의 틀로 전환하여 단계적으로 진행한 것이다. 그는 사태의 전말을 일목요연하게 통찰하고 어윈 총독이 전혀 손을 쓸 수 없도록 전략을 구사하였다.

특히 돋보이는 것은 최초에 아주 미미한 상태로 행진을 출발하여 영국 총독에게는 신경을 쓰지 않게 하면서 인도인의 굴종의 삶에 서서히 조금씩 저항의 불길을 붙여나간 것이다. 그리고 어윈 총독이 그 사실을 눈치 챘을 때에는 그 저항의 불길이 너무 커서 손을 쓸 수 없게 만든 것이다. 이 모든 사실을 간디는 통찰력을 통해서 예측하고 속도를 조절하면서 진행하여 마침내 최종 목표인 인도의 영국 통치에 종지부를 찍게 만든 것이다. 현재 불만이 있어도 잘 참고 내세의 영화를 믿는 종교적 영향 하에 있는 인도인의 장점이 최대한 발휘되고 영국인의 약점이 노출되는 경쟁의 틀로 바꾼 것이다.

간디가 절대적으로 열세인 대 영국 독립투쟁에서 유리한 경쟁의 틀을 만들기 위하여 투쟁의 수단을 비폭력 소극적 저항으로 바꾸었다.

:: **오바마** 대통령

미국의 오바마 대통령은 기존 미국의 가치 기준에서 보면 대통령이 되기 힘든 조건을 가졌다. 보이지 않게 인종 차별이 심한 미국에서 앵글로 색슨이 아닌 유색 인종으로서 그리고 그것도 성장과정이 복잡한 가족적 배경을 지닌 인물로서는 더욱 그렇다.

그는 이러한 불리한 자신의 약점을 극복하고 미국의 대통령이 되었다. 그는 경선 및 대선과정에서 '변화'를 주창했다. 슈퍼 파워로서 세계의 질서를 유도하기 위해 하드파워를 앞세워 중동전을 치른 공화당의 부시 행정부에 식상한 미국인의 민심을 읽어내고서는 미국이 이대로는 안 되며 변화가 필요하고, 변화할 수 있다고 부르짖어 미국의 대통령이 된 것이다.

오바마는 이라크와 아프가니스탄 두 곳에서 전쟁을 물려받았다. 전임 정권에서 득세한 네오콘들이 일방주의 외교를 밀어붙이는 바람에 세계 여론도 미국에 등을 돌렸다. 누가 정권을 잡아도 '리셋' 버튼을 누를 수밖에 없는 상황이었다.

오바마는 2009년 6월 4일 이슬람문명의 중심지인 이집트의 카이로 대학교를 찾아 "미국과 이슬람 사이에 화해와 관용의 시대를 열자"고 연설하였다. 9.11 테러 이후 최악으로 치달은 미국과 중동 관계를 '리셋'하기 위한 연설이었다. 미국 언론에선 이 연설을 두고 "미국의 대 중동 정책 중에서 가장 전략적인 조치"라는 평가가 나왔다.

이러한 연설은 오로지 오바마 만이 할 수 있는 연설이었다. 미국의 전통적인 앵글로 색슨계의 대통령이 카이로 대학교에서 이런 연설을 했을 경우 그 진정성이 받아들여졌겠는가?

미국이 하드 파워로 공격했을 때 이슬람은 더욱 단결했으며 그들의 항전의지는 더욱 공고해졌다. '사는 것보다 성스럽게 죽는 것이 더 낫다'는 지하드 의식은 남녀를 불문, 때와 장소를 불문하고 자살 폭탄 테러를 횡행하게 만들었다.

그런데 오바마가 하드 파워를 접고 소프트 파워를 들고 나오자 가장 당황한 것은 아랍 강경파들이었다. 그간 중동에서 알카에다와 같은 테러 조직이 번창할 수 있었던 것은 미국이 '이

슬람의 적'이었기 때문이다. 일반적으로 어떤 조직이든지 외부로부터 공격이 가해지면 내부적으로 단결하고 외부로부터 공격이 없으면 내부에서 갈등한다. 오바마가 이슬람에게 화해의 손길을 내밀자 그들은 오바마를 받아들일 준비를 하고 있는 것이다. 따라서 알카에다 지도자 오사마 빈 라덴은 오바마의 카이로 연설 전날 "오바마가 뭐라고 말하든 믿지 말라"고 경고하면서 오바마의 소프트 파워 전략에 이슬람의 단결이 와해될 것을 우려하고 있었다. 실제로 2009년 6월 7일 총선에서 당초 반미를 내건 무장정파 헤즈볼라 쪽 승리가 예상되었지만 친미 성향의 3.14 동맹이 낙승하는 변화가 일어났다.

오바마는 흑인이면서 중간 이름에 '후세인'이라는 아랍계 이름을 쓴다. 또한, 그를 낳아준 아버지는 무슬림이었다. 사실 이런 배경은 일반적으로 그가 미국 대통령 경쟁에서는 약점이다. 오바마 대통령은 기존의 미국 대선 경쟁의 틀에서는 도저히 승리할 가능성이 전혀 없는 스펙을 가지고 있었다. 그러나 오바마는 이런 약점들을 오히려 장점으로 활용하는 경쟁의 틀을 만들었다. 즉 흑인이면서 복잡한 가족사를 오히려 중동 평화를 여는 데 장점으로 활용하였다. 자신의 핏속에 흐르는 무슬림 인자를 이용하여 대 아랍권을 향해 소프트파워를 발휘하는 경쟁의 틀을 만들었던 것이다. 사실 초강대국으로서 전략다운 전략이 별로 없었던 초강대국 미국이 모처럼 보여준 빛나는 전략이었다.

그러나 결과적으로 그는 이런 불리한 스펙을 오히려 장점으로 변경시킨 위대한 정치가다. 인간의 이기주의를 바탕으로 한 무한 경쟁의 자본주의에 대한 한계를 느끼기 시작한 시대적 상황에서 그는 경쟁의 수단을 하드 파워에서 소프트 파워로 변경하였다. 대학을 졸업하고 정치에 입문하기 전 시카고에서 자원봉사로 시작하였다. 화해와 관용, 상생의 문화를 몸에 익힌 것이다. 소프트 파워를 몸에 익히고 세상이 변화하는 조류를 읽고 자신에게 유리한 소프트 파워 경쟁의 틀을 만든 것이다. 미국에 아시아계 이민의 증가는 오바마가 인도네시아에서 성장한 배경이 오히려 도움이 되었고, 아프리카인 아버지를 둔 그에게 흑인들의 지원을 받았으며 이름에도 들어있는 이슬람의 인자는 이슬람계 유권자들의 호응을 얻었던 것이다. 미국의 보이지 않는 인종차별 의식은 오바마에게 오히려 유리하게 작용한 것이다. 결국 오바마 대통령은 하드 파워 경쟁의 장을 소프트 파워 경쟁의 장으로, 잘난 사람들의 경쟁의 장을 약자들이 동정하는 경쟁의 장으로 바꾸어 승리하였다.

:: **룰라** 대통령

2009년 10월 1일 덴마크 수도 코펜하겐에서는 IOC 위원장이 2016년 하계 올림픽 개최지로 브라질의 '리우 데 자네이루'를 선정 발표하였다. 당시 코펜하겐에는 미국의 오바마 대통령, 일본의

하토야마 총리, 스페인의 후안 카를로스 총리가 각각 시카고, 도쿄, 마드리드로 올림픽을 유지하기 위해 열심히 뛰고 있었다. 이 쟁쟁한 나라의 국가 지도자를 제치고 당당히 브라질의 룰라 대통령이 승리한 것이다.

그러면 어떻게 해서 가장 열세였던 리우 데 자네이루가 2016년 하계 올림픽 개최지로 선정된 것일까? 지금까지 올림픽 개최지는 IOC 관계 실무자들이 현지를 실사한 결과로 평가하여 개최지를 선정하고 있었다. 그런데 시카고, 도쿄, 마드리드, 리우 데 자네이루 4개의 후보지 실사 결과, 리우는 최하위로 평가받았을 뿐만 아니라 2014년 월드컵 개최지로 이미 리우가 선정된 점도 역시 약점으로 작용하고 있었다.

이러한 상황에서 룰라 대통령은 기존의 실사 결과로 경쟁하는 틀 안에서는 결코 승리할 수 없다는 것을 알고 경쟁의 틀을 바꾸기로 결심하였다. 즉, 올림픽이 남미에서 한 번도 개최되지 못한 점을 '세일링 포인트'로 선정하고 이를 대대적으로 선전하는 명분을 주 수단으로 하는 경쟁의 틀로 바꾸어 버린 것이다.

지금까지 근대 올림픽은 유럽에서 30회, 북미에서 12회, 아시아에서 5회, 오세아니아에서 2회, 중미에서 1회 개최되었을 뿐 남미에서는 단 한 차례도 개최되지 않았다는 점을 강조하고 나섰다. 룰라 대통령은 "올림픽은 모든 사람과 모든 대륙을 위한 것이어야 한다. 후보지로 경쟁하고 있는 미국은 이미 4회 개최하였고 일본과 스페인도 이미 각각 1회씩 개최한 바 있다"고 말하면서 대륙별 순환 개최명분을 강력하게 호소하고 다녔다.

이러한 노력의 결과 2009년 8월 베를린에서 열린 IOC 집행위원회에서는 남미 최초 올림픽 개최 여론이 형성되었고 스포츠의 탈 선진국 주장이 확산되었다. 동병상련의 아프리카를 직접 방문하여 "남미에서 개최되고 나면 다음 차례는 아프리카"라고 설득하면서 아프리카 대표들의 적극적 지원을 얻어냈다.

결론적으로 룰라 대통령은 기존 경쟁의 틀인 올림픽 개최의 최적지를 평가하는 현지 실사 평가와 국제 정치적 역학관계에 의해 결정되는 시스템으로는 절대 이길 수 없다는 사실을 명백히 인식하고 자신이 이길 수 있는 경쟁의 틀을 만들기 위하여 '올림픽은 모든 사람들을 위한 것'이라는 명분을 이용하여 남미가 역사상 한 번도 올림픽이 개최된 바가 없다는 사실과 연결시켜 공감을 얻을 수 있는 새로운 경쟁의 틀을 만든 것이다. 기존의 경쟁의 틀에서는 가장 열세였던 리우 데 자네이로가 룰라가 만든 새로운 경쟁의 틀에서는 가장 우세한 후보지가 된 것이다.

다른 나라가 기존 경쟁의 틀에서 치열하게 우열을 경쟁하고 있을 때 룰라 대통령은 이 판을 엎어버리고 새로운 경쟁의 틀을 만들고자 했던 것이다. 즉, 올림픽의 목표를 재해석하여 명분을 축적한 것이다. 이 명분을 근거로 선진국과 후진국 간의 경쟁구도로 전환하여 개최지의 실사결과 점수로 경쟁하는 틀에서 올림픽을 개최하는 명분 경쟁으로 틀을 바꾸어 동류의식을 가진 국가들의 적극적 지원으로 승리한 것이다.

∷ **설계**가 크리스토퍼 렌

진실은 대체로 눈에 보이지 않고, 귀에 들리지 않는다는 말이 있다. 논쟁을 통해서 어떤 주장을 증명하거나 승리를 쟁취하려고 할 경우, 문제는 그것이 상대에게 어떤 영향을 미쳤는지 결코 확신할 수 없다는 것이다. 말이란 상대방의 기분이나 불안감의 정도에 따라 해석이 달라진다.

영국의 르네상스 인물인 크리스토퍼 렌은 1688년 웨스터민스터 시의 시청 건물을 설계했다. 그런데 시장은 2층의 바닥이 너무 약해서 1층에 있는 자신의 사무실이 무너지는 것이 아니냐며 걱정을 하면서 과민 반응을 보였다. 그러면서 두 개의 돌기둥을 세워 2층을 지지해달라고 요구했다.

렌은 뛰어난 공학자로서 기둥을 추가할 필요가 전혀 없으며, 시장의 걱정이 아무런 근거가 없다는 것을 알고 있었다. 하지만 그는 기둥을 세웠고 시장은 무척 고마워했다. 몇 년이 지난 뒤에 높은 작업대 위에서 일을 하던 인부들은 두 기둥이 천장에 닿지 않는다는 사실을 발견했다. 두 기둥은 장식에 불과했던 것이다. 그렇게 함으로써 두 사람 모두 자신이 원하던 것을 얻었다. 시장은 안심할 수 있었고 렌은 자신의 설계에 추가적인 기둥은 불필요하다는 사실을 후세 사람들도 이해하게 될 것이라는 비밀을 간직하게 됐다.

만약 렌이 시장에게 자신의 공학적 전문지식을 동원하여

두 기둥이 필요 없다는 사실을 이해시키려고 논쟁을 했다면, 두 사람 모두 불만족스러웠을 것이다. 렌은 시장을 결코 이해시킬 수 없었을 것이며 시장 역시 자신의 권위를 유지하지 못했을 것이다.

자신의 생각을 행동으로 보일 때의 이점은 상대가 방어적인 태도를 취하지 않기 때문에 그를 더 쉽게 설득할 수 있다. 상대에게 전달하려는 의미를 물리적으로 느끼게 할 경우, 그것은 말보다 훨씬 더 설득력이 강하다.

전략적 측면에서 고찰해보면, 상대가 방어적 태도를 취하는 논쟁으로 경쟁을 벌이는 것보다는 상대가 방어적 태도를 취하지 않을 뿐만 아니라 진실이 쉽게 눈으로 보이는 행동으로 상대를 이해시키는 경쟁의 틀로 소기의 목적을 달성하는 것이 현명하다. 즉, '말로 경쟁하는 틀'보다는 '행동으로 경쟁하는 틀'이 더 바람직한 것이다. 이 경우 경쟁의 수단을 변형시켜 성공한 사례로 평가된다.

:: **거상** 임상옥

조선의 거상 임상옥은 청나라에 가서 홍삼 무역을 할 당시 청나라 상인들이 홍삼을 헐값으로 매수하기 위하여 담합하였다. 대다수 조선 상인들은 손해를 최소화하기 위하여 청나라 상인에게 헐

값으로 팔았다.

그러나 임상옥은 달랐다. 임상옥의 목표는 자기가 원하는 가격을 받는 것이었고, 청 상인들에게 조선의 홍삼이 없어서는 안 된다는 사실을 정확히 꿰뚫었다. 조선 상인들이 헐값으로 파는 홍삼을 전량 매수한 후 청나라 상인에게 절대 헐값으로 내주지 않겠다는 의지를 보여 주기 위해 대로에 쌓아두고 불태웠다.

이것을 보고 청상들이 홍삼이 전부 불태워지면 자신들도 망한다는 사실을 알고 담합을 풀었다. 결국 임상옥은 자신의 원하는 가격에 홍삼을 팔아 조선의 거부가 되었다.

여기서 임상옥이 홍삼을 불태우는 전략을 과감히 쓸 수

있었던 것은 먼저, 자신은 절대 홍삼을 헐값에 팔지 않겠다는 의지가 확고하였고, 둘째 청상은 홍삼을 절대 필요로 하고 있었으며, 셋째 홍삼의 시장 메커니즘을 정확히 알고 있었기에 상대를 기로 제압하고 승리한 것이다.

임상옥은 북경에서 당시 청나라 상인들이 정상적인 시장 경쟁을 하지 않고 담합으로 홍삼 가격을 낮추려고 하는 데 대하여 자신의 기개를 보여주었다. 그는 다른 조선 상인들이 낮은 가격에 파는 것을 보고 자신은 기 싸움을 하기로 결심하였다. 홍삼이 없어지면 청나라 상인도 입장이 곤란해진다는 사실을 통찰하고 기존의 시장 가격 경쟁의 틀을 기로 싸움하는 경쟁의 틀로 바꾸어 청나라 상인들의 항복을 받아낸 쾌거다.

청상들이 담합하여 가격을 낮추려고 하는 비정상적 상거래에서는 가격 경쟁의 틀이 정상적으로 작동할 수 없음을 안 임상옥은 기세를 경쟁의 수단으로 한 것이다. 즉, 가격 경쟁의 틀에서 기세 경쟁의 틀로 바꾸어 청상에게 승리한 것이다. 이러한 기세 경쟁의 틀은 서양에서는 '치킨 게임'이라고 하는데, 국가 간의 대결 양상에서 자주 일어난다. 이러한 기세 경쟁의 틀에서 이기기 위해서는 임상옥처럼 사안과 관련된 전략적 여건을 정확히 파악하고 있어야 한다.

∷ 저가 항공사 '라이언 에어'

유럽의 저가 항공사 라이언 에어의 CEO 마이클 오이어리는 항상 고객이 불편하더라도 비용과 요금을 낮출 아이디어 찾기에 몰두하고 있다. 그는 항공사 직원들에게 형광 메모리 펜은 글씨를 쓰는 것이 아니므로 사용하지 말라고 지시하는가 하면 자신은 호텔 등에서 제공하는 필기구를 가져와서 쓴다고 한다.

그는 최근 기내 화장실을 유료화하겠다고 발표하였다. 즉, "기내 화장실을 유료화하면 대부분의 승객이 공항에서 미리 볼 일을 볼 것이다. 따라서 기내 화장실 이용 빈도가 줄어들 것이고 그렇게 되면 필요 없어진 기내 화장실 2개를 줄일 수 있다. 그 자리에 6개의 좌석을 배치할 수 있어 그 만큼 원가절감이 가능해져 요금 인하가 가능하다"고 말했다.

이러한 노력의 결과, 2009년 7월 27일 기준으로 시가 총액 면에서 유럽의 유수한 대형 항공사인 루프트한자나 에어프랑스 같은 항공사를 추월하였다. 이러한 성공의 비결을 묻는 기자의 질문에 그는 "싼 요금과 정확한 운행시각이 보장된다면 서비스 불편을 감수할 고객이 더 많기 때문"이라고 말했다.

과거 항공 여행은 부유층의 전유물이었다. 돈이 많은 사람이나 고관들은 비행기 이용요금은 관심사가 아니었다. 그러므로 항공사들은 서비스의 질이 경쟁의 수단이었다. 그러나 오늘날에는 항공 여행이 대중화되어 많은 사람들이 항공 여행을 한다.

서민들의 입장에서는 서비스의 질보다는 싼 요금이 더 매력적인 요소다. 어떻게 하면 한 푼이라도 더 아낄 수 있을까 하는 것이 서민들의 관심사다.

과거 경쟁의 틀과 현재 경쟁의 틀에 영향을 미치는 가장 큰 요소는 승객의 질적 변화다. 항공 여행 고객이 수적으로 많아졌고 서민들의 항공 여행이 일반화되었다는 사실이다. 이러한 환경의 변화는 경쟁의 수단이 서비스의 질이 아니고 요금이 되었다. 모두가 항공기의 서비스 질로 승부하는 경쟁의 세계에서 '라이언 에어'는 가격으로 경쟁의 틀을 구축한 것이다. 주머니가 두둑한 부유층에게 항공기 이용 요금은 전혀 문제가 되지 않았지만 주머니가 얇은 서민들은 서비스의 질보다는 싼 요금이 절대적인 매력 포인트다. 라이언 에어는 이러한 전략적 상황 변화를 정확히 읽고서 싼 요금으로 경쟁의 틀을 다시 짜서 경쟁 항공사를 이긴 것이다. 경쟁의 변화 요소인 수단을 변화시켜 후발 항공사인 라이언 에어에게 유리한 경쟁의 틀을 만든 것이다.

:: 맥 카페

2009년 어느 날 국내 테이크 아웃 커피 시장에 신선한 도전장이 날아들었다. '이제는 별도 콩도 다 잊어라'라는 광고 카피가 떴다. 사실 '별'은 '스타벅스'를 말하고 '콩'은 '커피 빈'을 말한

다. 이들 두 커피 체인점은 우리나라 젊은이들을 사로잡았다. 스타벅스가 먼저 커피 문화를 느끼는 특별한 공간으로서의 이미지를 구축하고 상징적인 아이콘으로 자리매김했다. 스타벅스는 커피를 단순히 맛으로 즐기는 것이 아니라 젊은이들이 자신들의 문화를 즐기는 곳으로 아이콘을 만든 것이다.

스타벅스 커피점에서 커피를 받아다가 자그맣고 앙증맞은 테이블에 앉아 노트북을 두드리거나, 아니면 연인들끼리 마주 앉아 속삭이는 모습, 커다란 테이크아웃 종이 커피 컵을 들고 귀에는 이어폰을 꼽고 걷는 젊은 여자들은 스스로 자신이 멋을 연출한다고 생각하게 만들었다. 이때 그 커피는 하나의 액세서리로 작용하는 것이다.

점심은 라면이나 사내식당에서 3,500원 짜리로 먹을지언정 5,000원짜리 스타벅스 커피 컵을 들고 걸어야 멋이 있다고 생각하는 젊은이들에게 커피 값은 비쌀수록 더 좋은 것이다.

이러한 커피 시장에 후발주자로서 커피 빈이 가세하여 스타벅스와 커피 빈은 한정된 시장에서 같은 방법으로 격렬한 경쟁의 장을 펼쳐 왔다.

그런데 이런 경쟁의 시장에 맥 카페가 전략적 도전장을 낸 것이다. 맥 카페의 전략은 기존의 별과 콩이 '상징적인 아이콘으로서의 커피'로 경쟁하는 장에 '일용품으로서의 커피'라는 컨셉으로 도전장을 냈다.

맥 카페는 '허영에 들뜬 젊은이들이 있기는 하지만 실속

있는 젊은이도 많다'는 사실에 주목하고 한국 사회가 젊은이만 있는 것이 아니라는 사실, 그리고 젊은이도 세월이 가면서 실속을 차린다는 사실, 그리고 경제 침체에 청년 실업으로 젊은이들의 실속을 중시하는 경향 등을 고려하였다. 커피 원래의 목적인 '일용품으로서의 커피'로 컨셉을 정하고 별과 콩이 제공하는 커피 값의 절반 이하로 승부하는 경쟁의 틀을 만든 것이다.

　　　이것은 마치 저가 항공사 라이언 에어와 같은 컨셉이다. 세상은 멋만 찾는 사람만 있는 것은 아니다. 실속을 추구하는 사람들이 너무나도 많다. 맥 카페는 이 점에 주목하고 경쟁의 수단으로 가격을 선정하고 기존의 별과 콩이 장악하여 벌이는 멋의 아이콘 경쟁의 틀을 가격 경쟁의 틀로 바꾸어 많은 고객을 확보한 것이다. 커피 빈이 스타벅스와 전술적 경쟁을 벌였다면 맥 카페는 기존의 커피 시장 체제에 전략적 경쟁을 추구한 것이다. 맥 카페는 경쟁에서 경쟁의 수단 자체를 바꾸어 유리한 경쟁의 틀을 만든 것이다.

:: 선술집 텟펜

'텟펜'은 이자카야_{일본식 선술집} 체인점이다. '텟펜'의 직원들이 다른 회사의 직원들과 다른 점은 시종 즐거운 표정으로 고래고래 소리를 지르면서 일한다는 것이다. '텟펜'에서는 손님이 들어서

면 직원들은 빠르고 경쾌한 음악에 맞춰 일제히 "어서 오십시요"라고 목청껏 외친다. 그리고 손님이 "음식이 맛있다"고 말하면 직원 모두가 허리를 90도로 숙이거나 엄지손가락을 치켜세우며 감사하다고 외친다.

그러면 무엇이 직원들을 이렇게 고무시키는가? 그것은 직원 모두가 꿈을 먹고 살고 있기 때문이다. '텟펜' 일본 본사의 오시마 게이스케 사장은 자신이 쓴 책 『텟펜의 조례』에서 "텟펜의 사원이 되기 위한 조건은 '장차 경영자가 되고 싶다는 꿈이 있는가? 이다"라고 썼다. 실제로 '텟펜'은 직원들이 자기만의 꿈을 실현하는 근무 여건을 만들어 준다. 지금 '텟펜'은 2011년 기준 일본에 5개, 한국에 2개의 체인점이 있다. 그런데 이 점포들은 모두가 직원으로 있다가 독립해서 창업한 것인데 '텟펜'의 인터넷 홈페이지에 그 이름이 올라 있다.

흔히들 리더십에서 가장 중시하는 것이 "직원들이 스스로 흥이 나서 일하게 만드는 것이다"라고 한다. 따라서 이를 위하여 많은 리더들과 리더십 전문가들은 상여금을 인센티브로 활용하는 것을 생각한다. 그러나 '텟펜'의 경우를 보면 직원들을 신들린 것처럼 일하게 만드는 원동력은 돈이 아니고 꿈이다.

돈이 중요하지 않은 것은 아니지만 그것은 어디까지나 행복해지기 위한 하나의 수단이다. 그리고 돈은 어딘가 속물적 근성을 나타내는 것이기에 너무 속이 보이는 유인책이고 그 돈을 좇는 직원들 입장에서도 그리 고상하게 보이지 않는다. 그러나 직원들에게 꿈을 꾸게 만들어 주고 그 꿈을 실현할 수 있는 직장의 분위기를 만들어 준다면 정말 신나게 일하지 않을 사람이 누가 있겠는가?

인간은 스스로 자기애가 있고 자기 존중애가 있다. 이왕이면 일하는 이유가 고상한 목표라면 더욱 좋고 자기가 원하는 꿈을 이룩하면 현실적으로 필요재인 돈은 저절로 따라오게 되니 좋지 않겠는가? 동시에 꿈을 이룩하는 성취욕구야말로 돈보다 더 값진 욕구충족인 것이다.

그러니까 돈을 목표로 경쟁하는 틀보다는 꿈을 목표로 경쟁하는 틀을 만들어 주면 직원들은 만족하는 것이다. 돈을 목표로 경쟁하는 틀은 주로 타인과의 경쟁이지만 꿈을 목표로 경쟁하는 틀은 자기 자신과의 경쟁이기에 조직 내에 갈등마저 생기지 않는다. 인간의 심리를 통찰력으로 꿰뚫어 본 결과다.

오시마 게이스케 사장은 리더십 전략의 차원에서 종업원이 진실로 열심히 일하게 하기 위하여 일반적으로 사용하는 금전적 인센티브를 종업원 각자에게 꿈을 실현할 수 있는 여건을 제공하는 인센티브로 전환하여 종업원들이 자기 자신과의 경쟁하게 하는 긍정적 경쟁의 틀을 만들어 영업적 성공을 거두었다. 그는 진정으로 리더십이 무엇인지 아는 사람이고 리더십 전략의 정수를 보여주었다. 경쟁의 수단적 요소인 금전적 인센티브를 꿈을 실현하는 인센티브로 전환하여 유리한 경쟁의 틀을 만든 사례로 평가된다.

:: 반찬가게 '사이치'

일본 동북부 센다이 시에서 자동차로 40분 정도의 거리에 아키호 초라는 온천 마을이 있다. 여기에는 일본 최고의 반찬가게 '사이치'가 있는데, 문전성시를 이루고 있다고 한다. 이 가게의 사토 사장은 1970년대 말까지만 해도 장사가 너무 안 되어서 자살까지 생각했었다고 한다. 고민 끝에 '집에서 먹던 주먹밥이라도 내다 팔자'고 해서 장사를 시작했는데, 이외로 인기를 끌었다. 그래서 사토 사장은 "그래! 바로 이거야. 엄마 손맛보다 더 맛있는 반찬을 만들어 팔자"고 마음먹었다. 경영의 목표는 '독특한 맛'이고 경쟁 상대는 '전국의 가정주부들'이었다.

이러한 경영의 목표를 두고 사토 사장의 부인은 매일 새벽 1시에 일어나 그날 내놓을 반찬을 만들었다. 종업원들이 아침에 출근하면 일일이 맨투맨으로 교육했다. 일류 요리사도, 비밀 레시피도 없었다. 그야말로 '정성을 들인 손맛'이 무기였다.

사토 사장은 레시피가 필요 없음을 이렇게 설명한다. "레시피를 만들면 더 효율적이라고 생각하죠? 아니에요. 반찬 맛이 없어도 직원들은 레시피대로 만들었다고 하면 끝이잖아요? 정말 맛있는 반찬을 만들겠다는 노력과 정성이 제일 중요합니다. 남에게 의존하거나, 흉내를 내는 순간 우리만의 독특한 맛은 사라지기 때문이지요. 맛내는 방법을 스스로 연구해 만들어야 자식처럼 애정이 생깁니다."

사토 사장에게 '적당히'라는 말은 통하지 않는다. 그는 직원의 컨디션이 좋지 않아 보이면 곧바로 귀가시킨다. 불안정한 마음과 몸 상태로 반찬을 만드는 것은 손님에 대한 예의가 아니라는 생각에서다.

또 그는 싼 재료로 반찬을 만들지 않는다. 원가 비율은 60%나 되지만 재고로 인한 폐기비율을 현저히 낮췄다. 그 방법은 그날 만든 반찬은 그날 다 파는 것이다. 그는 매일 주부들의 식사 준비 시간에 맞춰 오후 5시 45분이 되면 모든 반찬을 반액 세일하여 재고를 없앤다.

음식은 맛이다. 그 맛을 엄마의 손맛을 최고로 치고 그 엄마의 손맛보다 더 맛이 좋은 반찬을 만들겠다는 것이다. 그 맛을 내는 데 가장 중요한 것이 정성이라고 판단한 것이다. 일반적으로 우리가 음식점 밥맛보다 집에서 먹는 밥이 맛이 더 좋다고 느끼는 것은 정성이 깃들어 있는 차이 때문이다. 밥 먹을 사람을 생각하고, 그 사람을 사랑하는 마음에서 음식을 만드는 데 맛이 없을 수가 없다.

정성을 기울이면 음식에 기가 스며든다고 한다. 흔히들 마음이 가는 곳에 기가 간다고 한다. 정성은 지극한 마음이므로 좋은 기가 음식에 스며드는 것이다. 내 아이를 먹이고자 만드는 엄마의 정성으로 음식을 만들면 아마 최고의 맛을 낼 수 있을 것이다. 내 아이가 먹을 음식에 재료비를 생각하겠나? 내 아이가 먹을 음식에 인공 조미료를 쓰는 엄마가 있을까?

다른 음식점이 현란한 조미료를 사용하여 만든 음식의 맛으로 경쟁하고자 하는 데 비해 사토 사장은 정성으로 내는 맛으로 경쟁하고자 한 것이고, 다른 음식점이 비용으로 경쟁하고자 하는데 비하여 사토 사장은 음식 만드는 데 정성을 투입하는 경쟁을 한 것이다. 그 정성을 유지하기 위하여 직원은 최상의 컨디션을 유지하고 좋은 재료를 사용하는 대신 재고를 남기지 않는 것으로 비용 문제를 해결하고 있다.

우리 주변을 둘러보면 이러한 것들이 수없이 많다. 다만 너무 단편적 시각으로 보니까 그것이 안 보일 뿐이다. 레시피를 만들지 않는다는 것은 의미가 크다. 레시피는 창조성을 저해한다. 레시피는 표준을 제공해 주지만 모든 사람들의 입맛이 똑같은 것은 아니다. 같은 사람도 그날의 날씨나 기분에 따라 맛을 다르게 느낀다. 음식 먹을 사람을 생각하고, 그 사람에 대한 정성을 모아 음식을 만들어야 최상의 맛이 될 것이다.

그리고 컨디션이 좋지 않은 직원을 일찍 귀가시키는 대목도 주목할 만하다. 컨디션이 나쁜 사람에게서는 좋은 기가 나올 수 없다. 좋은 기가 나오지 않는 사람이 만든 반찬은 맛이 좋을 수가 없다. 그 반찬을 내 놓으면, 고객은 그 맛의 차이를 금방 알아차린다. 그 결과는 지금까지 쌓아올린 명성의 탑을 한 번에 무너뜨린다. 아마 이런 이유로 사토 사장은 그런 조치를 취했을 것이다.

이처럼 사토 사장은 보통 음식점들이 가격으로 하는 경쟁의 틀을 벗어 던지고 정성으로 경쟁하는 전혀 새로운 경쟁의 틀을 만들었다. 서양 사람들이 하는 가격 경쟁이나 경영합리화 경쟁을 거부하고 정성으로 경쟁하고자 한 것이다. 또한 사이치는 음식을 파는 경쟁의 틀에서 정성을 파는 경쟁의 틀로 바꾼 것이다. 이것은 고객에게 감동으로 느낌이 전달되기 때문에 큰 반향을 일으킬 수 있다. 반찬은 가격의 경쟁에서 맛의 경쟁으로, 한 발 더 나아가 정성의 경쟁으로 고객의 마음을 사로잡은 것이다. 즉, 경쟁 수단의 변화를 통해서 새로운 경쟁의 틀을 만든 것이다.

:: 아오모리의 사과

일본의 아오모리현은 일본에서 최대의 사과 생산지이기도 하다. 1991년 이곳에 엄청난 태풍이 몰아쳐 마을 전체가 쑥대밭이 되었다. 그 여파로 수확을 앞둔 사과의 90%가 다 떨어져 버렸다. 마을 사람들은 하늘을 원망하며 한숨만 쉬고 있을 때, 농부 한 사람이 "괜찮아" 라고 말했다.

'뭐가 괜찮다는 거냐?' 는 시선으로 바라보는 사람들에게, 그 농민이 하는 말이 "우리에겐 아직 떨어지지 않은 10%의 사과가 있잖아" 라고 말했다. "그걸로 어쩌려고?" "우리가 말이야, 만약 이 '떨어지지 않은 사과' 를 '떨어지지 않는 사과' 로 만들어 팔면 어떨까? 예를 들면, 수험생 같은 사람들에게 '시험에서 떨어지

지 않게 해 주는 합격사과'를 만들어 팔면 말이야!"

이 말을 듣고, 절망에 잠겨 있던 마을 주민들은 그 제안을 받아들여 종전의 박스 단위 포장 대신 한 개씩 낱개로 포장하여 재미있고 감성적인 문장으로 장식하였다. '초속 40m의 초超 초超 강력 태풍에도 떨어지지 않았던 바로 그 사과!', '내 인생에 어떤 시련이 몰아친다 해도 나를 떨어지지 않게 해 줄 그 사과, 합격사과.' 이걸 본 사람들의 반응은 '뭐야, 이건?' 하는 호기심이 발동했다. 그러나 그와 동시에 '재미있는데?'가, 그리고 왠지 이 사과를 하나 선물하면 행운이 올지도 모른다는 생각이 났다. 더욱 놀랍고 재미있는 것은 이 사과의 가격이다. 원래 사과 값의 10

05 경쟁수단의 변화

배를 책정했는데, 다 팔렸다.

여기서 주목해야 할 점은 먼저 아무리 어려운 상황에서도 포기하지 않는 긍정적 사고다. 망했다고 생각하지 않고 '남아 있는 10%로 뭔가를 할 수 있다'라고 생각하는 긍정적 사고가 출발점이다. 임진왜란 당시 충무공은 "신에게는 아직도 12척의 배가 있습니다"라고 선조에게 보고하고 명량 해전에서 대승을 거뒀다.

여기서 중요한 것은 맥락의 전환이다. 관점의 변화로 볼 수도 있다. 그러나 더 중요한 것은 사과를 둘러싸고 있는 관계 속에서 새로운 것을 찾아내는 능력이다. 보통 사과는 과일로서 '먹는 맛의 문제'에 경쟁구조를 가지고 있다. 그러나 모든 것이 그렇듯이 한 알의 사과를 수확하기 위해서는 사과를 둘러싸고 있는 여러 가지 관계 속에 놓여 있다. 지금까지는 오직 성숙한 사과를 수확하는 것에 관심을 가지고 재배하여 그것을 팔아서 돈과 바꾸는 것에 집중하고 있었다.

예를 들어 사과를 둘러싸고 있는 환경을 보면 여러 가지로 나눠볼 수 있다. 사과나무가 자라는 과정에서도 어린 나무의 경우에는 화분으로 가치를 가질 수도 있고, 아름다운 빨간 꽃으로서 가치를 가질 수도 있으며, 그래서 때로는 분재나 또는 꽃꽂이의 부재료로 쓰일 수도 있는 것이다.

사과 밭이 아주 넓으면 꽃이 필 무렵 사과 꽃 관광도 하나의 가치로 이용될 수 있다. 사과는 후식으로 쓰일 수도 있지만 식초의 원료로도 쓰인다. 다만 그 상황에서, 어떤 맥락에서 그 가치

가 최대화될 수 있는가가 문제다.

　　태풍으로 90%가 떨어져 버린 상황에서 가장 가치가 있는 것은 시련에서 견뎌내고 떨어지지 않았다는 새로운 가치를 발견했다는 사실이다. 보통 사람들은 사과의 물질적 가치에만 집중되어있지만 그 농부는 '사과가 끝까지 매달려 있었다는 정신적 가치'를 발견해 낸 것이다.

　　이 사례가 서양에서는 아마 쉽게 적용되지 않았을 지도 모른다. 유물주감이라는 사고 습관과 깊은 관련이 있는 동양 문화권에서나 가능한 일일 것이다. '떨어지는 것은 같다'는 생각 말이다. 부가하여 한 농민의 제안을 수용하여 동참해 준 마을 사람들의 식견도 평가받아 마땅하다. 흔히 새로운 창의적 제안을 하면 많은 사람들이 '말도 안 된다'는 식으로 평가 절하해버리는 경우도 많은데, 이러한 분위기는 창의력의 싹을 잘라버리는 결과를 가져온다.

　　창의력은 결국 그 문제를 둘러싸고 있는 상황을 정확히 파악하여 이해하는 능력에 달려 있다. 세상사를 하나의 원리로 바라보고 모든 상황에 그것을 포괄적으로 적용할 수 있는 능력이 창의력이다. 이러한 '아오모리의 사과'를 전략적 관점에서 보면 사과를 먹는 과일의 관점에서 수확량이나 맛으로 경쟁하는 '물리적 경쟁의 틀'을 '태풍에서도 떨어지지 않는 사과는 행운을 준다'는 '정신적 경쟁의 틀'로 바꾸어 성공한 경우다. 경쟁의 수단을 변환하여 새로운 경쟁의 틀을 만들었다. 그러니 아무리 어려운 상황에서라도 절대 포기하지 말고 그 상황에서 이길 수 있는 새로운 경쟁의 틀을 만들 수 있는 맥락을 찾으면 된다는 것이다.

:: 감동을 파는 백화점 판매원

'감동 예찬'의 저자 '히라노 히데노리'는 아내와 함께 어머니 생일 선물을 사러 백화점에 갔다. 그는 어머니가 동창회에 입고 나갈 만한 옷을 찾아 매장을 둘러보았다. 그러던 중 우연히 서로 이웃한 매장에서 판매사원의 전혀 다른 판매술을 체험했다.

첫 번째 매장에서는 상품을 둘러보는 그들 부부에게 판매원이 다가와 이렇게 말했다. "그거 세일 중이에요!" 그들 부부는 가격이 아니라 어머니의 마음에 들 만한 색상과 디자인의 옷을 찾고 있었다. "이것도 세일 중이에요!" 그 판매원은 오직 가격에 초점을 맞춰 판매를 하려고 애쓰는 중이었다. 그들이 별 반응을 보이지 않자, 판매원은 전혀 흥미 없는 상품을 설명하기 시작했다.

결국 그들은 서둘러 그곳을 나와 옆 매장으로 들어갔다. 그곳에서는 판매원이 필요 이상 따라다니지 않았다. 그 판매원은 자연스럽게 그들 곁으로 다가가더니 "선물하실 건가요?" 하고 물었다. 그곳은 층 전체가 노인을 대상으로 한 상품을 취급하고 있었다. 아내가 쇼핑하기에 어울리지 않는다는 것을 바로 알 수 있었다. 그의 아내가 판매원에게 원하는 상품을 말해 주었다.

"죄송합니다. 그런 타입은 저희 매장에는 없는데요" 판매원은, 같은 층의 다른 매장은 물론, 다른 백화점에 상품이 있을 가능성까지 친절하게 설명해 주었다. 원하는 상품을 사기 위해 다른 매장을 갈거라는 그들 부부의 기분을 미리 읽고, 자신에게는 이익이 되지 않지만 친절하게 정보를 알려 주는 판매원의 자세에 그들 부부는 감동한 나머지 그곳에서 옷을 샀다.

일반적으로 판매원은 가격을 주 경쟁의 수단으로 삼는다. 그러나 위의 경우처럼 가격은 문제가 되지 않고, 오로지 어머니가 좋아하실 옷을 사는 것이 목적인 부부에게 싼 가격을 제시하는 것은 아무 의미가 없다. 먼저, 고객이 무엇을 원하는지 그 마음을 먼저 읽고 그에 적절한 조언으로 고객의 마음을 감동시켜 구매하게 만들어야 한다.

결국 훌륭한 판매 전략이란 '가격으로 경쟁하는 틀'에서 과감히 벗어나 고객의 마음을 읽어내는 판매원으로 하여금 고객을 대하게 함으로써 '고객을 감동하게 하는 경쟁의 틀'로 바꾸는 것이다. 경쟁의 수단적 요소를 바꾸어 유리한 경쟁의 틀로 바꾼 사례로 평가된다.

:: 신뢰를 파는 농장

농촌이 활기를 잃어가고 있다. 소득은 줄고 젊은 영농인들이 떠나면서 어르신들이 겨우 땅을 지키고 있는 실정이다. 이런 가운데 강원도 영월군의 한 벽지 농가가 정보통신 기술을 활용해 어려운 농촌 현실을 헤쳐 나가고 있다. 농업의 '3차 산업' 변신이란 점에서 눈길을 끈다.

　　　강원도 영월군 수주면 무릉1리 이관형56 씨와 큰 아들 재원30 씨가 오이 비닐하우스 안에서 천장까지 웃자란 오이 넝쿨을 끌어 내리는 작업으로 구슬땀을 흘리고 있었다. 상품이 될 것 같지 않은 오이를 떼어 내고 생육 상태를 확인하는 데 여념이 없었다. 하우스 밖에서는 부인 이명순51 씨가 자동시스템으로 공급되는 영양액과 물이 잘 작동하고 있는지를 컴퓨터 모니터를 통해 확인하고 있었다. 이들이 한참 오이 하우스 관리에 바쁜 사이 작은 아들 재만27 씨는 하우스에 설치된 카메라의 각도를 조정하고 컴퓨터로 실시간 중계가 제대로 되는지를 점검했다. 하우스와 한우 축사를 오가는 사람들 모습을 볼 수 있게 집 앞에 설치된 회전식 카메라의 작동 여부 점검도 재만 씨 몫이다. 무릉1리는 영월 시내에서도 30km 정도 떨어진 한적한 산골 마을이다. 주변이 온통 백두대간 산자락들로 둘러싸여 외부와의 소통이 많지 않은 조용한 곳이다. 이 마을에 정보통신 기술을 활용한 혁명이 일어났다. 고등학교를 졸업하고 서울에서 홈페이지 제작과 관리 등의

일을 하던 재만 씨가 어려운 농촌 현실을 타개하고 도시민에게 안심할 수 있는 먹을거리를 알리기 위한 방안으로 '농장 실시간 중계'라는 묘안을 짜냈다. 오이 하우스 1개 동430㎡에 고정식 카메라를 설치하고 집 앞에 회전식 카메라를 설치해 인터넷으로 실시간 중계를 해 주는 시스템이다. 소비자들은 '개척 농장'에 접속해 언제든지 오이의 생육과 관리 상태를 눈으로 확인할 수 있다. 또 인터넷을 통해 주문하면 바로 집으로 배달된다. 회전식 카메라는 모니터에서 마우스를 움직여 가면서 농장의 작업 모습을 눈으로 볼 수 있도록 했다. 개척 농장에는 회전과 줌 기능을 가진 첨단 카메라 3대가 추가 설치되었다. 한우 사육시설, 오이 하우스, 주택 옥상 등 3곳에 설치되었다. 농장 시설은 물론 농작물과 한우의 생육 상태를 실시간으로 볼 수 있다. 도시민의 농촌에 대한 관심 유도를 위해 농작물을 구입한 소비자 이름이 새겨진 꽃길도 만들었다. 개척 농장의 농작물을 사면 그 수익 중 일부로 꽃씨를 구입해 농장 주변에 뿌리고 소비자의 이름이 새겨진 푯말을 설치하는 것이다. 이관형 씨는 영월에서 태어나 자란 평범한 농민이다. 담배와 고추농사로 생계를 유지하던 이 씨는 1990년 정부의 영농자금을 빌려 하우스를 시작했다. 하우스가 자리를 잡으면서 한우 사육도 함께 했다. 그러다 1997년 IMF 당시 한우 값은 반 토막 나고 하우스 농작물도 판로가 막히면서 위기를 맞았지만 포기하지 않은 덕에 지금은 하우스 6동과 한우 150여 마리를 키우는 비교적 대농大農이 됐다. 연중 오이1~6월와 토마토7~11월를 재배해 각각 2,500만 원, 한우 사육 5,000만 원 등 개척농장의 연간 매출 규모는 1억 원 정도다. 하지만 농촌 실상은 나아지지 않았다. 가속화되는 고령화, 일손 부족, 각종 자재 값 상승 등으로 열악한 환경이 계속되자 이를 지켜보던 자식들이 농촌 살리기에 나섰다. 개척농장 일의 대부분은 큰아들 재원 씨가 맡고 있다. 대학을 졸업하고 도시에서 사회생활을 계획했던 재원 씨는 농장 일손이 부족한 것을 보다 못해 직접 영농에 몸을 던졌다. 지금은 아버지에게서 월 250만 원을 받는 월급 농農이다. 서울에서 직장생활을 하던 작은 아들 재만 씨도 올 초부터 집에서 직접 홈페이지를 제작하고 실시간 영상제공을 위한 시스템을 설치했다. 인터넷 쇼핑몰을 개통한 2009년 3월 15일 오이 7박스 1박스 5kg 주문을 시작으로 하루 평균 10~14박스 주문이 들어오고 있다. 크기와 상품성 등에 따라 1박스 가격이 1만 원 내외로 하루 15만 원 안팎의 매출을 올리고 있다. 조용한 산골마을에 정보통신 기술을 접목한 새로운 개념의 영농과 판매가 시도되면서 마을도 들썩이고 있다. 무릉1리 이장을 맡고 있기도 한 이관형 씨의 개척농장 성공 여부가 침체한 마을의 활력소는 물론 농촌혁명의 새 모델로 관심을 끈다. 작은 아들 재만 씨는 "개척 농장이라는 이름도 농사일을 천직으로 알고 빈손으로 시작해 평생을 일구어 낸 아버지의 개척정신을 담은 것"이라며 "농민의 자식으로 위기의 농촌을 지켜보면서 기술을 활용해 새로운 변화를 시도할 수 있는 것을 찾다 실시간 생중계를 시도하게 됐다"고 말했다. 지금까지 일반적으로 소비자는 시장에 나온 오이가 과연 안전하게 재배되었는지를 믿기가 어려웠다. 우리의 사회가 불신이 만연한 사회이기에 더욱 그랬다. 이 씨 일가는 이 불신의 시대에 신뢰 보장을 무기로 새로운 창조적 시스템을 구축한 것이다.

영월 오지에서 농사를 짓는 이 씨가 현재의 '규모의 경제'에서 승리하기란 애초부터 어려운 상황이었다. 현재의 경쟁 틀로서는 불가능하다. 그런데 이 씨 일가는 자신들이 규모의 경제하 경쟁의 틀에서는 성공하기가 어렵다는 것을 알고 경쟁의 틀을 바꾼 것이다.

지금까지는 '가격 경쟁의 틀'에서 '신뢰의 경쟁 틀'로 바꾼 것이다. 다시 말해서 '신뢰 경쟁의 새 틀'을 짠 것이다. 이것은 고등학교를 졸업하고 서울에서 IT 관련 일을 했던 작은 아들 재만 씨의 장점을 이용하여 '실시간 중계라는 창조적 무대'를 만들어 소비자로 하여금 오이가 자라는 과정을 직접 볼 수 있게 함으로써 오이에 대한 신뢰를 확보하기로 한 것이다. 경쟁의 수단을 가격에서 신뢰로 바꾼 사례이다.

:: **지극히 현명**한 이장

경기도 남양주시 조안면 능내1리는 상수원보호구역, 문화재보호구역, 개발제한지역 등 갖가지 규제를 적용 받아 자연 외에 인공

구조물이 들어설 자리가 없다. 따라서 이곳 주민들의 불만은 이만저만이 아니었다. 돈이 되는 주택단지 건설은 물론 음식점 신규 허가도 나지 않는 지역이니 땅값도 오르지 않는 것이다. 그러니 잘 살아보겠다는 희망마저 포기한 상태였다.

　　이러한 상황에서 능내1리가 가지고 있는 약점을 역으로 전환하여 경쟁하고자 하는 전략적인 생각을 제시한 것은 이장 조옥봉 씨다. 잘 살기 위한 기존의 경쟁 방식은 주택을 건설하고, 상가를 만들고, 도로를 내고, 그렇게 함으로써 주변 땅값이 올라 마을 사람들이 돈을 많이 버는 것이었다. 그런데 이러한 보편적 방법이 전혀 불가능한 여건이니 능내 1리가 가진 장점을 최대한 살릴 수 있는 경쟁의 틀로 바꾸어야만 하는 상황이었다.

　　그러한 방법은 기존의 1, 2차 산업방식의 경쟁으로는 불가능하고 3차 산업 경쟁 방식으로 전환하는 것이었다. 따라서 이장은 수질 정화기능이 월등하면서도 아름다운 꽃을 보여 줄 수 있고 그 뿌리와 잎은 약용과 식용으로 고루 쓰이는 연(蓮)을 심기로 결정하였다. 먼저 자신의 땅부터 내놓아 연꽃을 심게 했고 하천 부지 임대인들에게 장기 임대 권리를 포기하게 하여 그곳에 마을 공동으로 연꽃 단지를 조성하기 시작했다.

　　토지와 노동력을 확보하고 나서, 연꽃을 심는 데 드는 자본은 서울시가 환경부를 통해 지원하는 물이용 분담금 중 5,000만 원을 이용하기로 하였다. 그러자 남양주시에서 이 사업의 가능성을 믿고 1억 원을 지원해 주었다.

연꽃이 피면 실시할 체험프로그램도 만들었다. 그 계획은 도시 어린이들이 연꽃과 연잎, 연근을 재료로 차와 음식을 만들어 보고 인근의 다산 유적지, 팔당 수력발전소 홍보관 등을 함께 둘러보는 프로그램이다. 또한, 연꽃 밭을 가까이서 볼 수 있도록 전망대도 만들 계획이고, 연 전문음식점도 여는 동시에 연 가공식품 생산시설도 갖출 계획이다. 이렇게 되면 체험프로그램에 찾아오는 관광객 유치만으로도 연간 40억 원의 수익을 올릴 것으로 기대하고 있다.

만약 능내 1리가 여러 가지 제약에 묶이지 않았더라면 어땠을까? 숙박시설이 난립하거나 외지 사람들이 들어와 부동산 투기를 했을 것이고 그런 과정에서 마을 사람들은 땅을 팔고 정든 고향을 떠났을지도 모른다. 그러나 개발 규제 때문에 이러한 어려움을 극복하기 위한 전략적 사고의 결과 1, 2차 산업으로 경쟁하던 틀을 3차 산업의 경쟁 틀로 바꾸어 놓고 보니 고수익을 올리면서 정든 고향에서 살 수 있게 된 것이다.

마을 발전의 수단을 1, 2차 산업에서 3차 산업으로 바꾸어 능내 1리의 여건에 부합하는 새로운 경쟁의 틀을 만든 것이다. 경쟁의 요소 중에서 수단적 요소를 능내 1리의 상황에 맞추어 바꾸어 성공한 사례다.

:: 골프 선수 양용은

골프가 재미있는 여러 가지 이유 중의 하나가 불확실성이다. 2009년 미 PGA 챔피언십에서 2008년 상금 순위 125위에도 들지 못해 퀄리파잉 스쿨을 거쳐 대기자 명단에 간신히 이름을 올린 양용은 선수가 상금 순위와 올해의 선수 포인트에서 세계 1위인 타이거 우즈를 이긴 것이다.

만약 실력이 좋은 사람이 항상 이긴다면 골프는 흥행이 되지 않았을 것이고 많은 사람들이 골프를 하지도 않을 것이다. 다시 말해서 골프는 누구나 챔피언이 될 수 있는 가능성이 열려 있기 때문에 선수도 관중도 재미있어 한다. 이러한 불확실성은 골프에 영향을 미치는 변수가 너무나 많기 때문이다. 야외에서 벌어지는 골프는 다양한 자연 조건이 모두 골프에 영향을 주는 요소다. 이것은 마치 전장과 같다. 프로이센의 유명한 군사 전략가 클라우제비츠도 전장에서 가장 중요한 것은 불확실성의 통제라고 말한 바 있다. 이러한 불확실성이 약자에게는 기회다. 즉, 강자도 다양한 영향 요인에 의해 실수를 할 수도 있다는 사실이 그리고 약자도 운이 좋으면 그 영향 요인이 오히려 좋은 방향으로 작용할 수도 있다는 그 불확실성이 바로 약자도 강자에게 승리할 수 있는 가능성이다.

특히, 골프에서는 그런 일이 자주 일어난다. 언덕 위에 떨어진 볼이 맞아서 안으로 들어오느냐 밖으로 나가느냐 하는 것은 정말 간발의 차이다. 이러한 여건에서 양용은 선수는 통산 성적 60승의 골프 황제와 2009년 미 PGA 챔피언십 마지막 라운드에서 만나 승리하였다. 양용은 선수의 전략은 우선 불확실성이 많은 골프이기에, '골프 황제 우즈에게는 져도 손해 볼 것이 없다'는 생각으로 과감하게 공격적인 플레이를 전개하였다. 이에 비해 타이거 우즈는 이 동양의 애송이 양용은 선수에게 이기면 본전이고 지면 망신인 것이다. 그러니 항상 자신과만 경쟁한다는 타이거 우즈도 마음의 평정을 유지하지 못하였다.

양용은 선수는 골프가 멘털 게임이라는 것을 분명히 인식하고 골프 스윙 기술보다는 유리한 심리 상태를 유지하는 데 최선을 다한 것이다. 만약 양용은 선수가 스코어를 의식하고 조심스럽게 플레이를 했더라면 타이거 우즈의 장타에 기가 질리고 우즈를 응원하는 미국의 갤러리들 때문에 주눅이 들어 제대로 된 샷을 날리지 못했을 것이다.

양용은 선수는 어린 시절의 가난과 결혼 후 월세 15만 원의 전세방에 처자식을 남겨 두고 처연한 심정으로 일본 땅을 밟은 생각을 하면 나빠져도 더 이상 나빠질 것은 아무 것도 없으며 '밑져야 본전'이라는 생각이 주저 없이 과감한 샷을 날릴 수 있게 만든 것이다.

양용은 선수는 잃을 명성이 없는 데 반해 타이거 우즈는 정상에서 한 발짝만 잘못 디디면 명성이 추락하는 상황이다. 더구나 PGA 대기자 선수인 양용은 선수와의 대결에서 진다는 것은 한없는 추락을 의미하는 것이다. 이에 비해 양용은 선수 자신은 설사 타이거 우즈에게 진다고 해도 잃어버릴 명성이 없는 그에게는 아무 문제가 없으며 승패에 관계없이 만약 대등한 경기만 해도 그의 명성은 상승할 것이며 이긴다면 더 말할 나위가 없다고 생각한 것이다.

　　　요컨대 양용은 선수는 타이거 우즈와 골프 실력으로 승부하는 경쟁의 장을 펼친 것이 아니라 자신에게는 유리하고 타이거 우즈에게는 불리한 명성으로 경쟁의 장을 바꿔 승리한 것이다. 경쟁수단의 변화를 통해 양용은 선수는 자신에게 유리한 경쟁의 틀을 만든 것이다.

:: 일류국가 만들기

우리는 지금까지 우리나라가 주변의 강국으로 둘러싸인 지정학적 위치에서 항상 외침에 의한 고난의 역사를 살아왔다고 자조하였다. 668년 고구려가 망하고 우리의 강토가 한반도로 축소된 이후로 특히 그렇다. 명분도 없는 역성혁명으로 만들어진 조선은 그들 정치권의 정당성이 부족한 것을 '대명 사대주의'로 포장하면서 소위 그들의 정권안보만을 추구하였다. 문약에 흐르면서 당파싸움으로 일관하고 쇄국으로 나라를 무기력하게 만든 나머지 일본의 침략을 초래하였다.

내선의 위치에서 문약하게 흘렀으니 동북아에서 동네북이 된 것이다. 반대로 힘이 있었으면 대륙과 해양을 동시에 호령할 수 있었을 것이다. 로마는 비록 내선에 위치하고 있었지만 힘이 있었기에 지중해와 유럽 전 지역을 손아귀에 넣고 제국을 건설하였다. 한반도로 우리의 강역이 좁아진 후에도 가끔은 체면을 유지한 적이 있었다. 기마민족의 정서인 전사기질과 한반도 정착 후 농경문화의 소산인 선비문화가 균형을 이뤘을 때인데, 대체로 세종대왕 시절이 그렇다고 볼 수 있다.

전략적 측면에서 내선에 위치한 상황은 장단점이 있는데 그것은 내선에 위치한 주체자의 능력에 따라 다르다. 프랑스가 낳은 위대한 전쟁 영웅 보나파르트 나폴레옹은 내선에 위치하기를 좋아했고 내선에서 많은 승리를 거두었다. 내선에 위치한 입장에서 승리의 관건은 지휘관의 기민한 판단과 전략적 혜안이다. 그리고 이를 뒷받침할 수 있는 기동력이다. 이것이 충족되면 내선작전이 유리하다.

나폴레옹은 전쟁 상황을 읽는 그의 천재적 능력으로 적이 어느 곳으로 움직일지를 판단하였다. 그리고는 그에 적절한 전투력을 배분하고 빠른 속도로 기동하여 제한된 전투력으로 연합군을 이겼다. 이러한 전역戰域의 반복이 나폴레옹 전역이다. 말년에 패배의 비운을 안은 것은 인간이 가진 약점, 즉 만용과 자만에 의한 사고의 기동성이 저하된 탓이라고밖에 할 수 없다.

그러나 내선에 위치하더라도 자신의 역할을 기동성 있게

활용하지 못하면 그것은 바로 협공을 받게 되는, 아주 어려운 상황에 처하게 되는 것이다. 그러므로 내선에 위치할 경우, 전략적 차원에서는 절대적 파워를 발휘하여 전쟁을 억제하는 것이 가장 바람직하다. 만일 전쟁이 일어날 경우에는 지도자의 기민한 판단력을 바탕으로 기동성 있는 전투력을 발휘해야 한다.

우리나라는 장차 대주변국 전략을 준비하는 과정에서 이 점을 분명히 해야 한다. 하드웨어를 준비하는 것도 중요하지만 이에 대처할 능력이 있는 전략적 혜안을 가진 인재 양성이 가장 중요하다. 막말로 하드웨어는 급하면 블랙마켓에서 사온다 치더라도 코리아를 위해 싸워 줄 전략가를 빌려오기란 불가능하다.

21세기 지식 정보화 시대를 맞아 우리는 새로운 기회를 맞고 있다. 이 기회를 잘 활용하면 화려한 내선작전을 펼칠 수 있게 될 것이다. 과거 20세기까지 국력이란 영토를 바탕으로 한 군사력이 기본이었다. 그런데 지식 정보화 시대에는 영토란 더 이상 큰 의미가 없어졌다. 지식과 정보가 국력으로 대변되는 시대가 되었다. 이제 우리나라도 강국이 될 수 있다. 지식 정보화 사회에서는 부존자원이 없어도 우수한 두뇌만 있으면 부국이 될 수 있고 이를 기반으로 강국이 될 수 있다.

2050년이 되면 미국 다음으로 우리나라가 세계 2위의 경제대국이 된다는 예측도 있다. 이것을 가능케 하는 요소를 우리는 가지고 있다. 지식은 선비기질에서 나오고 정보화 산업은 유목민의 전사기질에서 나온다. 그런데 우리 민족은 이 두 가지를

겸비하고 있다. 머지않아 우리나라가 지식과 정보화를 수단으로 하여 세계 강국이 되어 주변국의 중심에 설날이 올 것이다. 그렇게 되면 우리는 대륙과 해양으로 우리의 영향력을 넓혀갈 수 있을 것이다.

그것도 유목민의 후예답게 칭기즈칸이 유럽대륙을 유린하는 속도로 몰아갈 것이다. 그것은 다름 아닌 문화이다. 지금도 부분적으로 '한류'라는 이름으로 주변으로 나아가고 있지만 그보다 더 원천적 문화가 해양과 대륙으로 퍼져갈 것이라고 보는 것이다. 그것은 문화의 기본인 '의·식·주'가 될 것이다. 친환경적이고 인간적인 우리의 의식주 문화는 머지않아 전 세계의 생활방식이 될 것으로 예측된다.

이제 우리나라는 내선의 위치에서 세계전략을 구상하여 펼칠 때이다. 우리에게는 우리의 약점을 극복하여 장점을 살릴 수 있는 지식 정보화 사회가 전개되었다. 우리는 이제 우리의 젊은이들이 그들의 능력을 마음껏 발휘할 수 있는 장을 만들어 주고 보호해 주어야 한다. 그리고 그들이 나아갈 목표를 분명히 제시해 주어야만 한다. 그리고 그들에게 간섭은 절대 금물이다. 유목민의 전사기질을 제한할 것이기 때문이다. 그리고 이제 우리는 세계와 더불어 사는 열린 마음을 가져야 한다. 이제 더 큰 세계를 상대로 전략을 펼칠 때이다.

과거에 대륙과 해양 세력으로 둘러싸여 힘들었던 고난의 역사를 벗어던지자. 물질적 발전 위주 경쟁의 틀에서 이제 지식 정보화 사회 경쟁의 틀로 바꾸어 경쟁하자. 우리의 우수한 창의적 두뇌가 경쟁력이 될 것이다. 이를 바탕으로 부국이 된 다음 우리의 문화를 수출하자. 인본주의가 도래하는 시점에서 '홍익인간' 이념을 온 세상에 전파하자. 이제 코리아는 내선에서 해양과 대륙을 연결하는 반도에서 과거 '팍스 로마나'를 열었던 로마제국처럼 미래에는 '팍스 코리아나'를 만들자.

우리의 삶의 방식이 친자연적, 친환경적이므로 세계인은 우리의 문화를 받아들일 것이다.

이제 다가오는 미래에는 우리의 소프트웨어 경쟁의 틀에서 부국이 되고 이를 바탕으로 우리의 문화를 전 세계에 전파하는 문화경쟁의 틀을 만들어 세계 지도국이 되자.

이것은 마냥 꿈만이 아니다. 경쟁의 수단이 우리에게 유리한 시대적 상황이 되었다. 물리적 자본으로 경쟁하던 구도에서 우리에게 유리한 정신적 자본으로 경쟁의 틀을 만들어 세계를 홍익인간의 이념으로 선도하면 세계 일류국가가 될 수 있을 것이다.

:: **효율적인** 정책 홍보

2008년 AI가 발생하자 닭 소비가 대폭 줄어버렸다. 그래서 피해 농가 보호 차원에서 소비 촉진을 위한 홍보를 다각도로 벌이고

있지만 백약이 무효다. 모든 국민이 AI가 위험하지 않다는 사실을 안다. 그러면서도 먹자고 하면 "꺼림칙하다"면서 뒤로 발을 뺀다. 다시 말해 '안전하다는 사실을 아는 것과, 먹고 싶은 것은 별개의 문제'인 것이다. 문제는 정서다. 먹고 싶어야 한다. 먹어도 위험하지 않다는 사실을 아는 것이 필요한 것이 아니고, 먹고 싶다고 느껴야 한다. 그러니 정서를 자극해야 한다.

지식은 머리에 새겨지고 정서는 가슴으로 느낀다. 그러니 지식은 합리주의적이고 정서는 합정적合情的이다. 서양 사람들은 합리주의적이기 때문에 머리로 옳다고 생각하면 바로 행동으로 옮긴다. 그러나 우리나라 사람들은 머리로 옳다고 생각해도 가슴으로 느끼지 못하면 행동하지 않는 경향이다. 그러니 우리 사회는 머리로 이해하는 것과 가슴으로 느끼는 것이 다른 것이다. 이것이 우리나라 사람들이 오랜 시간 살아 온 방식이고 앞으로도 크게 바뀔 것 같지 않다는 생각이 든다.

근세사에서 우리는 우리의 학문과 학문 방식을 버리고 서구식 학문과 학문방식으로 교육받았지만 합리적 사고보다는 합정적 행동양식이 더 지배하고 있다. 특히, 원초적이고 본능적 행동에서는 더욱 그렇다. 분명 합리적 차원에서 평가해보면 말도 안 되는 것을, 분명히 손해인 것을 알면서도 '기분 문제 때문에' 손해를 보는 행동을 한다. 어쩌면 참 바보 같은 짓인 줄 안다. 그러면서도 그렇게 행동하는 것이 우리 한국의 정서다.

정책을 추진할 때는 민심의 향배를 잘 읽어야 한다. 그 민심을 읽을 때 바탕을 이루는 것이 분위기다. 시행하려는 정책에 우호적인 분위기를 만드는 것이 무엇보다 중요하다. 그 정책이 물론 올바른 것이어야 하고 그 정책이 좋은 결과를 담보해야 한다. 이런 정도면 서양에서는 반드시 성공할 수 있지만 기분에 죽고 사는 한국사회에서는 또 다른 문제다. 같은 말이라도 누가 하는가에 따라 호·불호의 반응이 나타난다. 좋아하는 사람의 말은 다소 문제가 있더라도 동조한다. 그러나 싫어하는 사람의 말은 그 내용이 아무리 좋더라도 꼬투리를 잡고 물고 늘어지고 딴지를 건다. 세상에 무슨 일이든지 장점만 가진 것은 없다. 바로 보면 좋은 것도 반대편에서 보면 나쁠 수 있다. 그게 세상의 이치다. 어떠한 정책이든지 당시 상황에서 상대적으로 최상이라는 뜻이지, 시공을 초월해서 절대적으로 최상이 있을 수는 없다.

그러니 정책을 발표하기에 앞서 우호적 분위기를 만들어야 한다. 분위기를 만들 때 조작적 냄새가 나면 그것은 실패다. 오랜 시간을 두고 진정성을 가지고 꾸준한 일관성을 가진 언사로 신뢰를 쌓아야 한다. 그래서 사람들이 좋아하게 만들어야 한다. 어느 집단이나 회사나 개인이라도 사람들이 믿음을 갖게 하고 좋아하게 해야 한다.

정책이 성공하기 위해서는 명품 공직자가 필요하다. 신뢰와 호감이 가는 명품 말이다. 명품 공직자가 되는 가장 기본은 정직이다. 1970년대 미국의 대외정책을 한 손으로 주무른 키신저 박사는 말하기를 '최선의 정책은 정직이다 The Best Policy is Honesty'라

고 했다. 물론, 일을 하다보면 잘못될 수도 있을 것이다. 그럴 때는 용기를 가지고 빠른 시간 내에 진실을 밝히는 것이 좋다. 잘못된 것을 감싸려고 하다보면 허위가 눈덩이처럼 불어나 나중에는 감당할 수가 없다. 차라리 모든 것을 털어 놓고 심판을 받는 편이 낫다. 즉, 필사즉생 전략을 쓰는 것이다. 죽기를 각오하면 못할 것이 무엇인가? 현실적 욕심으로 재물을 보호하겠다고 거짓말 하는 것보다 더 높은 인생의 목적을 생각하고 털어 놓으면 두려울 것이 없다.

솔직히 잘못을 인정하면 우리 사회는 반대로 관용을 많이 베푸는 사회다. 정적情的인 사회이기에 합리적으로 보면 분명히 잘못한 것이지만, 잘못을 시인하고 반성을 하고 나면 가슴으로 받아들이면서 관용한다. 관용한다고 해서 허위로 포장하면 절대 안 되고 진정성이 있어야 한다.

AI대책 관계관 회의에서 홍보에 문제가 있다고 지적한 적이 있다. "지식의 문제가 아니고 정서의 문제"라고. 그래서 국민들이 좋아하는 사람, 존경하는 사람, 우상 등 따라 하고 싶은 사람들이 닭고기를 먹어서 모든 국민들이 따라서 먹게 하는 방안이 최선이라고 말했다. 가끔 '고위 공직자들이 이벤트 성으로 하는 닭고기 먹기'는 의도된 느낌이 들어서 공감을 얻기가 힘들다. '정치적 쇼맨십'이라고 느끼게 되면 그것은 홍보의 효력을 상실한다.

우리나라에서 홍보는 전문가의 지식으로서 설득하는 머

리 경쟁으로 하지 말고 많은 국민들이 탤런트나 운동선수 같은 좋아하는 사람이 먼저 행동하게 하여 따라가게 만드는 가슴 경쟁으로 경쟁의 틀을 바꾸어야 한다. 즉, 이것은 경쟁의 수단적 요소를 변화시키는 경우에 해당한다. 이성 경쟁의 틀보다는 정서 경쟁의 틀이 우리에게는 더 효과적일 것이다.

∷ **부부** 싸움

부부란 서로 모르는 사람들이 만나 한 가정을 이루어서 가장 친밀한 관계를 유지하는 사이이며 가족관계의 기초다. 너무 가깝기 때문에 서로에게 기대하는 바가 커서 사소한 문제를 가지고도 곧잘 싸움을 한다. 그래서 부부 싸움을 해보지 않은 사람은 없을 것이다.

부부싸움은 소위 '칼로 물 베기'라고 한다. 이 말은 부부 간의 관계가 절대적으로 가깝기 때문일 것이다. 싸워도 그렇게 심각한 결과를 초래하지 않는다는 뜻일 것이고 심각한 문제가 생긴다면 오히려 싸움을 하지 않을 것이다.

그런데 부부싸움의 양상에 초점을 맞춰보면 아주 재미있다. 보통 부부싸움이 처음에는 말로 시작하는데 이 싸움에서 남편이 이길 확률은 제로다. 왜냐하면 남자는 하루에 10,000 단어를 구사하는 데 비해 여자는 25,000 단어를 쓴다. 그러므로 남자가

절대적으로 어휘가 부족하므로 말로 하는 싸움에서는 이길 수가 없다. 뿐만 아니라 남자는 '말하는 것을 일로 생각' 하는데, 여자는 '말하는 것을 놀이로 생각' 한다.

　　이에 부가하여 여자의 뇌는 좌우 뇌를 동시에 사용할 수 있게 되어 있음에 비해 남자의 뇌는 좌뇌에서 사고한 결과를 우뇌에서 표현하게 된다. 그러니까 남자가 여자와의 말싸움에서 도저히 따라갈 수가 없다. 그리고 남자는 자잘한 것은 기억을 못하는데 여자는 아무리 사소한 것도 정확히 기억하고 있다. 그러므로 과거에 잘못한 것이 있으면 언제나 생생하게 꺼내서 말싸움의 소재로 삼아 공격이 가능하다.

　　그러므로 말로 싸우는 경쟁의 구도에서는 아내가 절대 유리하다. 처음에는 말로 싸우다가 말이 막혀 남편이 불리할 때에 등장하는 것이 완력이다. 완력은 일반적으로 남자가 강하니까 남편이 유리한 완력으로 경쟁하는 틀로 바꾸는 것이다. 말로 경쟁하는 틀에서 완력으로 하는 경쟁의 틀로 바꾼 남편은 결국 아내를 몇 대 쥐어박음으로써 부부간의 싸움을 끝맺거나 휴전상태로 돌입한다.

　　부부싸움에서 여자는 말로 싸우는 경쟁의 틀을 택해야 하고 남자는 완력으로 싸우는 경쟁의 틀을 만들어야 한다. 결국 부부싸움에서도 남자와 여자는 자신의 장점이 발휘되는 경쟁의 틀로 경쟁해야 승리할 수 있는 것이다. 이 경우는 경쟁의 수단을 자신에게 유리한 것으로 선택하면 이길 수 있음을 보여준다.

:: 감성 서비스

많은 회사들이 고객의 민원 해결의 방식으로 콜 센터를 이용한다. 그러나 콜 센터를 이용해 본 사람이라면 크게 열 받은 경험이 있을 것이다. 기계음을 따라 수없이 눌러대야 하는 번호 끝에 겨우 도착해보면 '고객이 많으니 잠시 기다려 주십시오' 라는 기계음을 듣는다. 그 '잠시' 라는 말은 몇 십 분이 되기 십상이고, 마침내는 전화기를 집어 던지고 싶은 심정이다.

그 많은 번호를 인내를 가지고 눌러야 하기 때문에 사실 휴대폰으로는 거의 불가능하다. 그리고 설사 상담원이 연결되었다고 해도 속 시원한 답을 듣기가 어렵다. 그 상담원들은 기관총 같은 속도로, 그리고 듣기 거북한 이상한 억양으로 사람 속을 또 한번 뒤집어 놓는다. 그리고 정해진 답변 외에는 아무리 물어봐도 똑 같은 말만 되풀이 한다. 그들은 인간 앵무새 같다.

이런 경향은 대형회사일수록 더 심하다. 아마 그들은 성가신 민원의 문제를 콜 센터에 전가하고 안락함을 즐기는 것 같다. 본사가 민원을 일일이 대응하는 것보다 외주로 해결하는 것이 비용 면에서 월등 우월하다고 판단하고 있다 듯하다. 뿐만 아니라 성가신 민원인의 원망을 콜 센터에 떠넘기고 피안의 세계로 도피하고 싶어하는 것 같다. 아마 후자의 재미를 더 누리고 있는지 모르겠다. 이것은 20세기 경영의 에센스인 '비용 경쟁의 틀'에서 경영을 하던 방식으로는 맞는 것일 수 있다. 그러나 21세기 감

성의 시대, 문화의 시대에는 그것은 착각이다. 위와 같이 고객에게 불만만 가중시키는 콜 센터는 회사의 이미지를 갉아먹는다. 수천억 원을 들인 광고의 결과를 여지없이 박살낸다.

이제 경쟁의 틀을 바꾸어야 한다. 비용 경쟁의 틀을 과감히 벗어던지고 '감성 경쟁의 틀'로 바꾸어야 한다. 얼마 전, 모 회사 지점장을 만나 이런 이야기를 했더니 그리 관심을 가지지 않는 것 같았다. 아마 그들은 그런 문제를 느껴 보지 못했을 것이다. 지점장에게는 민원문제가 근본적으로 없을 테니까… 고객이 민원을 제기했을 때, 정감이 있는 사람의 목소리로 응대해 주고 문제를 세세히 안내해 주고 풀어 준다면, 그리고 그것이 입소문으로 퍼진다면, 굳이 몇 백억 원씩 하는 유명인을 텔레비전 광고에 내세우지 않아도 될 것이다.

프랑스의 석학 장 클레드 라레슈는 관리자들이 사무실을 벗어나 고객들을 향해 열린 '탐험의 과정'에 동참하라고 한다. 이어서 그는 말하기를 "불행히도 많은 경영자가 여전히 고객으로부터 먼 곳에 있다"고 덧붙인다. "은행경영자들은 줄을 서지 않고 은행 업무를 보고, 항공사 임원은 절대 이코노미스트 클래스를 타지 않으며, 자동차 회사 경영자들은 직접 운전을 하지 않습니다. 결국 이들은 제품이나 서비스를 고객과 같은 방식으로 경험할 수 없고, 그 만큼 고객에게서 멀어지게 되죠"라고 말한다.

이제 비용의 경쟁에서 과감히 탈피하여야 한다. 풍요의 경제시대에는 사람이 사람답게 대접받는 것을 원한다. 인간의 감성을 자극하는 경쟁이 승리할 것이다. 상냥하고 정감 어린 사람의 목소리로 응대해 주는 그런 회사가 성공할 것이다.

경쟁의 수단 요소를 비용에서 감성으로 바꿔야 함을 말한다. 서구 합리성에 기반한 비용 경쟁의 틀을 고객을 사람으로 대접하는 감성 경쟁의 틀로 바꾸면 성공할 것이다. 누가 먼저 이 틀을 바꾸는가에 성공의 열쇠가 있다.

∷ 유용한 불편함

사람은 편리함을 추구하는 동물이라고 해도 과언이 아니다. 우리 인류 문화 발전의 원동력이 편리함의 추구라고 하면 지나칠까? 특히, 근대화 과정에서 우리는 효율을 중요한 가치로 여기고 그 결과로 편리함을 너무나도 많이 추구했다고 본다. 그런데 최근에는 건강과 환경을 생각하는 사람들은 오히려 유용한 불편함을 추구하는 경향이다. 유용한 불편함이란 당장은 불편하지만 그 불편함이 궁극적으로는 자신에게 도움이 되는 것을 말한다.

예를 들어, 몸을 많이 움직여야 하는 집에 살면 당장은 여러 가지로 불편하지만 그렇게 몸을 움직이게 되므로 결과적으로 운동량이 많아져서 건강이 도움이 되는 것이다. 근래에 우리나라는 '서양화가 곧 근대화'라는 잘못된 인식하에 전통가옥을 모조리 아파트로 바꾸어 버렸다.

아파트는 효율성과 편리성 측면에서는 경쟁 상대가 없다. 항상 적정한 실내 온도를 유지할 수 있고 실내에 모든 것이 있으며 몸을 거의 움직이지 않아도 필요한 것을 얻을 수 있는 구조다. 거기다가 전자 기기나 제품은 더 더욱 몸을 움직이지 않아도 될 수 있게 편리함을 제공한다. 그러니 현대인은 몸을 너무 움직이지 않다보니 비만해지고 만성 질환이 만연한다. 일상생활에서 몸을 최대한 움직이지 않아도 되게 편리함을 추구해 놓고는 운동량이 부족하다고 헬스클럽에 나가고 또는 많은 시간과 돈을 들여서 별도의 운동을 한다.

그러면 유용한 불편함의 반대는 무엇일까? 무용한 불편함인가? 아마 그런 것은 존재하지 않을 것 같다. 아무 쓸모도 없는

불편함을 인간의 약은 머리는 절대 추구하지 않을 것이기 때문이다. 아마도 그것은 나쁜 편리함일 것이다. 당장은 무척 편리하지만 그 편리함을 추구하다보면 결과적으로 자신에게 나쁜 결과를 가져오는 것이다. 가장 현대적인 가구와 설비가 갖춰진 집에서 모든 기기를 오직 손가락 하나로만 조작하는 리모컨을 사용하다 보면 그 결과는 만성질환에 시달리는 신세가 될 것이다.

따라서 조금 불편하지만 그것이 자신의 건강에 유익하다는 것을 알고 유용한 불편함을 추구하는 사람은 전략가이다. 이것은 애초부터 능력이 부족하여 산간에 초막을 지어 놓고 불편하게 사는 것과는 차원이 다르다. 충분히 편리함을 추구할 수 있음에도 건강을 위하여 불편함을 추구하는 경우가 전략적이라는 것이다.

이것은 다른 차원에서 경쟁의 틀을 바꾼 전략이라고 본다. 모든 사람들이 편리함의 경쟁을 추구하고 있는 틀에서 그 폐해를 통찰하여 유용함을 경쟁의 수단으로 하는 경쟁의 틀로 바꾸어 잘 살아보겠다는 전략임에 틀림없다.

나폴레옹의 러시아 원정
제2차 세계대전 시 독일군의 러시아 침공
제3차 중동전쟁
태국왕 몽쿳
탈레랑
감동을 주는 가게
고 정주영 회장
장님 골퍼
천재를 이기려면

유리한 경쟁의 틀로 바꿔라

6

경쟁시간의 변화

Chapter __ 06

경쟁시간의 변화

:: 나폴레옹의 러시아 원정

1810년 유럽 대륙은 악천후에 의한 농산물 부족과 산업의 피폐 등으로 경제위기에 직면하게 되었는데 나폴레옹은 그 근본 원인을 대륙 봉쇄에 불응하고 영국과 밀무역을 자행하는 러시아에서 찾으려고 했다. 러시아의 알렉산더도 유럽과 아시아에 대제국을 건설하고자 하는 야망을 가지고 있는 터라 양국의 일전은 불가피하였다.

이윽고 나폴레옹은 450,000명의 대군을 이끌고 원정길에 나섰다. 1812년 5월에 진격을 개시하여 6월 24일에 니멘강에 도착하였다. 나폴레옹은 순조롭게 공격하여 사흘 후에는 비르나에

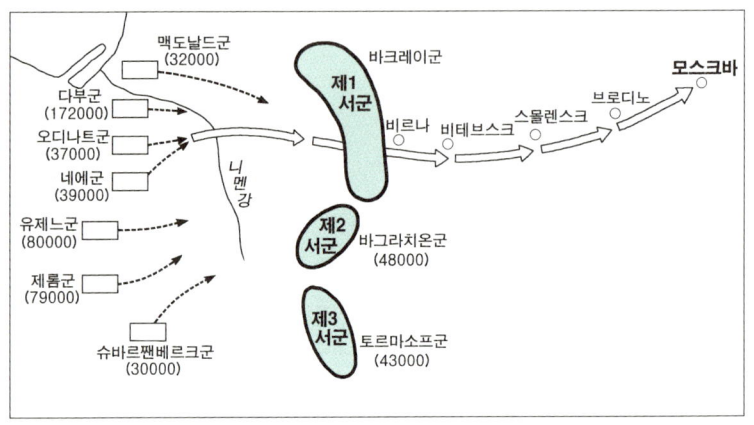

도착하였는데, 러시아군은 나폴레옹과의 결전을 회피하고 서서히 후퇴하여 장기전으로 대항하고자 비르나에서 3일 전에 이미 철수해버렸다.

비르나 지방은 건조하고 일기가 불순한지라 때마침 폭서와 호우가 엄습하여 주민들도 떠나버려 황무지가 되어 버렸다. 식량 현지조달 원칙 하에 전투하는 나폴레옹군은 규정상 2주일 분밖에 휴대하지 못한 관계로 식량이 부족하여 큰 고통을 겪게 되었다. 뿐만 아니라 폭서로 인해 일사병 환자가 속출하고 군마도 병들어 죽는 등 심각한 피해가 나타났다.

나폴레옹은 러시아군의 주력이 비테브스크에서 결전을 시도할 것이라는 포로의 진술을 믿고 뮤라를 총사령관으로 하는 공격을 감행했으나, 이미 러시아군은 스몰렌스크로 향해 질서 정연히 후퇴하고 있었다. 러시아군의 후퇴 작전과 초토화 작전으로 보급문제에 어려움을 겪은 나폴레옹군은 비테브스크에서 현지

조달을 실시하여 겨우 10일분의 식량을 준비하였다. 그동안 발생한 자연적 손실과 신장된 병참선 유지를 위해 후방에 남겨둔 병력 등을 제외하면 나폴레옹의 주력은 최초 출발할 당시와 비교해 절반 수준인 230,000명으로 감소되었다.

　　　스몰렌스크는 9~12세기경 건설된 도시로 러시아인의 애착이 매우 강한 도시이다. 그러므로 러시아군은 이 도시를 나폴레옹에게 박탈당하지 않으려고 일대 결전을 결심하였다. 나폴레옹은 스몰렌스크를 포위하고 포격을 가하는 동시에 모스크바로의 후방퇴로를 차단하기 위한 노력을 집중하였다. 8월 4일 러시아군의 주력이 스몰렌스크에 도착하자 나폴레옹은 스몰렌스크에서 러시아군 주력을 모두 격멸시킬 것을 계획하고 8월 5일 결전을 하기로 하였다. 그런데 러시아 제1서군의 바크레이장군은 만약 스몰렌스크에서 패배하게 되면 모스크바가 위험할 것을 예상하고 결전을 회피하고 모스크바 방면으로 후퇴하였다. 전선이 모스크바로 가까워짐에 따라 러시아군은 지휘통일을 위하여 쿠투

소프 장군을 전군 총사령관으로 임명하여 그동안 각개로 분할되었던 지휘권을 하나로 통일하였다.

쿠투소프 휘하의 120,000명은 브로디노에서 나폴레옹 휘하의 134,000명과 결전하여 쿠투소프군이 44,000명, 나폴레옹군이 50,000명의 사상자를 기록하고 러시아군의 후퇴로 끝났다. 나폴레옹은 무모한 정면공격만 반복함으로써 오히려 더 많은 피해를 입었다.

쿠투소프는 프랑스군과 직접 전투가 불리하다는 것을 알고 특유의 회피전술로 맞섰다. 쿠투소프는 모스크바에 도착하자 고민에 빠졌다. 러시아인의 정신적 지주인 모스크바를 프랑스군에 내어주느냐 아니면 전군을 모스크바 방어에 투입하여 군을 잃느냐 하는 문제였다. 많은 논쟁의 결과 모스크바 포기를 결정했다. 9월 14일 모스크바를 러시아군이 완전히 퇴각하자 그날 밤 나폴레옹은 불과 90,000명을 이끌고 모스크바에 입성하였다. 텅 빈 모스크바에 입성한 나폴레옹은 환희와 동시에 허탈감에 빠졌다. 이때 전 시내에 발생한 화재는 9월 17일까지 계속되어 모스크바의 7할이 불타고 많은 부상자와 피해가 발생하였다.

나폴레옹은 모스크바를 점령한 후에 러시아의 강화 제의만을 기다리고 있었다. 그러나 쿠투소프는 나폴레옹을 모스크바에 계속 묶어둠으로써 식량 부족으로 심각한 지경에 이르게 유도하였다. 나폴레옹군의 병사들은 굶주림을 면하기 위하여 심지어는 모스크바 시내에 돌아다니는 고양이까지 전부 잡아 먹어버리

는 등 날로 그 심각성이 더해만 갔다. 9월 말이 되자 서리가 내리기 시작했고 동장군이 서서히 닥쳐오자 나폴레옹은 러시아와 강화를 포기하고 더 늦기 전에 러시아를 빠져나가기 위해 철수를 서둘렀다.

　　나폴레옹은 병참선을 차단하기 위해 나라 강 방향에 포진하고 있는 쿠투소프군을 격멸한다는 명목으로 기동을 시작했다. 그리고 크렘린 폭파를 시도했으나 갑자기 내린 비로 폭약이 젖어서 일부만 폭파되었다. 이러한 상황에서 쿠투소프는 코사크 기병대를 급파하여 나폴레옹군의 배후를 공격하게 하고 주력은 나폴레옹군 본대를 공격하는 등, 끈질긴 추격전을 시도하였다.

　　나폴레옹이 스몰렌스크에 도착하였으나 기대했던 것과는 달리 스몰렌스크는 완전히 황무지로 변하여 식량 조달에 실패했다. 이때 후방에서는 쿠투소프군이, 북방에서는 비트켄스타인군이, 남방에서는 치차코프군이 나폴레옹을 압박해 오고 있었다. 나폴레옹은 또 다시 퇴각을 하기 시작하였으나 날씨는 점점 춥고 식량은 거의 바닥이 났으며 피로가 누적되어 나폴레옹군은 그 숫자가 5만 명으로 줄어들었다.

　　1812년 11월 12일 베레지나에서 나폴레옹은 러시아군이 삼면에서 포위망을 좁혀오자 전군의 군기를 모두 불태우고 베레지나강 도하를 위해 거추장스러운 물건은 전부 파기하였다. 유일한 퇴로인 보리소프 다리를 두고 양군은 쟁탈전을 벌이다가 나폴레옹은 양동작전을 실시, 20Km 상류로 올라가서 가교를 설

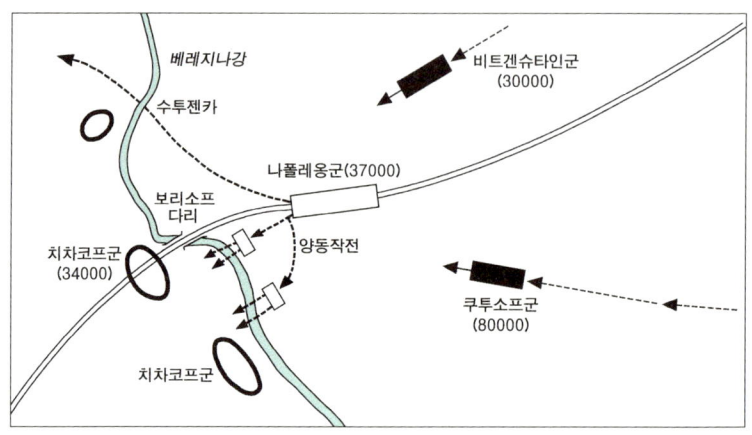

치, 도하를 시도하였지만 러시아의 코사크 기병에게 공격을 받아 영하 25도의 혹독한 추위 속에서 부상병들은 서서히 얼어 죽어 갔으며 강 건너편으로 무사히 건너간 병력은 불과 수천 명에 불과하였다.

1812년 12월 8일 나폴레옹은 뮤라에게 잔여병의 지휘를 맡기고 파리로 귀국했다. 쿠투소프는 계속해서 뮤라를 추격하여 슬랩스강에 이르렀다. 무사히 슬랩스강을 건넌 프랑스군은 1,600명에 불과했다. 450,000명의 대군이 불과 1,600명만 남았다.

나폴레옹은 러시아 전역에서는 자신의 특기인 우회기동과 중앙 집중 돌파, 분리된 적 부대에 대한 각개격파, 병참선 차단을 통한 단기결전을 구현할 경쟁의 장을 마련하지 못하였다. 이에 비하여 러시아는 방대한 국토를 이용하여 적을 유인하는 전략을 구사하였으며 추운 날씨를 이용하여 적이 지치고 피로하게

만들었으며 나폴레옹군의 식량 현지조달 방식을 불가능하도록 초토화하는 전략을 구사하였다. 결과적으로 러시아군은 장소적 특성과 시간적 특성을 이용하여 적의 나폴레옹군의 장점이 전혀 발휘될 수 없는 전장을 만들었다. 즉, 러시아는 결전을 피하고 지속적으로 나폴레옹이 추위와 피로, 그리고 식량 조달과 싸우게 만들어 스스로 무너지게 함으로써 자신에게 유리한 경쟁의 틀을 만든 것이다.

나폴레옹이 신속한 기동력으로 항상 유리한 경쟁의 틀을 만들었지만 러시아 원정에서는 이를 간파한 러시아 군이 거대한 국토를 이용하여 후퇴 전략을 택함으로써 나폴레옹군의 장점이 발휘될 수 있는 기회를 박탈하였다. 나아가서 러시아군은 나폴레옹군이 육체적으로 지치고 정신적으로 허탈하게 만들었으며, 나폴레옹군이 기동성을 보장하기 위해 식량을 현지 조달하는 점을 역이용하여 청야작전을 펼침으로서 나폴레옹군으로 하여금 지형과 기상 및 식량조달과 경쟁하게 만들었다. 러시아군은 광활한 러시아의 지리적 이점을 이용하여 후퇴전략을 통하여 나폴레옹군을 지치게 만든 후 동장군이 후퇴하게 만들어 추격하는 경쟁의 틀로 바꾸어 대승하였다. 나폴레옹군의 전술적 개념을 간파하고 광활한 국토를 이용하여 러시아 전략 환경에 맞는 경쟁의 틀을 만들었지만 여기서 가장 중요한 것은 동장군이 올 때까지 기다려서 유리한 경쟁의 틀을 만든 것이다. 경쟁의 변화 요소 중에서 시간적 요소가 가장 중요하게 작용한 사례로 볼 수 있다.

∷ 제2차 세계대전 시 독일군의 러시아 침공

독일은 서부전선이 어느 정도 안정이 되자 배후 위협을 제거하기 위하여 체결하였던 1939년 8월 23일의 독/소 불가침 조약은 더 이상 의미가 없어졌다. 대신 소련이 가지고 있는 풍부한 자원을 확보하길 원했고 볼셰비즘을 그냥 두고 볼 수가 없었으며 소련의 급속한 군사력 팽창에 대한 위협을 사전에 제거하여 육군의 예산을 절감하고자 하였다. 또한 신속히 소련을 함락시키면 양면 전쟁을 피할 수 있다고 판단하였으며 당시 독일 육군참모총장 할더는 대소 작전이 8~10주 이내에 종결될 것으로 생각하였다.

1940년 12월 히틀러는 소련 침공계획인 바바롯사 계획을 훈령 21호로 하달하였다. 바바롯사 계획은 2단계로 되어 있는데, 제1단계는 2중 침투에 의한 포위작전으로 국경지대에서 포착섬멸한 후 제2단계는 급속한 진격으로 소련 본토에서 소련 공군이 독일 본토에 대한 폭격작전을 수행할 수 없는 거리까지 점령하는 것이었다.

독일군과 소련군의 전력 규모를 살펴보면, 독일군은 기갑사단 19개, 기계화 사단 12개를 포함한 총 148개 사단, 전차 3,350대, 포 7,184문, 차량 60만 대, 말 625,000필, 항공기 2,500대이며 훈련과 장비 면에서는 소련군을 압도하고 있었고 긍지와 자부심을 견지하고 있었으며 사기도 왕성하였다. 소련군도 스탈린의 5

개년 경제계획에 따라 군수산업의 발달로 부대는 기계화되었으며 1939년 평시징병제를 채택하여 근대화된 정규군으로서 203개 보병사단, 46개 기갑 및 기계화여단, 동원예비군 1,200만 명, 전차 2,000대, 항공기 7,500대 규모였다. 그러나 간부들의 전투경험이나 훈련 및 작전능력에서는 독일군에 뒤지는 것으로 평가되었다.

1941년 6월 22일 03시 독일군은 소련에 대한 공격을 개시하였다. 공교롭게도 그날은 129년 전 나폴레옹이 러시아를 침공했던 바로 그날이었다. 북부 집단군은 레에프 장군 지휘 하에 레닌그라드를 목표로, 중앙 집단군은 복크 장군의 지휘 하에 모스크바를 목표로, 남부 집단군은 룬드쉬테트 장군 지휘 하에 흑해를 목표로 진격을 개시하였다.

소련군의 지연전과 우천으로 진격이 지연되었으나 제1기갑군은 키에프 외곽까지 진격하였다. 소련군 주력부대는 드네프르강을 건너 철수했고 미처 철수하지 못한 잔류부대는 우만 부근에서 격파되었다. 독일군은 전형적인 쐐기와 함정 Keil und Kessel: 대규모 양익 포위 전법 전술로 3개의 대 포위망을 형성하여 18일 동안 400마일을 진격하였다.

모스크바 통로가 개방되었지만, 키에프 돌출부에 의해 남측면의 위협, 보급 추진악화로 인한 병참 사정의 악화, 부대의 재편성 소요 등으로 9월 초순까지 6주간 정군停軍할 수밖에 없었다. 독일군은 정비가 끝난 후 키에프 포위전을 실시하여 성공하였으나 여기서 1개월의 지연으로 말미암아 소련군은 모스크바에 대한 방어선을 강화하고 대부분의 공업시설을 우랄 이동으로 철수시켰다.

히틀러는 키에프 포위전의 승리로 우크라이나 방면의 위협이 제거되자 모스크바 대공세를 시작하였으며 키에프 포위작전의 성공으로 모스크바 통로가 개방된 듯했으나 갑작스러운 악천후로 기온이 급강하하여 동계작전을 준비하지 못한 독일군은 추위와 진흙탕으로 인해 극심한 고통을 당했다. 연장된 병참선의 보급 악화, 소련군의 끈질긴 저항과 병력 증강으로 피로에 지친 독일군의 진격속도가 크게 떨어지자 육군 참모총장 할더 장군은 히틀러에게 부대의 철수나 봄까지의 공격중지를 건의했다. 그러나 혹한이 닥치기 전에 모스크바를 점령할 목적으로 히틀러는 최종공세를 명하였다.

이에 따라 독일군은 11월 15일 공격을 개시하여 25일에는 제4기갑 군이 모스크바에서 볼가강으로 연결되는 운하선까지 도달하였고 제2기갑군은 툴라를 우회하여 남쪽에서 압박하는 동시에 제4군은 모스크바에서 불과 15마일 떨어진 최종 관문 나라강선까지 진출하였다. 그렇지만 이미 기온이 영하로 떨어진 혹한 속에서 독일군은 추위와 불면증으로 고전하고 있었으며 부동액이 준비되지 못한 전차와 차량은 기동이 불가능한 단계에 이르렀다. 이런 상황에서 소련군은 점차 병력을 증강하게 되었고 독일군은 나라강선에서 지쳐 멈추게 되었다.

마침내 소련군은 12월 6일 주코프 장군이 지휘하는 서부

전선군 100개 사단이 총 반격을 개시하였다. 독일군 육군 총사령관 브라우히치 등은 즉각 철수를 건의하였으나 히틀러는 계속 진격할 것을 명령하였다. 혹한과 장비의 부실로 전력이 약화된 독일군은 전 전선에서 서서히 붕괴되기 시작하였다. 대규모 작전에 익숙하지 못한 소련군의 공격과 독일군의 기술적인 견제공격 및 축차적 철수로 1942년 2월 중순까지 약 2개월 반에 걸친 철수작전 끝에 독일군은 최초의 출발선으로 물러서게 되어 전 전선은 다시 교착상태에 빠졌다.

독일군은 훈련과 장비 면에서 소련군을 압도하고 있었고 긍지와 자부심을 가진 사기충천한 군대였다. 그리고 명석한 독일군 장교들의 해박한 전술지식은 소련 군대와 경쟁에서 절대적 우위에 있었다. 그러나 나폴레옹이 129년 전에 당했던 그런 전철을 히틀러는 그대로 답습하였다. 소련군은 그들이 가진 장점인 광활한 영토를 이용하여 공간을 내어주고 작전 준비에 필요한 시간을 벌었으며, 전통적인 복종심과 인내심이 강하고 신앙에 가까운 국토애착심을 가진 농민으로 구성된 소련군은 독일군의 침략을 허용하지 않았다. 겨울의 혹독한 추위와 진흙탕, 소택지, 황야 등의 자연적 조건은 이를 경험하지도 못했고 이에 대한 준비도 제대로 하지 못한 독일군에게는 가장 무서운 적이었다.

기후조건과 자연환경이 양호한 하계작전이나 유럽지역 작전에서는 독일군의 우수한 전술 구사 능력이나 장비가 제 기능과 능력을 발휘할 수 있지만 소련의 혹독한 기후와 환경 하에서는 제대로 발휘될 수 없는 상황이었다. 소련군은 독일군에게 유리한 작전환경을 자신들에게 유리한 작전환경으로 바꾸기 위해 공간을 내어주면서 시간을 벌어 전투력을 증강하는 동시에 동계 작전 환경이 조성될 때까지 기다린 것이다. 요컨대 독일군에게 유리한 경쟁의 틀을 기상을 이용하여 소련군에게 유리한 경쟁의 틀로 바꾼 것이다. 경쟁의 요소 중에서 시간을 활용하여 경쟁의 틀을 바꾼 좋은 사례로 평가된다.

:: 제3차 중동전쟁

1967년 6월 5일부터 6월 10일까지 치러진 전쟁으로 통상 6일 전쟁이라고 불려진다. 중동전쟁은 세계를 유랑하던 이스라엘 민족이 팔레스타인 지역에 정착하면서 아랍세력과의 생존경쟁의 결과로 발생하였다. 제1차 중동전은 1948년, 생활의 터전을 빼앗긴 팔레스타인을 지원하기 위하여 주변의 아랍 6개국_{이집트, 시리아, 요르단, 레바논, 이라크, 사우디아라비아}이 이스라엘을 공격하여 시작되었다. 이스라엘은 비록 신생국이었지만 5만여 명의 병력을 동원할 수 있었던 데 반해 인구 40배가 넘는 아랍 국가들은 3만여 명밖에 동원하지 못했다. 이 전쟁의 결과는 이스라엘군 지도자들의 탁월한 전략적 식견과 이스라엘 국민들의 철통같은 단결심으로 이스라엘이 승리하였다.

제2차 중동전은 수에즈 전쟁이라고 불리어지는데 1956년에 일어났다. 영국이 낫세르의 요구대로 이집트의 영향력과 지배력의 상징이었던 수에즈 운하 주둔 영국군을 완전히 철수시켜버리자 낫세르는 수에즈 운하를 국유화한 후 곧바로 이스라엘의 석유 수송로인 아카바만을 봉쇄해버렸다. 아카바만의 봉쇄는 석유 수입로일 뿐만 아니라 아시아와 아프리카의 무역출구이므로 이스라엘에게는 치명적인 타격이었다. 이에 1956년 10월 시나이 반도를 점령하고 아카바만을 점령하였다.

10여 년간 이스라엘은 이집트와 불안한 평화를 유지하다가 선제공격을 하기로 결심하였다. 이스라엘은 1, 2차 전쟁에서 얻은 교훈을 살려 1967년 위기가 닥치자 5월 16일부터 예비군 동원을 준비하고 전 국민의 협조 속에 부대편성을 완료한 후 전쟁 연습까지 완료하였다.

이스라엘은 공세적 방어 전략을 기본으로 하여 신속하고 완전한 공중우세를 유지한 후 적의 요새지역에 대한 기갑부대의 집중운용으로 돌파하고 돌파구에 대해 융통성 있는 작전과 맹렬한 속도로 돌파의 이점을 최대한 활용하는 것을 전쟁의 원칙으로 삼았다.

한편, 아랍군은 방대한 군사력에 비하여 각국별로 전력이 현저하게 차이가 났으며 이를 효과적으로 통합 지휘할 수 있는 체제가 되어있지 않았다. 사병과 하사관들은 무지와 빈곤 속에서 학대를 받으며 살아온 자들로, 동료의식이 없었으며 장교와의 관계에서는 전혀 공감대가 형성되어 있지 못했다. 10여 년 동안 사막에 막대한 지뢰지대와 토치카, 지하벙커 등 방어시설을 준비한 아랍 측은 장기적인 봉쇄를 유지한 가운데 강대국이 개입하면 이스라엘이 양보하거나 혹은 장기적 봉쇄로 이스라엘을 궤멸시키고자 하는 전략을 구사하려고 하였다.

이러한 상황에서 1967년 6월 5일 월요일 07시 45분, 출근시간을 기해 이스라엘 공군기는 이집트의 공군기를 한꺼번에 날려버렸다. 이집트는 하루 동안 폭격기 197대를 포함하여 총 410대의 항공기가 파괴되었다. 이집트의 항공기가 전멸한 상태에서 이스라엘 군은 중앙축선을 주공으로 샤론사단과 요페사단이, 북부축선은 조공으로 탈 사단이, 남부축선은 기만 부대로서 독립여단이 공격을 개시하여 단 6일 만에 시나이 반도를 포위 봉쇄하였다.

전쟁 초기에 아랍은 대 이스라엘 전에서 승리하고 있다고 과도한 선전을 하는 반면에 이스라엘의 진격속도가 너무나 빨랐기 때문에 소련은 유엔에 대해 휴전을 통한 정전 압력을 가할 시기마저 놓쳐버렸다. 불과 6일 만에 이스라엘은 자국의 본토 넓이의 거의 6배에 달하는 47,000 평방마일을 획득하는 기적 같은 전과를 올렸다.

이스라엘은 주변 아랍국들에 둘러싸여 있어 전략적으로 아주 불리한 상황이다. 따라서 단 속전속결만이 승리를 보장할 수 있었다. 이를 위하여 이스라엘은 공군의 공격개시 시간을 이

집트의 고위 지휘관과 주요 공직자의 출근시간 카이로 시간 08시 45분에 맞췄다. 그 결과, 이집트 공군을 초전에 완전히 궤멸시켰다. 이렇게 이스라엘은 속전속결 기습공격으로 지상부대 작전은 적의 공중 공격 위협 없이 신속히 돌진할 수 있게 함으로써 전투현장에서 유리한 여건을 만들었다. 또한 공중작전에서도 이집트 공군기가 전혀 대응을 할 수 없게 출근시간대에, 지중해 저고도 우회로를 택해 공격을 가함으로서 완벽한 기습을 달성하였다.

　　　이 전쟁은 이스라엘이 적이 예상치 못한 취약시간을 선정하여 기습공격함으로써 경쟁의 요소 중에서 시간적 요소를 이용하여 유리한 경쟁의 틀로 바꾼 사례로 평가된다.

:: 태국왕 몽쿳

18세기부터 서구 열강들은 자원을 확보하기 위하여 아시아 및 아프리카 후진국을 식민지화하는 데 열을 올렸다. 동양의 종주국인 중국마저도 서양의 열강에 갈기갈기 찢기는 판에 구 태국 왕국 샴은 식민지가 되지 않았다. 그 이유는 태국 왕들의 전략적 혜안이 있었기에 가능했고 특히 정보에 대한 편견을 떨쳐버리고 세상을 올바르게 읽을 줄 알았기 때문이었다.

　　　샴의 왕 라마 2세는 자신의 죽음을 예견하고 왕위 계승자에 대한 교지를 내렸다. 그는 총명하고 호기심 많은 아들 몽쿳 대신에 후궁 소실인 36살의 체사다 보딘을 지명하였다. 그리고 몽쿳을 불가에 입적시키라고 명했다.

라마 2세는 총명하고 호기심 많은 몽쿳이 왕위를 계승받으면 분명히 나이가 어리기 때문에 궁정 내부 음모에 취약하리라 생각하고 몽쿳이 절에서 더 많은 공부를 한 다음 왕위를 계승하는 것이 몽쿳 왕자에게나 샴 왕국에 유리할 것이라는 전략적 판단을 한 것이다. 여기에 라마 2세의 원모심려가 돋보인다. 그리고 몽쿳이 자신의 역량을 펼칠 경쟁의 장을 마련할 때까지 시간을 벌어 준 것이다.

몽쿳은 36년 동안 방콕의 불교 사원에 안전하게 은둔하여 내면으로의 여정에 몰두하며 지도자가 되기 위한 정신수련에 정진했다. 그는 불교경전에 적힌 고대 언어인 팔리어를 배우기도 하고 왕족이라는 카리스마를 이용하여 사원을 개혁하고자 승려들을 재교육하기도 하였으며 왕국 전역을 폭넓게 여행하면서 여러 신분의 백성들과 두루 교류했다. 이 여정을 통하여 그는 백성들과 직접 이야기를 나누어 그들의 관심사와 그들을 움직이는 것이 무엇인지 알게 되었다. 궁중에 갇힌 어떤 왕족도 배우지 못한 것들을 알게 됨으로써 그의 정신은 개방되었고, 누구도 따를 수 없는 지혜로운 판단력을 갖추게 되었다.

물론 당시 몽쿳, 한 사람만 서구 세계에 관한 정보에 매료되고 개방적인 마음을 갖춘 것은 아니었다. 젊은 샴의 엘리트들 역시 서구 방식들을 받아들이고 있었다. 추다마니 왕자는 영어를

유창하게 구사했고, 서양식 군대장비로 자신의 군대를 훈련시켰다. 왕사띠릿 왕자는 필라델피아 의과대학으로부터 통신학위 수료증을 받기도 했다. 그러나 뭉쿳은 서양의 언어와 과학을 배우는 것만 아니고 서구인들에 관한 폭넓고 다방면에 걸친 지식을 쌓았다.

　　뭉쿳이 라마 4세로 왕좌에 올랐을 때 샴 왕국은 주변국들과 마찬가지로 독립과 자유가 심각하게 위협받고 있었다. 1855년 홍콩의 영국 총독 보링 경을 필두로 한 영국 대표단이 무역 협상에 압력을 가하려고 샴에 당도하였다. 1756년 이후 인도를 식민지로 만든 후 이웃 나라 버마와 지정학적 요충지인 말레지아 및 싱가포르까지 점령하였다. 버마가 통상문제로 발생한 전쟁으로 영국에 합병되었다는 사실을 잘 알고 있는 뭉쿳은 영국이 수긍할 만한 협상 조건을 제시하지 않는 한 보링의 임무는 샴의 자주권을 박탈할 것이라는 점을 너무나도 잘 알고 있었다.

　　따라서 뭉쿳왕은 첫인상이 관건이라고 생각했다. 그는 보링에게 좋은 인상을 주려고 아낌없는 노력을 쏟아 부었다. 환영 행사의 세세한 부분까지 직접 챙겼다. 영접부터 음식 대접 등 모든 면에서 완벽하게 대접하였다. 특히, 통상 왕을 알현할 때의 관행과는 달리 뭉쿳왕은 보링에게 영어로 인사하고 왕의 맞은편 자리에 오직 테이블 하나만을 두고 앉았다.

　　왕은 실내를 거의 모두 영국식으로 꾸몄다. 첫 만남이 있은 지 2주 만에 협상이 타결되었다. 협상타결을 축하하기 위해 뭉쿳왕은 영국 왕실에 버금갈 만큼 위풍당당하고 화려한 장관을 마련하였다. 보링 일행을 위해 마련한 황실의 향연장은 신선한 물이 가득 찬 황금잔과 은잔이 놓인 테이블이 놓여 있었고 하인들은 커피와 시가를 날라 왔다. 만찬 테이블에 앉은 보링은 감동을 받았다. 따라서 보링은 뭉쿳왕과 거래가 가능하다고 판단하였다.

보링 협약의 조건은 영국에 절대적으로 유리한 것이었다. 그렇지만 뭉쿳왕은 영국이 제시한 모든 조건을 수용하였다. 관세를 3%로 낮추고, 외교적 제안을 전면적으로 승인했으며, 영국인들에게 치외법권도 인정하였다. 왕의 기득권에 영향을 주는 정부 전매상품과 독점 무역을 모두 포기하겠다고 동의하였다.

이렇게 모든 조건을 수용한 뭉쿳왕은 나름대로의 계산이 있었다. 왕은 단선적으로 사고하지 않았다. 영국의 조건을 모두 수용하면서도 아편 독점권을 유지하였으며 도박, 알코올, 복권 등에 비행세를 물리는 세제를 신설함으로써 대안을 내 놓았다. 결과적으로 국가 세수는 협약 사항이 적용된 첫 해에만 떨어졌을 뿐 이후에는 이전 수준을 만회하였다. 뭉쿳왕의 빛나는 전략은 이제 시작이었다. 그는 재빨리 프랑스, 미국 등 서구 열강들과 협약을 맺어 특정한 국가가 샴에서 배타적 권리를 누리지 못하도록 하였다. 무역에서 지배적인 입장을 차지하기 위해 열강들은 서로를 견제하게 되었고 샴은 그 사이에서 어부지리를 얻게 되었다.

보링협약은 식민주의 역사에서 대단한 승리의 신호탄이었다. 영국은 샴에서 전적으로 자신들에게 유리한 조약을 맺었지

만 뭉쿳왕은 조국의 자유를 지켜냈고 독립을 위한 초석을 다졌다. 주변 국가들이 차례로 유럽의 통치에 예속될 때에도 샴이 열강들의 위협에 버텨낼 수 있게 했다. 포르투갈, 스페인, 영국, 프랑스, 나중에는 일본까지 동남아시아에 지배력을 확장한 상황에서 오로지 샴만이 식민화에서 벗어나 독립국의 지위를 유지했다.

이는 뭉쿳왕의 전략적 지혜가 빛난 결과이며 정보에 대한 개방성에 나온 결과다. 그는 자신들과 다른 견해나 타국의 관행을 두려워하지 않고 적극적으로 받아들였다. 타국의 침략을 무서워해서 쇄국으로 대항했던 나라는 식민지 역사를 가졌다. 손자병법에 '지피지기는 백전불태知彼知己, 百戰不殆'라 하지 않았던가? 상대에 대한 정보를 알아야 대응 방안이 나올 수 있는데, 상대에 대해서 눈을 감는다고 해서 적이 공격하지 않겠는가? 그런 어리석음의 결과 우리나라도 그 힘든 35년간의 일제 강점기를 거치지 않았던가? 국가나 단체는 이처럼 미래를 통찰하는 전략적 혜안을 가진 지도자를 만나느냐 아니냐에 따라 그 운명이 결정되는 것이다.

라마 2세는 당장 왕위를 계승하게 하지 않고 충분한 시간을 주어 뭉쿳왕이 왕으로서 충분한 국가 통치능력을 배양하게 한 후 어려운 상황에 대처할 수 있도록 시간적 요소를 활용하여 뭉쿳왕에게 유리한 경쟁의 틀을 만들어 주었다.

:: 탈레랑

나폴레옹이 엘바섬을 탈출하여 황제로 100일 동안 프랑스를 통치하다가 대서양 상의 황량한 섬 세인트헬레나로 귀양을 가서 생을 마감했다는 것은 역사를 통해 누구나 아는 사실이다. 그러나 나폴레옹이 엘바섬을 탈출할 수 있었던 비밀을 아는 사람은 그리 많지 않다.

나폴레옹은 엘바섬에서 엘바의 '왕'으로서 궁정을 거느릴 수 있도록 허용이 되었다. 그의 궁정에는 요리사 한 명과 의상 담당 하녀, 공식 피아니스트와 몇 명의 궁전 신하들이 있었다. 그런데 이 모든 것은 나폴레옹을 모욕하려는 의도로 계획된 것이었다.

1815년 2월 26일 너무나 이상하고 극적인 사건이 발생했다. 엘바섬은 영국 전함이 둘러싸고 있었고 모든 탈출로는 봉쇄되고 있었다. 그럼에도 불구하고 백주 대낮에 900명의 병사를 실은 한 척의 배가 나폴레옹을 태우고 출항했다. 영국 해군이 그 배를 추격했지만 나폴레옹의 배는 멀리 달아나버렸다. 그의 탈출소식이 전해지자 전 유럽이 경악하였다. 빈 회의의 정치가들은 공포에 떨었다.

나폴레옹은 단순히 프랑스로 돌아간 정도가 아니라 왕좌를 되찾겠다는 생각을 가지고 한 줌의 무리에 불과한 군대를 이끌고 파리로 행군했다. 그의 전략은 성공하는 듯했다. 모든 계층

의 프랑스 국민들이 그의 발아래 무릎을 꿇었다. 네이 원수가 거느린 군대가 파리에서 그를 체포하기 위해 출동했지만 병사들은 옛 지휘관을 보는 순간, 주인을 바꾸어 버렸다. 나폴레옹의 카리스마가 돋보이는 순간이었다.

다시 나폴레옹이 황제로 선포되었다. 지원자들이 그의 군대로 몰려들었다. 노도와 같은 열정이 온 나라를 휩쓸었다. 파리에서는 군중이 광란의 도가니에 빠졌고 국왕은 외국으로 도주하였다. 그러나 곧 열정은 가라앉았고 프랑스는 파산상태에 빠졌다. 나폴레옹이 할 수 있는 일은 없었다. 그 해 6월 워털루 전투에서 패배하고는 영원히 무너졌다. 다시 황제가 된 지 100일 만에 이제는 다시 돌아올 수 없는 세인트헬레나로 추방되었다.

나폴레옹이 엘바섬 탈출을 결심하게 만든 사람은 오스트리아의 콜러 장군이었다. 그는 나폴레옹에게 프랑스에서는 그의 인기가 그 어느 때 보다도 높기 때문에 프랑스는 다시 한 번 그를 받아들일 것이라고 귀띔했다. 그리고 나폴레옹이 탈출한다면 영국을 포함하여 유럽의 열강들이 그의 복위를 환영할 것이라고 말하면서 영국이 그의 탈출을 막지 않을 것이라는 암시도 주었다.

이 모든 사건의 배후에는 나폴레옹의 전임 외무장관, 탈레랑이 있었다. 그는 나폴레옹의 욕망이 존재하는 한 유럽의 안정은 없다고 생각하고 있었다. 따라서 그는 나폴레옹의 유배지가 엘바로 결정되었을 때 반대하면서 나폴레옹을 더 먼 곳으로 보내지 않으면 유럽은 결코 평화를 얻을 수 없다고 주장하였다. 하지만 그의 말은 받아들여지지 않았다.

탈레랑은 전략가답게 더 이상 자신의 주장을 밀어붙이지 않고 때를 기다렸다. 은밀한 작업을 통해, 영국의 외무장관 캐슬레이와 오스트리아 외무장관 메테르니히를 설득하는 데 성공하였다. 이 세 사람은 힘을 합쳐서 나폴레옹이 탈출하도록 유인하였다. 콜러 장군이 엘바를 방문하여 나폴레옹 귀에 대고 영광을 약속하는 말들을 속삭인 것도 유인 계획의 일부였다.

탈레랑은 카드놀이에서 패를 읽는 것처럼 앞으로 전개될 사건을 내다보았다. 그는 나폴레옹의 성격을 고려해 볼 때 함정에 걸려들 것이라고 믿었고 나폴레옹이 프랑스를 전쟁으로 몰고 가게 될 것이며 그 전쟁은 프랑스의 약화된 상황을 고려할 때, 불과 몇 개월 가지 못할 것도 예견하였다.

이러한 상황은 탈레랑의 탁월한 통찰력에 기인한다. 그는 나폴레옹의 외무장관이었으므로 나폴레옹의 성격을 너무나 잘 알았고 권력의 속성과 프랑스가 처한 정치적 상황을 훤히 꿰뚫고 있었다. 그러므로 그러한 계획이 가능했다고 본다. 그는 나폴레옹을 멀리 추방해야 한다고 생각했지만 반대자들에게 끝까지 주장하지는 않았다. 나폴레옹이 여전히 위협적이라고 생각하는 사람은 극소수에 불과했으며, 따라서 탈레랑이 그들을 설득하려고 상당한 에너지를 소모했다면 고작 자신을 더욱 바보로 만드는 어리석음을 초래했을 것이다. 오히려 그는 입을 닫고 감정을 억제했다. 전략가다운 면모다.

탈레랑은 나폴레옹이 도저히 뿌리칠 수 없는 덫을 놓았다. 그는 나폴레옹의 약점과 충동적 성향, 영광에 대한 갈망, 그리고 대중들의 나폴레옹에 대한 사랑을 잘 알고 있었기 때문에 그 모든 요소를 완벽하게 조율했다. 또한, 그는 누구보다도 프랑스의 궁핍한 상황을 잘 알고 있었기 때문에 나폴레옹이 탈출에 성공한다 하더라도 오래가지 않아 몰락할 것이라고 예상했다. 그래서 탈레랑은 시기와 장소를 손아귀에 넣고 적절하게 덫을 놓아 나폴레옹이 스스로 더 깊은 무덤을 파게 만들었다.

탈레랑은 나폴레옹의 영향력을 유럽대륙에서 완전히 제거하기 위해서는 지금 당장 직접 나폴레옹과 경쟁을 벌이는 것보다는 나폴레옹을 다시 한 번 무대에 등장시켜 그가 스스로 몰락케 함으로써 재기 불능상태를 만든 후 제거하는 것이 바람직하다고 생각했다. 따라서 그는 시간적 요소 변화를 통하여 나폴레옹과 지금 당장 직접 대결하는 경쟁의 틀을 만들지 않고 나폴레옹과 당시 프랑스와 유럽의 복잡한 정치적 상황에서 스스로 몰락하게 한 후에 경쟁하는 유리한 경쟁의 틀을 만들어 목적을 달성하였다.

감동을 주는 가게

카이스트 김영걸 교수의 '고객관리CRM'라는 기고문에 보면 '고객중심의 관리'에 대해서 세 가지 예를 들어 설명하고 있는데, 모두 그럴 듯한 이야기다. 그런데 이 세 가지 사례는 모두가 고객이 기대하지 않았던 것을 회사가 제공함으로써 고객 감동을 불러일으킨 결과라고 생각된다.

이야기 하나,

김밥 체인점에서 김밥을 사러 와서 카드결제를 요구했는데, 아직 카드 개설이 되어있지 않아 난감한 경우다. 현금이 없어서 당황해 하는 고객에게 그냥 김밥을 싸주면서 "다음에 이곳을 지나는 길에 갚아 달라"고 말했다. 사장과 일하는 아주머니의 우려를 뒤엎고, 그 고객은 3일 후 친구들까지 데려와 외상값을 갚은 것은 물론, 추가로 10인분을 더 사갔다.

이야기 둘,

분유회사가 콜 센터를 이용해서 마케팅을 하는데 타사 분유 수유 어머니들에게 "우리 우유로 바꾸세요!"라고 판촉했다. 이러다 보니 자사 제품을 사용하던 '충성 고객'들은 가급적 전화를 빨리 끊어버렸다. 이러다가는 다 망하겠다 싶어 영업부문의 극심한 반대를 무릅쓰고 '타사 고객 전환' 대신 '자사 고객 강화' 쪽으로 콜 센터의 육아상담 전략을 180도 바꾸었더니 2009년도 창사 이래 최고의 시장점유율을 차지했다.

278 유리한 경쟁의 틀로 바꿔라

이야기 셋,

신발판매 업체인 자포스는 고객이 원하는 신발이 자사에 없으면 주저 없이 해당 제품을 판매하는 경쟁사 사이트로 고객을 안내했다. 한번은 온라인 판매 후 구매한 신발을 잘 신고 있는지 해피콜을 했다. 그런데 고객은 "입원 중인 어머니를 위해 신발을 사드렸는데 어머니가 돌아가셔서 신발을 신어보지도 못했다"고 울먹였다.

해피 콜 담당자는 무료 반품기간이 지났지만 즉석에서 환불을 약속했다. 그리고 다음날 그 고객은 자포스로부터 간곡한 애도의 뜻이 담긴 카드와 조화를 받았다. 이 고객은 자신의 개인 블로그에 이 사실을 올렸고, 이 글은 전 세계 언론과 많은 블로그 사이트로 퍼지면서 자포스의 고객 서비스를 널리 알리는 계기가 되었다.

이야기 하나에서는, 현금이 없는 고객이 곤란해 하는 상황에서 예상치도 않았던 일, 즉 자신을 믿고 외상을 준 데 대해 감동했던 것이다. 이야기 둘에서는, 아무 감동도 주지 못하면서 자기주장만 하는 콜 센터 직원이 싫었던 것이고, 이야기 셋에서는, 생각지도 못한 기간 지난 환불과 카드 그리고 조화에 감동했던 것이다.

기본적으로 위 세 가지 이야기는 감동을 수단으로 경쟁의 요소 중에서 시간적 요소를 변경하여 '단기 경쟁의 틀'에서 멀리 보는 '장기적 경쟁의 틀'로 바꾸어 유리한 경쟁의 틀을 만든 것이다.

∷ 고 정주영 회장

고 정주영 회장의 중동 건설에 대한 긍정적 사고는 왜 그가 성공했는지를 단적으로 보여준다. 1975년 어느 날 박정희 대통령은 현대건설 정주영 회장을 불렀다. 당시 오일 달러가 넘쳐나는 중동 국가에서 건설공사를 할 의향이 있는지를 타진하기 위해서였다. 이미 다른 사람들은 중동 국가는 너무 더워서 일을 할 수 없고, 건설 공사에 절대적으로 필요한 물이 귀해서 건설 공사는 불가능하다고 답을 한 후였다.

    대통령으로부터 미션을 받고 중동을 다녀온 정 회장은 박 대통령에게 보고하기를

    "중동은 이 세상에서 건설공사 하기에 가장 좋은 지역입니다."

    "왜요?"

    "1년 열두 달 비가 오지 않으니 1년 내내 공사를 할 수 있고요."

    "또요?"

    "건설에 필요한 모래, 자갈이 현장에 있으니 자재 조달이

쉽고요."

"물은?"

"그거야 어디서든 실어오면 되고요."

"섭씨 50도나 되는 더위는?"

"낮에는 자고 밤에 시원해지면 그때 일하면 됩니다."

보통 사람들은 안 되는 이유를 찾고 있었는데, 정주영 회장은 되는 이유를 찾고 있었던 것이다. 보통 사람들은 고정관념에 사로잡혀 건설 공사에서, 골재는 가져오는 것이고 물은 현지에서 구하는 것이라는 사고의 틀을 벗어나지 못한 반면, 정 회장

은 중동에서는 지천에 깔린 골재는 현장에서 조달하고 대신 물은 어디서든지 가져오면 된다고 생각했다. 그리고 비가 오지 않아 건조하고 덥다는 생각만 하고 있는 보통 사람에 비해 정 회장은 비가 오지 않으니 건설공사를 쉬지 않고 할 수 있어서 좋다는 식의 생각을 한 것이다.

보통 사람들이 낮에는 일하고 밤에는 자야 한다는 고정관념에 얽매여 있을 때 정 회장은 더운 낮에는 자고 시원한 밤에 일하면 된다는 적극적이고 긍정적인 생각을 한 것이다.

모든 것을 된다는 긍정적 사고에서 출발해 남들이 안 된다고 하는 이유를 오히려 더 잘되는 이유로 바꾸어서 전략을 짠 것이다. 남들이 다 싫어하니 공사 단가는 올라갈 것이고 상대적으로 더 많은 돈을 벌 수 있었던 것이다. 정 회장은 긍정적 사고에서 출발하여 기존 사고의 틀을 뒤집으면 새로운 경쟁의 틀을 만들 수 있다는 사례를 보여 주었다.

이것은 시간적 공간적 요소를 변환시킨 것이다. 보통 사람들이 생각하는 고정관념을 뛰어넘어 낮에 일한다고 생각하는 고정관념을 시원할 때 일한다는 생각으로 바꾸었으며, 공간적으로는 물과 골재 간의 통상의 개념을 상호 교환한 것이다. 그리고 비가 잘 오지 않는 문제를 비가 오지 않으니 건설 공사에 유리하다고 판단한 것이다. 위의 얘기는 경쟁의 요소 중에서 시간적 요소를 가장 많이 변경하여 유리한 경쟁의 틀을 만든 모범적 사례로 평가된다.

:: 장님 골퍼

내기 골프를 좋아하는 한량이 있었다. 그는 내기 골프에서 거의 져본 기억이 없다. 하루는 그날도 내기 골프를 마치고 두둑한 지갑에 기분이 좋아서 18번 홀을 마치고 걸어 나왔다. 그런데 우연히 그가 퍼팅 연습 그린에서 장님이 퍼팅 연습을 하고 있는 것을 보았다. 그런데 장님은 신기하게도 퍼팅을 잘 하고 있었다.

그는 욕심이 발동하여 퍼팅 연습을 하고 있는 장님에게 다가가서 말을 건넸다. "선생님! 저와 타당 10만 원짜리 내기 골프를 한번 하시지 않겠습니까?" 장님은 그 말을 듣고 기가 막혔다. 정상인이 장님인 자기에게 내기 골프를 하자고 하는 것은 처음이었다. 잠시 생각을 하다가 장님은 "좋소! 그런데, 티업 시간은 제가 정해도 되겠습니까?" 하고 물었다.

내기 골퍼는 장님이 내기 골프를 거절하면 어쩌나 하고 걱정하고 있던 차에 장님의 대답을 듣자마자 속으로 '옳다구나!' 생각하고 쾌재를 불렀다. 그리고는 "좋습니다!" 하고 약속을 하였다. 그래서 그는 골프 티업 시간은 "언제로 할까요?"라고 물었다. 그랬더니 장님은 "그럼, 티업 시간은 오늘 밤 자정으로 합시다!"라고 말했다. 내기 골퍼는 그 말을 듣고는 심히 당황하였지만, 어쩔 수 없었다. 그 내기 골프의 결과는 불문가지다.

정상인에 비해 절대적으로 불리한 장님은 자신이 유리한 경쟁의 틀을 만드는 방법이 무엇일까? 생각하였다. 통상 환한 낮에 하는 경쟁의 틀에서는 장님 골퍼가 절대 불리하다. 그런데 "자신이 정상인보다 유리한 것이 무엇인가?"를 생각해보니 그것은 감각이었다. 만약 깜깜한 밤에 정상인과 골프를 한다면 자신이 유리할 것이라는 결론을 얻었다. 그리고 모든 사람이 골프는 통상 환한 낮에 한다는 고정관념에 젖어 있을 것이라는 판단 하에 내기 골퍼에게 티업 시간 결정권을 자신이 갖게 해달라는 조건을 제시하였다. 즉, 빛을 보지 못하는 장님에게 낮에는 불리한 경쟁의 틀이지만 밤과 같이 어두운 상황은 유리한 경쟁의 틀이 되는 것이다. 이 경우는 경쟁의 요소 중에서 시간 변수를 변화시켜 불리한 경쟁의 틀을 유리한 경쟁의 틀로 만든 아주 전형적인 형태이다.

:: **천재**를 이기려면

가끔 우리는 주위에서 선천적으로 천재적인 재능을 가지고 태어난 사람들을 볼 수 있다. 그러나 신동이라고 세상을 떠들썩하게 했던 사람들이 나중에 크게 성공했다는 얘기는 들어 본 적이 별로 없다. 반대로 평범한 사람들이 열심히 노력해서 대성한 역사적 사실들이 많다.

　　　　중국의 철학자 순자는 인생은 장거리 승부라고 하면서 '소걸음이 만 리를 간다^{牛步萬里}'는 고사를 남겼다. 그리고 은근과

끈기가 최종적인 승부의 관건임을 지적하였다. 그는 또 "천리마는 하루에 천리를 가지만 느린 말도 꾸준히 열흘을 가면 천리에 도달한다. 반걸음이라도 쉬지 않고 달리면 절뚝거리는 자라라도 천리 길을 갈 수 있다"고 말했다.

　　나아가 "인간은 후천적 노력에 의해 반드시 성과를 낼 수 있다. 천재는 오히려 그 재능에 발목이 잡혀 큰일을 도모할 수 없다"고 하였다. 우리나라의 유명한 만화가 이현세 씨도 "세상을 살 때, 능력 있는 천재들을 만나면 절대로 전면 승부를 하지 말라. 천재를 만나면 먼저 보내 주는 것이 상책이다. 그러면 상처 입을 일이 없다"고 말했다.

이러한 명언들은 한결같이 보통 사람들이라도 끈기를 가지고 꾸준히 노력하면 성공할 수 있다는 사실을 설명하고 있다. 이렇게 볼 때 보통 사람들이 천재를 이길 수 있는 여지가 충분히 보인다. 전략이란 현재의 상황에서 불리한 것을 자신에게 유리한 상황으로 만들어 자신이 이길 수 있도록 만드는 방법론이라는 사실에 비추어 보면 보통 사람은 천재가 가지지 못한 은근과 끈기가 제대로 발휘될 수 있는 장기 레이스로 경쟁의 틀을 만들면 된다.

요컨대, 보통 사람이 천재를 이기는 전략은 단기전 경쟁의 틀을 장기전 경쟁의 틀로 바꾸는 것이다. 머리가 비상한 천재는 반드시 그 천재적 머리를 믿고 게으른 것이 보통이다. 둔재가 천재를 이기려면 현재 당장 경쟁하는 틀에서 오랜 시간 자신이 꾸준히 노력한 결과가 나타나는 미래에 경쟁하는 틀로 바꾸면 되는 것이다. 경쟁의 요소 중에서 시간적 요소를 변화시켜 유리한 장기적 경쟁의 틀을 만들면 보통 사람도 천재를 이길 수 있다.

파살루스 전투
알람할파 전투
살수대첩
명량해전
대처 총리
한국의 조선업체
펩시콜라
광고인 이제석
기능대회 수상자들
타이거 우즈와 베컴
스케이트 선수 이승훈
배우 이병헌
지역감정 없애기
올바른 치산치수
긍정적 정책
되는 이유를 찾아서

유리한 경쟁의 틀로 바꿔라

7
경쟁공간의 변화

Chapter__07

경쟁공간의 변화

:: 파살루스 전투

시저가 고올 전역을 평정하고 고올 전역 총독으로 있는 동안 폼페이우스는 B.C. 52년 단독으로 집정관이 된다. 이에 분격한 시저는 B.C. 49년 1월 10일 드디어 루비콘 강을 건너 그리스의 에피네우스 강가에서 폼페이우스와 만났다. 시저의 병력은 22,000명이고 폼페이우스의 병력은 그 두 배로 추정된다. 기병도 1,000명 대 7,000명으로 시저가 절대적으로 열세하였다.

시저는 병력의 수적 열세를 기동력으로 만회하기 위하여 폼페이우스 군을 양군진지의 중간에 있는 평원으로 유인하였다. 시저는 그의 legion로마군단을 전통적인 3열의 코호트로 구성하여

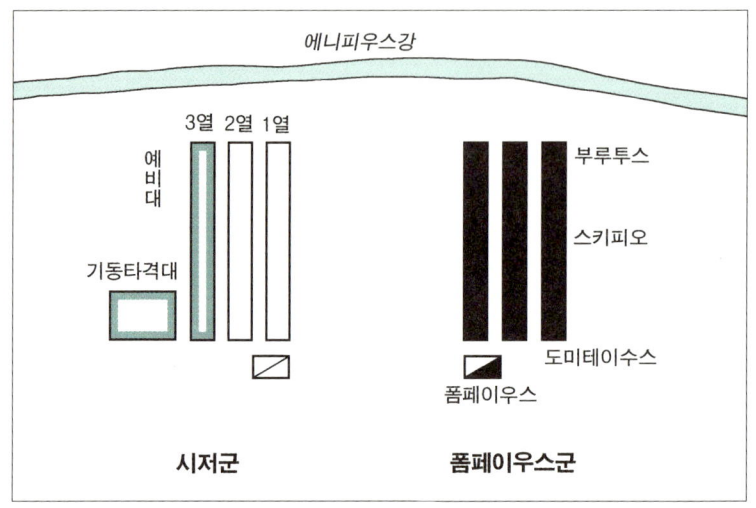

폼페이우스의 밀집된 코호트의 정면과 같은 넓이로 대치하게 하였다. 좌익은 에피뉴스강의 가파른 둑에 의지하고 우익은 폼페이우스의 우세한 기병을 방어하기 위하여 코호트 6개를 배치하여

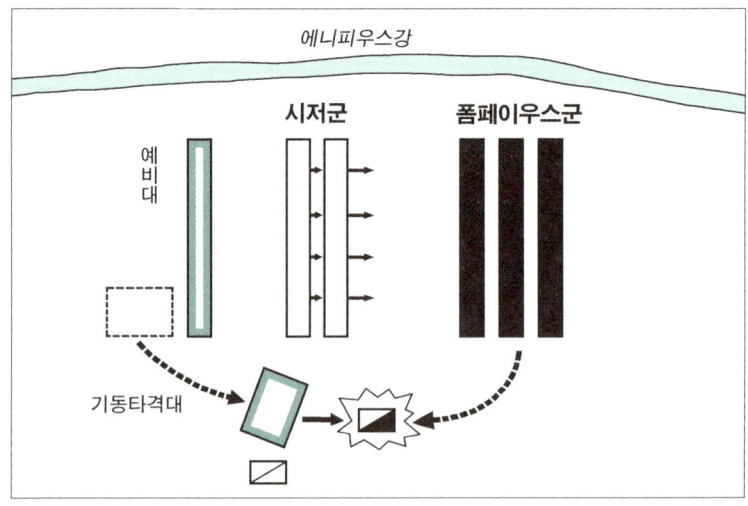

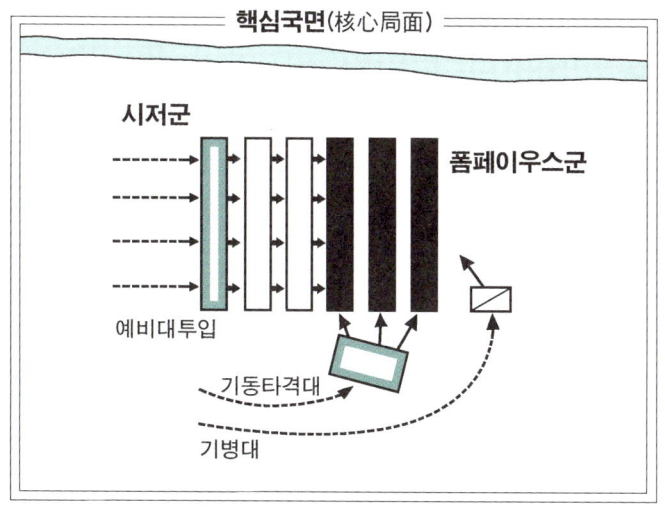

자신의 기병을 지원함과 동시에 폼페이우스의 포위 작전에 대비하도록 하였다. 한편 폼페이우스는 강력한 기병으로 시저의 배후를 공격하여 알렉산더의 망치 모루 작전을 구사하려고 하였다.

그러나 폼페이우스군은 시저군의 강력한 예비대의 방어력을 뚫지 못하고 실패하였다. 폼페이우스군이 퇴각하자 시저의 코호트가 폼페이우스군의 노출된 좌익을 유린하였다. 시저는 시기의 적절성을 감지하고 최후의 증원군을 투입하여 완벽한 승리를 거두었다.

그 결과 시저 측은 단 230명의 전사자만 내고 폼페이우스군 15,000명을 살상하고 포로 24,000명을 획득하였다. 시저는 적은 병력으로 많은 병력과 대적하기 위하여 일반적인 정면 충돌을 피하고 그의 장기인 기동성을 바탕으로 한 전력투사 시스템으로 경쟁의 틀을 구축하였다. 이를 위하여 폼페이우스군을 평지로 유인하여 충분한 기동공간을 확보하여 기동력을 충분히 발휘케 하였다.

이 당시 우회하여 측면 또는 배후를 공격하여 포위하는 전투력 운영 방법은 보편적 형태이므로 파살루스 전투에서 시저는 경쟁의 요소 중에서 장소 요소를 자신에게 유리하게 선정하여 유리한 경쟁의 틀로 바꾸어 승리한 전투다.

▎ **알람할파** 전투

지중해를 연한 북아프리카 지역에서는 사막의 여우라고 불리는 독일의 롬멜 장군과 사막의 생쥐라고 불리는 영국의 몽고메리 장군이 격전을 치르고 있었다. 1942년 여름, 독일은 상승 가도를 달리고 있었음에 반해 연합국은 절망감에 사로잡혀 있었다. 히틀러는 코카서스로 진격하고 있었으며 북아프리카에서는 롬멜이 연전연승하고 있었다. 그해 6월 루스벨트와 처칠은 제2차 워싱턴 회담을 통해 서부유럽 상륙의 시기가 너무 이르다고 판단하고 대신 가을에 북아프리카에 병력을 증원하여 전세를 만회하기로 결의하였다.

이러한 논의는 연합군의 토치Torch: 횃불작전으로 명명되어 실시되었는데 그 목적은 '첫째, 지중해 병참선을 안전하게 확보.

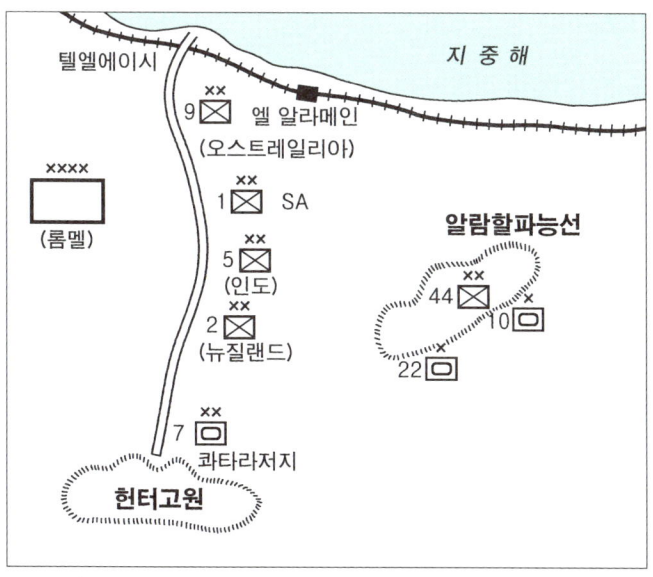

둘째, 북아프리카의 장악으로 중동지역에서의 동맹군 위협을 제거. 셋째, 소련 전선에 대한 압박을 완화시키기 위하여 북아프리카 지역으로 동맹군의 힘을 분산. 넷째, 다카르에 있는 독일 군 U-boat 기지를 제압. 다섯째, 북아프리카 지역에서 활동하는 프랑스 레지스탕스의 활동 영역을 보장'에 있었다.

토치 작전의 선 단계 작전으로서 알람할파 전투와 엘 알라메인 전투가 있었다. 알람할파 전투 시 몽고메리는 부하들에게 우선 롬멜에 대한 두려움을 불식시키기 위해 노력하는 한편 롬멜의 공격에 대비하여 사전에 전투준비를 철저히 하였다. 따라서 몽고메리는 롬멜이 영국군의 약한 남측 면을 돌파 우회할 것으로 판단하고 해안에서부터 콰타라 저지까지 보병부대를 배치하고,

그 남쪽에 제7기갑사단을 배치했으며, 알람할파 능선은 요새로 구축하여 2개의 전차여단을 배치하였다. 그리고 중요 접근로에는 지뢰와 탄막으로 보강하였다.

롬멜은 가잘라-비르하케임 전투 시와 동일한 방법으로 대규모 우회기동을 하는 방식을 택하였다. 8월 31일 야간에 지중해 해안 일대와 루뷔셀 구릉지대에 이탈리아군으로 하여금 견제 공격을 시켰으며 그의 아프리카 주력은 영국군이 담당하고 있는 약한 남부에 대해 맹공을 가하게 하였다. 주력을 견제하고 약한 측익을 공격하는 것은 전술의 원칙이며 이는 지역적으로 우세한 경쟁의 틀을 만들고자 한 것이다.

몽고메리는 롬멜군을 맞아 롬멜이 그의 장기를 마음대로 발휘할 수 있는 광활한 사막을 회피하고 병력을 진지 내에 잠복시켜 독일군이 함정에 빠지도록 유도하였다. 영국 공군의 맹렬한 공중공격과 완강한 지뢰지대의 위력 앞에 독일군은 악전고투했으며 영국 22기갑여단의 갑작스러운 출현으로 전진은 완전히 중지되었다. 롬멜군은 연료가 소진되어 알람할파 능선의 정면에서 저지되었다. 9월 2일 롬멜군은 3일간의 알람할파 능선 공격의 실패를 자인하고 병참선 차단의 위기에 봉착하여 철수하였다.

롬멜이 사막 전차전으로 경쟁하는 틀에서는 우세하였지만 몽고메리가 공중공격을 이용한 연합작전과 알람할파 능선을 이용한 진지전으로 경쟁의 틀을 바꿈으로써 롬멜을 이길 수 있었다. 이로써 북아프리카의 주도권이 롬멜로부터 몽고메리에게 넘

어갔다.

이 전투에서 몽고메리는 경쟁의 요소 중에서 공간적 요소를 활용하여 자신에게 유리한 경쟁의 틀을 만든 것이었다.

:: 살수대첩

살수대첩薩水大捷은 제1차 임유관 전투에 이어 612년에 벌어진 제2차 고구려와 수나라 간의 전쟁으로, 고구려의 승리로 끝난 살수청천강에서의 전투이다.

제2차 고-수 전쟁은 고구려가 전략 요충지인 요서 지방에 대한 선제공격을 계기로 시작되었다. 수 양제는 고구려가 돌궐과 내통하여 수나라에 대항하는 것을 알고 612년 1월 113만 명의 대군을 이끌고 고구려를 침공하였다. 수나라의 육군은 요하에서 출발하여 요동성遼東城으로, 수군은 산동에서 출발하여 대동강을 거슬러 평양성平壤城으로 향하였다.

그해 4월에는 요하를 건넌 별대別隊가 수양제의 지휘 하에 고구려의 요새인 요동성을 포위 공격하였다. 그러나 고구려의 성군이 힘써 싸운 결과, 수 양제는 조급해져서 다시 별동대 305,000명을 압록강 서쪽에 집결시켜, 단숨에 평양성을 공격하려 하였다.

이때 고구려 장수 을지문덕乙支文德은 적의 허실을 보기 위하여 거짓으로 항복, 적진에 들어갔다. 이에 적장 우중문于仲文이 을지문덕을 사로잡고자 하였으나 유사룡劉士龍의 말을 듣고 돌려보냈다. 적진에서 돌아온 을지문덕은 청야 작전적이 사용할 수 있는 것을 모조리 없애버림으로 수나라에 대응하였다. 이에 대하여 우중문과 우문술宇文述은 을지문덕을 돌려보낸 것을 후회하고 압록강을 건너 쳐들어왔다. 수나라 군대와 을지문덕은 하루에 상호간 7전戰하였으나 고구려군은 계속 거짓으로 패하면서 후퇴하였다. 우중문과 우문술은 을지문덕의 유도 작전에 속은 것을 모르고 살수를 건너 평양성 북쪽 30여 리 지점까지 추격했다.

　　마침내 을지문덕이 우중문에게 희롱하는 시를 써서 보내니, 수나라군이 비로소 꼬임에 빠진 것을 알았다. 피로와 군량 부족으로 수나라군이 후퇴하자 을지문덕이 지휘하는 고구려군은 이를 추격하기 시작하였다.

　　수나라군이 살수에 다다랐을 때에는 을지문덕이 강의 상류에 둑을 쌓아 물의 흐름을 막았기 때문에 물이 얕았다. 그러나 수나라군은 이를 알지 못하고 강을 건너기 시작했으며, 반쯤 건넜을 때 고구려군은 둑을 무너뜨렸다. 수나라군은 물에 휩쓸리고 뒤이어 공격해 온 고구려 기병에 의해 수나라 장수 신세웅辛世雄 등 수많은 사상자를 냈다. 남은 자들도 살아남기 위해 요동 반도까지 도망가야 했다. 수나라 군대는 305,000명 중 생존자는 2,700명에 불과했다고 전한다. 특히 신세웅 장군이 이끄는 제8군은 지휘관인 신세웅 장군을 비롯하여 단 한 명조차 생존자가 없이 모

두 전멸되었다.

수 양제는 대군으로 고구려군을 격멸하고자 직접 전투 위주 경쟁의 틀로 계속 공격하였다. 이에 대하여 을지문덕 장군은 열세인 고구려 병력으로 대규모의 수 양제 군과 직접 대적하는 것은 승산이 없다는 것을 분명히 인식하고 고구려 군에게는 유리하고 수나라군에게는 불리한 패러다임을 찾아 골몰하였다. 그 결과 병참문제에서 그 답을 찾았다. 교통 인프라가 열악한 당시에 많은 군사력을 유지하기 위해서는 병참선 유지가 가장 중요한 사항이었다. 따라서 수나라의 병참선을 신장시키기 위하여 거짓으로 패하며 적을 깊숙이 유도해서 끌어들이는 한편 수나라군이 사용가능한 모든 병참물자를 미리 불태워버리는 청야전술을 구사하였다.

을지문덕 장군은 수나라와 직접 경쟁의 틀을 수나라가 긴 병참선을 유지하지 않을 수 없게 전장을 확장하였고, 나아가 철군하는 수나라 군이 살수 도하 시 궤멸시키겠다는 작전전략으로 살수를 결전의 장으로 선택하여 대승을 이룩하였다. 살수 대첩은 경쟁 요소 중에서 공간적 요소를 변경시켜 유리한 경쟁의 틀을 만든 모범적 사례로 평가된다.

:: 명량해전

명량해전은 1597년 9월 16일 전라남도 진도군 명량_{울돌목: 현재 진도대교가 놓여있는 자리} 수로에서 토도가 지휘하는 왜군 함선 330척을 맞아 이순신 장군이 단 12척의 함선으로 대승을 거둔 전투다.

원균이 지휘하던 조선 수군이 칠전량 해전에서 와해되자, 조정은 도원수 권율 휘하에서 백의종군하던 이순신을 7월 22일 다시 수군통제사에 복직시켰다. 이순신은 장흥 회령포에서 9척의 함선과 120여 명의 수군을 수습하고, 진도 동북쪽 벽파진에서 3척을 더 수습하여 모두 12척의 함선을 거느렸다.

토도가 지휘하는 왜 수군은 왜선 330척으로 9월 7일 해남반도의 어란포에 진출해 있었다. 이들은 진도와 화원반도 사이의 명량 수로를 통과하여 서해안으로 진출, 북상하는 육군을 호응하기로 되어 있었다. 명량 수로는 폭이 좁고 조수의 간만 시 유속이 매우 빠른 곳이었다.

왜 수군이 어란포에 이르렀다는 보고를 받은 이순신 장군은 9월 15일에 진영을 명량 서쪽의 전라좌수영으로 옮기고, 간만 시에 조류가 역류하는 현상을 이용하여 이곳에서 왜 수군을 격파하기로 하였다. 그리고 수중에는 쇠사슬을 쳐 놓아 조류 역류 시 배가 함께 엉키도록 하였다.

드디어 9월 16일, 왜 함선 130여 척이 명량 수로로 진입하였다. 이에 이순신 장군은 휘하의 전함선 12척을 이끌고 명량 수

로 서쪽 출구를 봉쇄하였다. 밀물을 타고 명량 수로 동쪽 입구로 진입한 왜군 함대가 일렬종대로 수로를 통과하여 선두가 서쪽 출구에 도달하였을 무렵, 밀물이 썰물로 바뀌어 조수가 역류하기 시작하였다. 이때 이순신 장군은 피란선 100여 척을 배후에 전개시켜 주력함대가 있는 것처럼 위장한 가운데 12척의 함선 등으로 왜군 함대의 선두를 공격하였다. 지자포, 현자포 등으로 왜군 함선을 격파하면서, 화살로 선상의 적병을 사살하였다.

　　왜군 함대는 역류하기 시작한 조수의 급류에 휩쓸려 그들 함선끼리 부딪히고, 조선군 함선으로부터 화포공격을 받아 혼란에 빠졌다. 이 와중에서 조선군 함선은 단 한 척의 피해도 없이 31척의 왜군 함선을 격침시키고, 적장 토도에게 중상을 입히는 완전작전을 수행했다.

　　이순신 장군은 명량해전을 준비하면서 평소와 같이 척후병을 전방으로 보내 왜군의 움직임을 철저히 파악하고 그들이 서해안으로 진출하리라는 판단을 하고 있었다. 단 12척으로 330척과 대적한다는 것은 상식적으로 불가능하다. 그러나 이순신 장군은 오로지 나라를 구해야 한다는 긍정적 신념으로 유리한 전장을 만들기 위해 고심한 결과, 일렬종대로 진출할 수밖에 없는 좁은 명량 수로를 결전장으로 택하였다.

　　동시에 명량 수로의 빠른 조수를 이용하기 위하여 공격 개시 시간을 조절함으로써 많은 왜선이 전투력을 제대로 발휘할 수 없게 만들었다. 또한 왜군의 장기인 근접전을 피하고 화포와 화살로 공격하는 원거리 전투를 계획하였으며, 당시의 함포는 명중률이 떨어지기 때문에 이를 보완하기 위하여 표적(적함)을 크게 만들고자 쇠사슬을 바다 밑에 설치하였다.

이순신 장군은 세계 해전사(海戰史)에 빛나는 전략가답게 '정면 대결 경쟁의 틀'을 회피하고 약 30:1의 열세를 우세한 상황으로 만들기 위해 지리적으로 유리한 명량 수로를 선택하였고, 조수의 급속한 역류를 이용하기 위한 시간을 적절히 활용하였으며, 화력전 위주의 전투를 실시함으로써 이순신 장군에게 유리한 경쟁의 틀로 만들어 대승을 거두었다. 명량해전은 이순신 장군의 주도면밀한 사전 준비로 통상적인 정면 대결 경쟁의 틀로서는 절대 불가한 승리를 이순신 장군의 깊은 통찰력으로 지형과 기상을 최대로 이용하여 가장 유리한 경쟁의 틀을 만든 것이다.

명량해전은 이순신 장군이 경쟁의 요소 중에서 개념적, 시간적, 공간적 요소를 주도적으로 변경하여 유리한 경쟁의 틀을 만든 사례이지만 그 중에서 공간적 요소가 주된 요소로 평가된다.

:: 대처 총리

영국의 마거릿 대처 수상은 아웃사이더에서 권력의 정점에 도달했다. 중산계급의 여성이고 우익 과격파였기에 주류와는 거리가

멀었다. 대부분의 아웃사이더는 권력을 얻기 위해 본능적으로 인사이더가 되려하지만, 그녀는 달랐다. 사실 아웃사이더로 살아가는 것은 고달픈 일이다. 그래서 많은 사람들은 인사이더가 되려고 한다. 인사이더가 되어 인기를 얻고 그 결과로 권력의 정상에 오르고 싶어한다. 그러나 사실 아웃사이더가 인사이더가 되면 그순간 자신의 정체성, 세간의 이목을 모으는 차별성을 잃어버린다.

　그녀의 본능은 아웃사이더로 머무르는 것이었다. 실제로 그녀는 가능한 한 멀리까지 아웃사이더로서의 영역을 확장하였

다. 많은 남성들 집단에 대항하여 한 명의 여성으로서 자리매김한 것이다. 그녀는 피상적인 대중적 인기에 영합하지 않고 모든 단계마다 적절하게 차이를 부각시킴으로써 반대자들과의 사이에 선을 그었다. 그녀의 반대자들은 오히려 그녀가 결단력이 있고 힘이 있으며 자기희생적이라는 인상을 확립하는 데 도움을 주었다.

이러한 그녀에게 기회가 왔다. 1982년 아르헨티나 군사정권은 국내의 산적한 문제로부터 국민의 관심을 분산시킬 목적으로 포클랜드 섬을 침공하였다. 아르헨티나 군사정권은 비록 영국령이긴 하지만 본토에서 멀리 떨어져 있고 불모지인 이 섬을 영국이 포기할 거라고 생각했다.

이러한 생각은 오판이었다. 대처는 주저하지 않고 포클랜드에 해군 특수부대를 파견하여 아르헨티나 군을 몰아냄으로써 그녀의 과단성과 용기를 유감없이 보여주었다. 당시 노동당 지도자들은 무의미하고 희생이 큰 이 전쟁을 비난했으면 보수당 내에서도 섬의 재탈환에 실패한다면 보수당이 정치적 책임을 지고 파멸할지도 모른다는 두려움에 휩싸여 있었다.

이러한 상황에서 대처는 그 어느 때보다 고독했다. 그러나 대중은 그녀의 자질을 새롭게 보기 시작했다. 지금까지 대중들을 걱정스럽게 하던 완고한 고집이 용기와 고결한 기품으로 보였다. 우유부단하고 겁이 많은 데다 제 경력만 챙기는 주위의 남성들에 비해 대처 총리는 단호하고 강해 보였다.

영국이 포클랜드를 탈환하자 대처는 그 어느 때보다 위대해 보였다. 순식간에 국내의 사회, 경제적 문제는 잊혀졌다. 따라서 대처는 정치무대를 장악하였고 다음 두 번의 선거에서 노동당에 압승을 거두었다.

요컨대, 대처는 통상적으로 인사이더가 되어 정치적으로 성장하려는 경쟁의 틀을 거부하고 아웃사이더로서 자신을 차별화해 기존의 정치 세력과 용기와 과단성으로 경쟁하는 더 큰 틀을 만들어 영국의 정치가로 대성하였다.

대처 총리는 여성으로서 보수당 내 인사이더 경쟁으로는 승산이 없다는 것을 알았다. 그러므로 대처 총리는 경쟁의 공간을 변경하고 확대하여 아웃사이더로서 국민을 상대로 하는, 당을 벗어나 국민을 상대로 하는 경쟁의 틀을 만들어 성공하였고, 평시에는 완고한 고집으로 평가되던 성격을 포클랜드를 회복하는 전시 상황에서 용기와 고결한 품성으로 평가받는 경쟁의 틀로 바꾸었다. 대처 총리는 경쟁의 요소 중에서 공간적 요소를 변경하여 자신에게 유리한 경쟁의 틀을 만들었다.

∷ 한국의 조선업체

세계 조선업계에서 1위부터 5위는 모두 한국의 업체들로서 현대중공업, 삼성중공업, 대우조선해양, 현대미포조선, 현대삼호중공업 순이다. 그들은 불가능을 가능케 한 한국의 천재들이다. 오로지 무한한 상상력으로 이를 가능케 했다.

문제가 생기면 어떻게 이를 해결할까? 생각에 생각을 거듭한 끝에 문제해결의 최선의 방책, 즉 전략적 대안을 만들어 낸 것이다. 최초 이를 시도하고자 했을 때 많은 사람들의 반대가 있었을 것이다. 모험을 하지 않으려는 보수주의자가 있었을 것은 너무나 당연하다. 만약 실패했을 경우를 걱정하는 것은 모든 일에서 일어나는 당연한 현상이다.

그러나 그러한 상상을 한 사람, 그 상상력을 흔쾌히 받아준 의사결정권자, 모두가 용기 있는 자들이고 칭찬을 받아 마땅한 사람들이다. 대우조선해양은 땅값도 비싸고 건설비가 많이 드는데 '꼭 지상에다 가스 저장 시설을 만들어야 하나?' 하는 의문점을 가졌다. 그래서 온갖 상상력을 동원한 결과 LNG 운반선에다 액체가스를 기체로 바꾸는 장치를 장착하여 바다 위에 몇 달 동안 떠있으면서 가스를 공급해 준 뒤, 다른 배에게 바통을 넘겨주는 방식을 고안해 냈다.

장점은 여러 가지가 있었다. 먼저 지상에 가스 저장 시설을 짓는 건설비가 들지 않는다. 동시에 그 시설을 유지하는 비용도 들지 않는다. 그리고 태풍이 와도 바다에서 가스를 공급하는 데 전혀 문제가 없다. 실제로 허리케인 '카트리나'가 뉴올리온즈를 강타했을 때 대우조선해양이 미국에 수출한 제1호 배가 암흑의 도시에 가스를 공급했었다. 뉴올리온즈 시장은 이 배를 운

영하는 회사에 감사편지를 보냈다고 한다. 그 이후 대우조선에는 주문이 쏟아져 들어오고 있다고 한다. 이는 공간적 요소를 변환시킨 경우에 해당한다. 지상에서 경쟁하던 틀을 해상으로 확대한 것이다.

현대중공업은 쏟아지는 주문을 감당할 도크가 부족하여 고심한 끝에 지상에서 배를 건조하는 방법을 생각해 냈다. 즉, 이 육상건조공법은 세계 최초로 2만 톤에 달하는 배를 육상에서 건조하여 배 밑에 깔려 있는 8가닥의 레일에서 뿜어 올리는 고압의 공기로 배를 지상에서 몇 mm 띄운 뒤 밀어 낸다. 그러면 바다에 떠있던 바지선이 이 배를 받아내고, 수심 깊은 바다로 나가면서 바지선을 물밑으로 가라앉히면 진수가 끝난다.

도크를 다시 짓는다는 것은 돈이 많이 들 뿐만 아니라 더 이상 도크를 지을 만한 부지도 얻기가 쉽지 않다. 문제는 도크의 역할이 무엇이냐는 것이다. 배의 건조가 끝나면 도크의 문을 열어 바닷물을 끌어들여서 배를 진수시키기 위한 것이었다. 그러니 도크는 건설에도 많은 비용이 들 뿐만 아니라 도크 내에서 배 건조작업도 힘이 들지만 배를 진수시키는 방법이 바닷물을 이용하는 방법밖에 없었기 때문에 그렇게 해왔던 것이다. 과거 대형크레인이 없을 때, 그리고 고압의 공기를 생성할 수 없을 때 배를 진수시키는 방법으로 도크 외에는 불가능하였던 것이다.

육상 배 건조공법은 대형 크레인과 고압공기 생성기술이 가능하게 한 것이다. 조선에서도 과학기술의 발전은 생산 공정 환경을 변화시킨 것이다. 이 변화를 문제 해결의 키Key로 이용한 것이다. 도크가 없다. 그러면 도크의 기본 목적을 정확히 분석해 보고 이를 대체할 방법을 현재까지의 발전된 제 기술 분야를 확인하여 해결방법을 찾아 내었던 것이다. 배를 진수시키는 수단을 바닷물로만 한정하지 않고 발전된 다양한 공법과 기법을 활용하여 지상에서 바다로 진수시키는 방식을 찾아 낸 것이다.

　　마지막으로 삼성중공업은 도크 부족에 대한 해결방법으로 물 위에 떠 있는 바지선에서 배를 건조하는 '플로팅 도크 공법'을 쓴다. 바지선 위에서 배를 건조하는 것이다. 바지선에서 건조하는 시간을 줄이기 위하여 육상에서 6 내지 8조각의 거대한 블록을 만든 다음 이를 3,000톤급 해상 크레인으로 플로팅 도크에 올린 후 조립한다. 이러한 방법으로 삼성중공업은 도크를 더 늘리지 않고 매년 20% 성장을 한다고 한다. 이것은 결국 거대한 해상 크레인이 있음으로 가능하다.

　　공통적으로 한국의 조선업체는 문제점을 정확하게 진단한 후 기존의 방법이 발명되었던 생산 공정 환경과 현재의 생산 공정 환경을 비교하여, 문제점을 해결할 방안을 발견하고 이에 맞는 전략적 대안을 창안해 낸 것이다. 한국의 조선업체들은 밀려드는 물량을 해소하기 위하여 기존의 전통적 도크에서 배를 건조하는 경쟁의 틀을 과감히 탈피하고 자신들의 상황을 전략적으로 분석한 뒤 자신들에게 가장 유리한 방법으로 배 건조 방법을 고안하여 도크 없이 배를 만드는 경쟁의 틀을 만들었다. 이러한

사례들은 경쟁의 요소 중에서 공간을 변화시켜 새로운 경쟁의 틀을 만든 경우에 해당한다.

펩시콜라

청량음료 시장에서 코카콜라와 펩시콜라 간의 경쟁은 언제나 흥미진진하지만 끝은 코카콜라의 승리였다. 펩시가 아무리 맛이 좋다고 선전해도 코카콜라를 이길 수가 없었다. 사람들의 머리에 '콜라' 하면 코카콜라를 연상하게 브랜드가 너무 깊이 각인되어 있었다.

그런데 2006년 인도계 여성 CEO 인드라 누이가 취임하면서 펩시는 코카콜라와의 소모적인 경쟁을 접었다. 콜라라는 청량음료 경쟁체제로는 도저히 승리가 불가하다는 것을 인식하였다.

펩시는 자신의 약점을 인정하고 새로운 시대적 트렌드인 '웰빙'에 주목하였다. 즉, 이제 펩시는 웰빙을 키워드로 하는 새로운 카테고리로 도약하려는 전략을 수립하였다. 웰빙 트렌드에 어울리지 않는 청량음료 비중을 줄이고, 대신 소비자의 건강에 도움이 되는 비탄산음료 카테고리를 공략하기 시작했다. 과자 부문에서도 '치토스'나 '썬칩' 같은 튀긴 과자의 비중을 줄이고 유기농 과자로 카테고리를 옮기면서 2007년 세계시장에서 20%의 매출 증가를 기록했다.

펩시는 기존의 탄산음료 시장에서는 코카콜라를 이길 수 없다는 객관적 사실을 인정하고 시대적 트렌드인 웰빙에 주목하여 경쟁의 외연을 넓혀 경쟁하는 틀로 바꾸어 성공한 것이다. 펩시는 승리가 불가능한 탄산음료 시장 영역을 포기하고 웰빙 시장 영역을 구축하였다. 이는 경쟁의 요소 중에서 공간적 요소를 변환시켜 펩시는 코카콜라와의 경쟁에서 유리한 경쟁의 새로운 틀을 만든 것이다.

:: 광고인 이제석

조선일보 '문갑식의 하드 보일드'에 27세의 젊은 광고가 이제석 씨가 소개된 적이 있다. 이 젊은 광고가 이제석 씨는 '싸움이 불리하면 판을 바꿔야 한다'는 사실을 알고 있었다. 필자는 전략을 연구한다고 21년을 보낸 다음, 겨우 깨달은 것을 이 젊은이는 이미 20대에 알아버린 것이다. 물론 그가 전략을 알고 이 말을 한 것인지는 모르겠지만. 이 처럼 전략은 사람이 살아가는 도처에서 부지불식간에 쓰이고 있다는 것이고, 상황이 불리할 때 더욱 그 가치를 발휘한다는 사실이다.

그는 대구에서 태어나 중학교를 말썽으로, 고교 시절은 술로 보냈다고 한다. 의대에 다니는 형이 있었는데 부모의 관심이 언제나 형에게만 쏠리자 반항이 시작된 것이다. 수업시간에는 만

화만 그리고 있다가 몇 대 얻어맞고는 술로 마음을 달래곤 했다. 그런 그를 대학에 가게 한 것은 학원 강사였다. 학원 강사 정 영규 씨의 설득으로 대학에 가는 목표를 설정하고 100점대이던 모의고사 점수를 300점대로 만들어 계명 대학교 시각디자인과에 입학하였다.

미술을 좋아했던 그가 대학에 가자 모든 수업이 미술이어서 그렇게 좋을 수가 없었단다. 그래서 그는 5.0 만점에 4.47이라는 평점으로 수석 졸업했다. 그러나 미술에 대한 열정과 남으로부터 인정을 받는 것은 달랐다. 국내 각종 광고상에 도전했지만 번번이 고배를 마셨다. 그는 이러한 결과를 도무지 받아들일 수 없었다. 도대체 심사위원들이 무엇을 원하는지 알 수가 없었다.

그런 세월을 보내다가 할 수 없이 동네 간판을 그리기 시작했다. 그러나 그것도 만만치 않았다. 국일갈비집 간판을 그리고 있는데 명함집 아저씨가 "그게 무슨 30만 원 짜리야, 내게 10만 원만 주면 더 좋은 거 해주겠네"라고 핀잔을 주었단다. 그렇지 않아도 평소 친구들로부터 간판을 그린다고 핀잔을 듣고 있던 차에 명함집 아저씨의 그 말은 완전히 염장을 지르는 말이었다. 그날 집으로 돌아와 곰곰이 생각했다. "내 기획안이 그리 보였구나!"

그렇지만 그는 실의에 빠지지 않고 "남들이 절대 따라올 수 없는 것을 만들겠다"고 마음 먹었다. 그는 1년 뒤 미국 뉴욕 맨해튼의 SAV School of Visual Art 3학년으로 편입한다는 목표를 세웠다.

그리고는 부족한 영어를 익히기 위해서 대구에 있는 미군 부대 '캠프 워커'에 가서 무료 미술 강의를 해 주겠다고 제의해 승낙을 받고 강의를 하던 중 '줄리아나'라는 40대 부인을 만나 같이 다니면서 영어를 숙달하였다.

미국에 가서도 쉽지 않았다. 밤을 새워 작품을 만들어 가도 교수들의 인정을 받기가 쉽지 않았다. 그래서 그는 학교에서는 도저히 안 된다는 것을 알고 학교 밖으로 나갔다. 광고 공모전에 나간 것이다. 그는 세계 광고계의 인정을 받기 시작했고 결과적으로 최다 광고상을 받은 주인공이 된 것이다.

그는 '듀실지오'라는 브라질 출신의 유명한 광고가를 만났다. 그는 그를 따라다니면서 많은 것을 배웠다. 듀실지오는 광고의 본질을 꿰뚫고 있는 사람이다. 그는 말하기를 '자기만의 원칙을 고수해라, 남의 인생을 따라다니면 금방 무너진다.' '절대 빅 모델을 쓰지 마라' '돈에 연연하지 마라'는 등의 가르침을 주었다.

이제석 씨는 지금 유명해졌지만 대기업의 스카우트를 고사하고, 돈을 벌 생각도 없다고 한다. 남들이 돈! 돈! 하니까 돈이 싫어졌다고 한다. 그는 회사도 아주 독특하게 운영하고 있다. 소위 '아메바식' 회사인데 일이 있을 때 모여서 일하고 일이 끝나면 헤어지는 식이다.

그는 경쟁이 불리할 경우 과감하게 틀을 바꾸어 버렸다. 기존의 광고계에서는 자신의 능력을 발휘할 수 없으니까 자신의

장기를 발휘할 수 있는 경쟁의 틀을 만들어 경쟁한 것이다. 한국에서 안 되니까 미국으로 갔고 미국 학교에서도 안 되니까 학교 밖으로 나가서 광고 공모전에서 승리한 것이다. 즉, 그는 공간적 변환을 통해 새로운 경쟁의 틀을 만든 것이다. 위의 사례는 경쟁의 요소 중에서 공간적 요소를 변화시켜 유리한 경쟁의 틀을 만들어 성공한 경우에 해당한다.

:: 기능대회 수상자들

공부 대신 기술로 승부하여 대학 졸업장 없이도 대기업에 취직했다고 한다. 지금 우리나라는 고등학교를 졸업하면 모두가 대학을 가야 한다고 생각하는 사람들이 대부분이다. 그래서 많은 학생들이 새벽부터 밤늦게까지, 학교에서 학원으로 다니며 파김치가 되어 집에 돌아오고 잠시도 쉴 틈이 없이 오직 공부에만 매달려 스트레스에 시달리는 상황이다.

   오로지 수능시험에서 좋은 점수를 얻어, 소위 명문대학교에 입학하기 위해 모든 노력을 집중한다. 사교육 없이는 대학에 갈 수가 없는 상황이 되어버렸다. 그러니 학교는 제 구실을 못하고 사교육에 의해 경제가 왜곡되고 있고 이러한 학생을 둔 어머니는 모든 것을 희생하면서 아이들 교육에 모든 것을 걸고 있다.

   최근에는 대학 등록금이 너무 비싸다고 아우성을 치자 정치 문제로 비화되어 '반값등록금' 문제가 정가를 달구고 있다. 대학 진학률이 80% 세계 최고 수준을 보이고 있는 가운데 대학을 졸업해도 취직을 하지 못하는 청년 실업문제가 심각하다. 반면에 중소기업에서는 일할 사람을 구하지 못하는 심각한 인력난에 시달리고 있다.

그런데 이런 상황을 전략적으로 분석해서 경쟁의 틀을 바꾼 이들이 바로 기능대회 수상자들이다. 왜 입시에 그렇게 목을 매는가? 결국은 좋은 회사에 취직하기 위해서다. 세칭 일류대학이라고 하는 서울대 법대 출신들도 그들이 지고의 가치라고 생각하는 사법시험에 합격하는 비율은 50% 정도라고 한다. 그런데 사법시험에 합격했다고 해서 장래가 보장되는 것도 아니다. 1,000명의 합격자 중에서 판검사로 임관되는 자는 겨우 30% 정도라고 하니….

이제 학생들이나 어머니들도 생각을 바꾸어야 한다. 전략적 차원에서 경쟁의 틀을 바꾸어야 한다. 왜 그렇게 돈도 많이 들고 노력도 많이 드는 공부에만 매달리는가? 기술 인력이 부족해서 난리인데, 경쟁자가 거의 없는 블루오션이 있는데, 왜 험난하고 힘든 레드오션에서 매달려 고생하고 있는가? 그 결과는 장래가 불투명하고 사양업종에 이를 것이 눈에 보이는데….

좋은 회사에 취직하는 것이 목표라고 하면 그렇게 힘든 대학을 거쳐서 좋은 회사에 취직하는 것보다는 회사가 진정으로 원하는 기술을 익혀서 바로 취직하는 것이 더 효율적이다. 사실 모두가 대학을 간다고 많은 고생을 하는데 대학을 졸업해도 회사가 필요로 하는 인재를 양성하지 못하고 있다는 것이다. 조사에 의하면 4년제 대학을 나와 대기업에 취업한 사람은 회사가 필요로 하는 직원으로 만드는 데 다시 평균 4,500만 원이 들고 2년제 전문학교를 나와 중소기업에 취업한 사람의 재교육비는 평균 2,600만 원 든다고 한다. 그러니 앞으로 많은 회사들은 회사가 바로 활용 가능한 기술자를 요구할 것이다.

　　　이런 측면에서 공부보다 기술로 승부하겠다고 생각한 학생들은 자신들이 만든 경쟁의 틀에서 성공한 훌륭한 전략가다. 이것은 경쟁의 요소 중에서 공간적 요소를 변환하여 유리한 경쟁의 틀을 만드는 경우다.

:: 타이거 우즈와 베컴

타이거 우즈는 세상이 다 아는 골프선수이고, 베컴은 세상이 다 아는 축구선수다. 이 두 사람이 세계적 스타가 된 배경에는 그들이 상대 선수와 경쟁을 하지 않고 자기 자신과 경쟁하였다는 사실에 있다.

　　　타이거 우즈는 "저는 항상 경기에 들어가기 전에 시간을 쪼개서 명상을 합니다. 하지만 경기에서 진정으로 승부를 할 때 저는 저 자신과 싸웁니다. 초조함과 꼭 이겨야 한다는 욕심, 그러한 것으로부터의 모든 욕망을 버리고 홀가분한 마음으로요. 욕심을 부추기는 저 자신과 싸우면서 공 하나하나를 쳐왔습니다"라고 말했다.

그리고 베컴도 지난날 유럽 축구에서 좋은 성적을 보이며 다음과 같이 말했다. "저도 초보 시절이나 무명 시절에는 항상 앞서 나가려고 했고, 남보다 더 튀어 보이려고 했고, 저보다 잘하는 선수들을 속으로 질투하며 욕을 했습니다. 하지만 점점 그것이 잘못됐다는 걸 알게 됐고 상대팀 선수보다는 저 자신과 싸우면서 동료들을 위한 플레이를 하게 되었습니다. 오늘날의 제가 있게 된 것은 제가 축구를 잘해서가 아닙니다. 다른 동료들의 활약이 있었기 때문입니다."

타이거 우즈와 베컴은 상대 선수와의 경쟁의 장을 자신과의 경쟁의 장으로 바꾸는 전략을 통하여 세계 최고의 선수가 되었다. 상대 선수와의 경쟁에 집착하다보면 현재의 순간에 일어나는 것에 너무 몰입하기 때문에 근시안적이 되고 욕심이 앞서게 된다.

욕심은 운동선수에게 치명적이다. 과도한 욕심을 부리면 근육이 경직되어 원하는 샷을 할 수가 없고 정확한 킥을 할 수가 없다. 단체 경기일 경우에는 팀워크를 이룰 수가 없다. 두 선수는 운동을 통해서 그러한 사실을 터득한 것이다.

더 큰 성과를 얻기 위해서는 목표를 더 높게 설정하고 당장의 경쟁 상대와 싸우는 것보다 자신의 기량을 더 잘 발휘할 수 있는 방법을 찾는 것이다. 그 기량을 방해하는 것은 상대 경쟁선수가 아니라 자신의 내면에 있는 마음이라는 것을 알고 그 마음과 경쟁하는 장을 만드는 것이 필요하다.

　보통 선수들은 이러한 새로운 경쟁의 구도를 제대로 파악하지 못한 반면 두 선수는 통찰력을 통하여 자신에게 유리한 경쟁의 틀이 있다는 것을 발견하고 자신이 만든 경쟁의 틀에서 이긴 것이다. 경쟁에서 공간적 요소를 변화시켰다. 타인과의 경쟁의 장에서 자신의 내면 경쟁의 장으로 옮긴 것이다. 경쟁의 요소 중에서 공간적 요소를 변환시켜 자신에게 유리한 경쟁의 틀을 만들어 대성한 경우에 해당한다.

∷ 스케이트 선수 이승훈

스케이트 쇼트트랙은 우리나라의 장기다. 그래서 국가대표에 선발되는 것은 무척이나 어려운 일이라고 한다. 스피드 스케이팅에서 5,000미터 은메달, 10,000미터 금메달을 딴 이승훈 선수는 2010년 밴쿠버 동계 올림픽 출전 쇼트트랙 국가대표 선발전에서 탈락했다. 그는 2009년 동계 유니버시아드에서 3관왕이었지만 국가대표 선발전 1,500미터에서 1등으로 들어오다가 5미터 앞에서 넘어지고 말았다고 한다. 따라서 이승훈 선수는 밴쿠버 올림픽에 출전할 길이 없었다. 국가대표 선발에서 탈락한 이승훈은

석 달 간 방황하였다고 한다. 그때 그의 장기를 잘 알고 있는 한국체대 김명규 교수가 새로운 경쟁의 장을 열어 준 것이다. 쇼트트랙에서의 치열한 경쟁의 장에서 스피드 스케이트 경쟁의 장으로 전환을 시도한 것이다.

김명규 교수는 이승훈이 초등학교 때는 스피드 스케이터였고, 중학교 시절에는 올림픽 마라톤에서 금메달을 딴 황영조 선수의 폐활량과 비슷한 폐활량을 가지고 있다는 것을 알았다. 그리고 이승훈 선수가 지구력이 좋다는 것도 알았다. 이러한 장점을 안 김 교수는 이 선수에게 장거리 스피드 스케이팅을 권유한 것이다.

그 결과 이 승훈은 석 달 만에 대표 선발전 5,000미터에서 대회 신기록으로 국가 대표로 선발되었다. 그 후 그는 매일 8~9시간씩 5만 미터의 거리를 달리는 지옥훈련을 실시하였다. 월드컵에서는 한 달 사이에 한국 신기록을 세 번이나 갈아치웠다.

이처럼 아무리 어려운 상황이 오더라도 좌절하지 않고 '할 수 있다'는 긍정적인 생각으로 자신의 장기가 발휘될 수 있는 경쟁의 틀을 찾아서 경쟁하면 성공할 수 있는 것이다.

이 교수의 전략적 판단이 빛을 발한 경우다. 이승훈이 계속 쇼트트랙에 집착했더라면 성공했더라도 우리나라의 많은 쇼트트랙 선수 중의 한 명에 불과하였을 것이다. 그는 아시아인이 장거리 스피드 스케이팅에는 절대 불리하다는 고정관념을 깨고 10,000 미터에서 당당히 승리한 것이다. 이것은 경쟁의 요소 중에

서 공간적 요소를 바꾸어서 유리한 경쟁의 틀을 만들어 성공한 경우다. 쇼트트랙에만 올림픽 메달이 있는 것도 아닌데, 그것만 고집했다면 결코 오늘의 이승훈 선수는 없었을 것이다. 눈을 들어 주변을 살펴보고 자신이 정말 잘 할 수 있는 분야를 살펴보는 것이 중요하다.

:: 배우 이병헌

영화하면 미국의 헐리우드다. 헐리우드에 진출하면 세계적 배우가 되는 것이다. 그러나 많은 아시아의 일류 배우들이 헐리우드에 진출했지만 성공적이지 못했다. 그러나 이병헌은 달랐다. 2009년 8월에 개봉한 '지 아이 조G. I. JOE'에서 이병헌은 주연보다 더 빛나는 인기 스타로 자리매김되었다.

영화는 미국 인기 만화영화를 영화화한 SF 블록버스터다. 이 영화를 통해 한국은 물론 아시아 최고의 한류스타 이병헌이 나이 40에 헐리우드에 진출한 것이다. 한국 배우로는 박중훈과 비가 헐리우드에 먼저 진출한 바 있고, 홍콩의 인기 배우 주윤발과 이연걸도 진출하였지만 모두가 그렇게 성공적이지 못했다.

헐리우드가 아시아 배우를 캐스팅하는 데는 아시아 영화 시장을 겨냥해서 돈을 벌겠다는 목적이 있다. 그리고 아시아 배우를 캐스팅할 경우 그 역은 오로지 조연으로서 코믹 연기를 하거나 악당의 역할이 주어진다. 그게 미국이다. 미국은 항상 미국이 선의 입장에서 반드시 승리하는 방식으로 영화를 만든다. 아마 미국의 자존심과 애국심을 간접적으로 고양시키기 위한 전략이 아닐까 하는 생각을 하게 된다.

일반적으로 배우가 헐리우드에 캐스팅 되면 두 가지 실수를 하게 된다. 하나는 굴욕적인 연기를 그대로 받아들여 기존의 인기에 큰 상처를 입게 되는 것이다. 좋아하던 팬들이 자기가 좋아하는 배우의 굴욕적인 연기를 보고 '저렇게까지 해야 하나?' 하는 생각을 하게 된다. 다른 하나는 본인이 '이제 나도 세계적 스타가 되었다!'라고 기고만장하는 것이다. 이 두 가지 모두 다 배우 본인을 망치는 것들이다.

그러나 이병헌은 달랐다. 자신의 한계를 정확히 안 것이다. 자신은 아시아의 배우로서 헐리우드에서 결코 주연을 할 수 없으며 자신에게 부여된 역할로는 세계시장에서 경쟁력이 없음을 알았다. 그래서 그는 기존에 인기를 누리고 있는 아시아, 특히 한국 팬들의 성원을 얻어야 한다는 것을 알았다.

그는 위에 언급한 영화에서 '스톰 쉐도우'라는 이름의 복면 악당으로 나온다. 그러나 여기에서 그는 복면 악당이면서도 한국의 팬과 아시아의 팬을 의식하여 연기 중 얼굴을 드러내는 연기로 재해석, 그를 좋아하는 한국을 포함한 아시아 팬에게 그의 잘 생긴 얼굴을 보여주었다. 그리고 아시아의 정서인 멜랑꼴리를 악당 연기에 부가함으로써 본래 그의 인기 원천인 로맨틱하고 글루미한 면을 부각시켰다.

그리고 스톰 쉐도우의 어린 시절의 닌자 캐릭터를 거부하고 대신 한국의 대표적 상징인 태권도복을 입게 해달라고 감독을 설득하여 성공했다. 그리고 한국 팬들의 정서를 고려하여 이름도 미국 사람들에게는 발음이 상당히 어려운 '병헌 리'로 고집하였다. 이러한 일련의 일들을 민족정서나 애국심으로 포장하는 것은 적절하지 않다.

오직 헐리우드에 진출하여 배우로서 성공하기 위한 전략으로서 그는 이런 방식을 택한 것이다. 비록 한류 스타로서 한국과 아시아에서 인기를 누리고 있다고는 하나, 이병헌이 세계 영화시장에서 인기를 얻기란 쉽지 않다. 세계시장에서 경쟁이 되지 않는다는 것을 정확히 알고 그는 경쟁의 장을 아시아로 한정하기로 한 것이다. 그래서 그는 아시아에서 먹히는 방식을 전략으로 택한 것이다. 어차피 헐리우드가 아시아 배우를 선택할 때에 이미 그 영화는 아시아 시장을 겨냥하고 있으므로 아시아 관객을 상대로 한 연기가 성공할 가능성이 큰 것이다. 영화라는 것은 정서를 바탕으로 하고 있기 때문에 동서양의 모든 정서를 다 망라하는 그런 영화를 만들기는 사실상 어렵다.

그러한 관점에서 이병헌은 거대한 세계 영화시장을 포기하고 상대적으로 작지만 자신의 장점을 살릴 수 있는 아시아 영화시장을 선택하여 경쟁의 장을 만든 것이다. 아주 훌륭한 전략이다. 여기서 이병헌은 경쟁의 요소 중에서 공간적 요소를 한정시켜 자신에게 유리한 경쟁의 틀을 만들어 성공한 사례로 평가할 수 있다.

:: 지역감정 없애기

우리나라 정치현실을 크게 왜곡시키고 있는 것이 지역감정이다. 사실 지역감정은 다른 측면에서 보면 애향심의 발로라고 할 수 있다. 그런데 그 애향심이 지나치다는 것이 문제다.

자기가 태어난 곳을 사랑하는 감정은 동서고금을 막론하고 지극히 당연하고 자연스러운 것이다. 하물며 물고기도 자기가 태어난 곳으로 돌아오는 연어와 같은 회귀성 어종이 있지 않은가?

자신이 세상에 태어나서 가장 먼저 경험한 자연환경과 사회적 환경은 자신의 머리에 가장 깊이 각인되어 있고 따라서 자신이 겪었던 성장환경은 자신에게 지극히 편안함을 느끼게 한다. 그리고 같은 환경적 경험을 가진 사람들끼리는 감정의 공유 영역이 크기 때문에 동질감을 느끼는 것도 당연하다. 동질성 정서의 공유는 내적 결속력을 크게 하는 작용을 한다.

고향에 대하여 모든 것이 이러한 공통적인 인자를 가지고 있는데 왜 우리나라는 유독 애향심이 지나쳐 지역감정으로까지 발전하는가? 이에 대한 궁금증이 많은데, 최근 문화심리학자인

김정운 명지대학교 교수가 쓴 글은 그 해답의 단초를 제공한다.

　　서양인들은 타인의 존재는 항상 '나'의 상대방으로서의 '너'다. 동등한 주체로서 상대방에 대한 무례함은 곧 '나'라는 주체에 대한 부정이 된다. 그래서 그들은 생판 모르는 사람과도 곧바로 '날씨' 이야기를 할 수 있고, 스포츠 경기 이야길할 수 있으며 낯모르는 사람에게도 웃으며 이야기를 건넬 수 있다. 따라서 그들은 나이, 성별, 지위고하를 가리지 않고 프렌드가 된다. 파티석상에서 만나본 서양 사람들은 처음 만난 사람들과도 금방 날씨 이야기나 축구 이야기, 야구 이야기로 계속 재잘댄다. 하도

진지하게 이야기를 해서 가까이 다가가 들어보면 아주 일상적인 주변 이야기를 처음 만나는 사람과도 너무나 잘 한다. 그러나 한국인의 상호 작용은 사뭇 다르다. '나'와 '너'의 상호 작용이 서구인들처럼 곧바로 성립되는 것이 아니다. '나'와 '너'라는 상호 주체의 만남은 무엇보다 먼저, '우리'와 '남'이라는 경계선을 넘어야만 가능하다. '남'은 상호 작용의 상대방이 아니다. 그래서 "우리가 남이가?"라는 질문이 무서운 것이다. 이때 우리는 남이 아니기 때문에 '우리'다. 우리가 되면 이유를 묻지 말고 같이 생각하고 도와 주어야 한다. 그렇게 하지 않으면 남이 될 각오를 해야 한다. '남'은 상호 작용의 주체가 될 수 없다. 그래서 무시해도 된다. 관심의 대상이 아니기 때문이다. 물건이나 크게 다를 바가 없다.

그러나 타인이 일단 '우리'라고 하는 경계 안으로 들어오는 순간부터, 그 '타인'은 더 이상 남이 아니다. 그렇기에 절대 무례해서는 안 된다. '우리'라는 경계선을 넘어오는 순간부터 상대방은 '너'라는 가치를 갖기 때문이다. 한국인들은 처음 만나면 명함을 주고받으면서 처음 만나는 사람이 '우리'라는 울타리 안에 들어오는 사람인지? 아닌지?부터 확인한다. 만약 학연이나 지연 또는 다른 어떤 인연의 고리로 연결이 되면 바로 '우리'라는 울타리 안에 받아들여서 그 다음부터는 편하게 말을 건넨다. 그러나 그렇지 않으면 '남'이 되기 때문에 대화의 문을 열지 못하고 여전히 서먹서먹하게 남는다. 한국인들에게 '나'와 '너'라는 주체적 상호 작용은 '우리'가 성립되는 바로 그 순간부터 이뤄진 다는 것이다.

이것이 김정운 교수의 설명이다. 그렇다. 한국 사람들은 '우리'라는 울타리를 많이 만들려고 한다. 연말이 되면 많아지는 그 수많은 모임은 각자가 소속한 울타리의 확인 작업이다. 학교를 중심으로 한 '우리' 울타리, 지역을 중심으로 한 '우리' 울타리, 근무처를 중심으로 한 '우리' 울타리, 등등 수많은 '우리' 울타리들을 가지고 있다. 이외에도 툭하면 '계'를 만들고 모임을 만든다.

서구인들에게는 '나'와 '너'가 만나 '우리'가 성립되는 반면, 한국인들은 '우리'가 먼저 만들어지고 난 후에 비로소 '나'와 '너'가 성립된다는 이야기다. 그래서 한국인들은 섭섭한 마음을 이렇게 표현한다. "네가 어떻게 나한테 그럴 수 있니?" 혹은 "우리 사이에 정말 이럴 수 있는 거니?" 거기다 대고 "그래 그럴 수 있어"라고 말할 수 있는 한국 사람은 아무도 없다. 그 이야기는 바로 '우리'라고 하는 울타리를 깨고 '남'이 되자는 이야기가 되기 때문이다.

'남'이 되는 순간, 어떠한 합리적 상호 작용도 성립하기 어려워진다. 그래서 한번 성립된 '우리'는 좀처럼 깨지기 어려운 것이다. 그리고 서구인들과 달리 이 '우리' 안에 들어있는 '너'에게는 정말 간까지 빼 줄 만큼 잘 한다. '우리' 사이에는 그래야만 하기 때문이다. 그래서 '우리' 안에서는 안 되는 것이 없다. 그 '우리' 안에서는 법도 규칙도 아무 소용이 없다. '우리' 안에서 '그것은 법 또는 규정 때문에 안 된다'고 말하지 못한다. 만약 그렇게 말한다면 '우리' 밖으로 쫓겨나 '남'이 될 각오를 해야 한다.

　　같은 지역으로 '우리'의 울타리를 치게 되어 안으로 들어오면 모든 것을 초월하여 단합하고 편의를 봐주어야 한다. 우리나라 정당은 이렇게 지역주의를 바탕으로 결성되었기 때문에 개인의 의사표현이 원천적으로 불가능하게 되어 있다. 그러다보니 서구보다 정당의 결속력이 강하다.

　　그러면 이러한 상황을 그저 지켜보고만 있어야 하는가? 해결방안은 전혀 없는 것인가?

　　'이이제이' 전략을 써봄직하다. '우리'라는 울타리를 이용하여 극복할 수 있을 것이다. 즉, 현재 지역적으로 분리되어 '우리'라는 울타리를 쳐서 '남'으로 구분되어 있는 구도를 다른 매개변수를 이용하여 초지역적인 '우리' 울타리를 많이 만드는 것이다. 그렇게 되면 새로 생긴 많은 '우리' 울타리 속에서 아주 긴밀한 상호작용을 하게 되어 지역적 감정을 기반으로 하는 '우리' 울타리의 영향을 약화시킬 수 있을 것이다.

　　가장 좋은 방법이 혼인을 통한 혈연집단체로서 '우리' 울타리를 만드는 것이고, 그 다음으로는 학교를 통하여, 사회활동을 통하여, 등 상호 왕래하고 자주 접촉하는 기회를 많이 만들어 한국 사람들이 만들기 좋아하는 '우리' 울타리를 만들 기회를 많

이 제공하면 좋은 결과를 얻을 수 있지 않을까? 그러나 이것도 한계는 있다. 우리의 울타리가 커지면 그 안에 핵심적 울타리가 또다시 생길 것이기 때문이다.

이러한 근본적 민족적 속성을 완전히 청산하기란 쉽지 않지만, 이러한 활동을 통하여 거시적 집단 울타리를 만드는 동시에 공공 교육을 강화하여 글로벌 스탠더드 교육을 통한 애향심은 살리고 지역감정은 청산하는 노력을 지속하는 것이 좋을 것이다.

지역감정을 애향심으로만 남게 하고 서로서로 협력하는 사회를 만들기 위한 새로운 경쟁의 틀은 상호 교류를 증가시켜 울타리의 외연을 넓혀 주는 것이다. 이것은 공간적으로 울타리를 넓히는 것으로서 경쟁의 요소 중에서 공간적 요소를 확대하여 새로운 경쟁의 틀을 만들어 지역감정을 없애는 전략이다.

:: 올바른 치산치수

필자가 어릴 때 우리나라 산은 민둥산이었다. 어른들에게 들은 바로는 일제가 물러가자 연료용으로 마구잡이 나무를 베어낸 결과라고 한다. 필자가 어릴 때에도 낙엽을 긁어서 아궁이에 불을 땔 때 방을 덥히고, 밥을 하고 쇠죽을 끓였다. 산에 나무가 없어지자 나무뿌리까지 캐기 시작했다. 그래서 비가 오면 흙탕물 홍수가 지고 제방이 무너져 논은 물에 잠기기만 하는 것이 아니고 모래로 뒤덮여 버렸다. 이러한 홍수 범람은 연례행사로 반복되었다.

　　　　1960년대 박정희 대통령은 나무심기를 권장 수준을 넘어서 강제하기까지 했다. 해마다 식목일을 공휴일로 정해 국민 모두가 나무를 심었다. 홍수 방지를 위해서 급하게 나무를 심다보니 속성수 위주로 심었다. 그러다 보니 잘 자라는 아까시나무, 은사시, 그리고 리키다소나무를 주로 심었다. 이러한 나무가 이제는 경제적 수종이 되지 못하고 심지어 산을 황폐화시키거나 꽃가루에 의한 눈병을 유발하는 애물단지가 되어버렸다. 열광적으로 나무를 심고, 많은 산이 입산금지 상태로 통제됐으며 소나무 가지를 꺾으면 경찰이 단속을 하기도 했다. 학교에서는 아까시아나무 씨를 모아오라는 숙제를 주기도 해서 필자도 아까시아 나무 씨를 모아 편지 봉투에 담아서 선생님께 제출한 기억이 난다.

　　　　그때 우리는 모두 산에 나무을 많이 심어, 푸르러지면 홍수가 방지되고 가뭄도 방지된다고 배웠다. 그런데 지금은 그 사실을 믿을 수가 없다. 인제에서 근무하던 시절 눈으로 보고 느낀 것은, 산에 나무가 엄청나게 많은데도 비가 오면 갑자기 물이 불어나 하천의 수위가 올라가 위험하고, 비가 그치면 갑자기 수위가 낮아졌다. 하루가 지나면 하천은 물이 거의 없는 건천으로 변했다.

　　　　왜 그럴까? 자세히 살펴보니 낙엽이 너무 쌓여 있고 나무가 너무 빽빽하게 자라서 빗물이 땅속으로 스며들지 못하는 것이 원인이었다. 즉, 비가 나뭇잎을 타고 흘러내려 버리고, 땅으로 떨

어진 빗물은 두껍게 쌓인 낙엽 층을 침투하지 못하여 낙엽 위로 타고 내린다. 이에 부가하여 땅속으로 침투한 약간의 빗물은 울창한 나무가 생장을 위해 빨아먹어 버려 지하수맥이 형성되지 못한다는 전문가의 의견도 있다.

'과유불급過猶不及: 정도가 지나침은 미치지 못함과 같다'이라는 말이 이에 가장 적절할 것 같다. 산에 나무도 적절해야 빗물이 땅 속으로 스며들어 지하수가 되는 것이고 이 지하수가 지속적으로 솟아 나와야 개천에 물이 흐르고 이것이 모여서 하천이 된다. 이 하천에 흐르는 물이 모여서 강물이 되어 일정한 수위를 유지하면서 흐를 것이다.

그런데 우리는 산에 나무가 없다고 무작정 심어대기만 해 빗물이 침투되지 않아 산이 물을 저장하는 창고로서의 역할을 하지 못했다. 비가 오면 수위가 올라갈 것에 대비하여 제방을 높이 쌓고, 하상을 준설하고 그치면 하천에 물이 없으니 저수지를 만들었다. 이 많은 공사에 많은 돈을 썼다. 또한, 적정 수량이 유지되지 못하니 하천 생태계가 파괴되었다.

이제 산과 강을 하나의 시스템으로 생각해서 가꿔야 한다. 산에 나무도 알맞을 정도로 심어야 하고 그 산에는 빗물이 땅 속으로 스며들어 적정량의 낙엽이 부엽토로 변하여 거름이 될 수 있는 시스템을 구축해야 한다. 또한 사람들이 자유로이 드나들 수 있게 간벌을 해서 가치 있는 나무로 숲을 만들어야 한다. 이렇게 함으로써 산에 지하 수맥이 형성되어 맛있고 깨끗한 지하수가 샘솟게 만들어야 한다. 그렇게 되면 강은 일정 수준의 물이 항상 흘러 하천 생태계가 유지될 수 있을 것이다. 또한, 나무의 경제적 가치를 얻음은 물론 사람들이 산에서 건강을 얻을 수도 있다.

뿐만 아니라 산이 밀림화됨에 따라 세계적으로 가장 약효가 좋은 우리나라의 약초가 생장하지 못한다. 특히, 양지 식물성 약초는 전멸하다시피 되었다. 그 실례로 산 도라지나 잔대는 찾아보기가 힘들다. 만약 산을 적절히 가꾸어 햇빛이 스며들게 되면 다양한 약초가 다시 생장할 것이고 나무는 적당한 크기로 자라 경제 수종이 될 것이다.

이제 치산과 치수를 따로 하지 말고 치산치수를 하나의 시스템으로 묶어 관리하는 전략이 필요하다. 경쟁의 공간적 요소를 확대하여 치산치수 시스템으로 경쟁의 틀로 바꾸어 산에서 많은 이익을 창출하는 것이 바람직하다. 식목만 하고 육림을 하지 않았던 방식을 지양하고 치산치수의 전체적 맥락에서 경쟁의 틀을 구축하면 빗물 관리, 지하수 관리, 재난 관리, 생태계 관리, 하천 관리, 경제림 관리, 약초 관리, 산불 관리 등 여러 가지 개별요소로 경쟁의 틀을 만들어 관리하던 것을 하나의 시스템으로 묶어서 경쟁의 틀을 만들어야 한다. 이처럼 개별 영역에서 관리하던 것을 요순시절에도 시행했던 "치산치수 시스템"을 하나로 묶어 관리해야만 경쟁력을 가질 수 있다. 경쟁의 요소 중에서 공간적 요소를 확대 변경하여 유리한 경쟁의 틀을 만들 수 있다.

:: 긍적적 정책

정책을 보면 대개 금지하는 것이 많다. '무엇을 하지 말라, 만약 위반하면 처벌한다' 이런 내용들이 많다. 그런데 국민을 대상으로 하는 정책을 만들 때 정책 목표를 세우고 그 정책을 국민들이 하고 싶은 방향으로 시행지침을 만드는 방법은 없을까 생각해 본다.

국민들은 지극히 보통사람들이라고 생각하고 정책을 수립해야 한다. 국민들이 성직자나 아니면 언제나 범법할 수 있는 사람들이라고 극단적으로 고려하지 말고 아주 평범한 보통사람이라는 전제 하에 정책을 만들어야 한다. 평범한 사람들은 기본적으로 우선 눈앞의 이익 추구에 더 관심이 있다. 법을 어기면 마음 한구석이 켕기면서도 순간적으로 가벼운 범법은 저지르고 싶은 유혹을 이기지 못하는 그런 사람들이다. 그래서 정책은 보통사람들이 모두 따르고 싶고 그렇게 하면 이익이 생기는 그런 정책이 되어야 할 것으로 생각한다. 그리고 만약 도저히 용납하기 어려운 사회적 가치는 지키지 않으면 감당하기 어려운 불이익을 받게 하는 그런 정책이 필요하다는 생각이 든다.

벌과 나비는 오직 꿀을 찾아 날아간다. 그런데 그런 벌과 나비에게 꿀이 있는 꽃을 두고 꿀이 없는 예쁜 꽃으로 날아가라고 명령한다고 해서 그렇게 하겠는가? 마찬가지로 법을 위반하면 큰돈이 벌린다면 국민은 법을 위반하고 싶은 유혹을 느끼게 될 것이고 상당수의 사람들은 큰돈을 벌기 위해 법을 위반하는 모험을 감행할 것이다. 만약 위법 사실을 적발 당하게 되면 자신의 잘못보다는 "재수 없어 걸렸다"고 생각하고 다시 위법할 기회를 노릴 것이다. 이처럼 보통사람들은 돈을 찾아 활동한다. 먼 후일의 사회적 평판이나 더 큰 기회를 생각하기보다는 현재 당장의 이익을 좇는 것이 보통 사람들의 행동방식이다.

요즘 흔히 발생하는 AI만 해도 그렇다. 발생 초기 진압을 위해서는 가금류 농장 주인이 발생하자마자 신고하는 것이 은닉해서 얻는 이익보다 크다는 것을 인지하고 그렇게 행동하도록 정책이 되어야 한다. 만약 발생 시 즉각 신고한 농장주에게는 최소한 AI가 발생하지 않았을 때 얻을 수 있는 기대 수익 이상을 보장해 주어 신고하고 싶게 만들어야 한다. 이런 주장에 대해, 일부러 병을 옮기는 모럴 헤저드 가능성 때문에 곤란하다는 주장이 있지만 정말 이런 식의 모럴 헤저드에 대해서는 지나치리 만큼 가혹한 처벌을 하여 국가의 공권력을 보여 주어야 한다. 이 정도의 문제는 현재의 수사능력이면 시시비비를 얼마든지 정확하게 가릴 수 있다고 본다.

몇 년 전 발생한 AI만해도 최초 발생 농가 하나만 잘 통제했더라면 국가 예산도 몇 십분의 일로 절감이 가능하고, 인력 낭비, 국민 불안 가중, 국가 권위 상실, 소비 감소로 인한 사육농장 및 관련 업계의 어려움 등이 발생하지 않았을 것이다. 결론적으로 모든 정책은 국민이 자발적으로 정책이 원하는 방향으로 행동

하면 이익이 되는 방향으로 수립되어야 한다. 정책은 부정적 구조에서 긍정적 정책의 구조로 전환하여 수립되어 집행되는 것이 바람직하다.

　　이처럼 정책은 경쟁의 요소 중에서 공간적 요소인 '하지 마라 경쟁의 틀'을 '하고 싶은 경쟁의 틀'로 바꾸면 더 좋은 결과를 얻을 수 있을 것이라고 생각한다.

:: 되는 이유를 찾아서

일이 주어지면 '되는 이유' 보다 '안 되는 이유'를 찾는 사람이 많다. 직장에서 '이런 것을 한번 시도해보라!' 라고 지시를 하면 대개 안 되는 이유를 가지고 온다. 무슨 일을 하든지 안 되는 이유를 찾는 사람보다 되는 이유를 찾아내는 사람이 성공할 확률이 높다. 흔히 겪는 일이지만 '이런 것은 어때!' 라고 물으면 대개 부정적인 얘기를 늘어놓고는 공상가라고 몰아붙이는 것을 많이 봐왔다.

　　인간은 기본적으로 보수적이다. 특히, 가진 자는 더 보수적이다. 그들은 자신이 가진 것을 유지하기 위해서 확실히 믿음이 가지 않으면 변화를 회피한다. 따라서 혁신적인 제안이 들어오면 "해봤어?" 하면서 과거의 사례를 들어서 따져 본다. 신뢰성을 확인하는 것이다. 그러니까 그걸 해보지도 않았는데 뭘 믿고 동의하겠는가? 라는 것이다. 과거의 해본 경험을 중시한다. 이 경우에는 절대 혁신을 할 수 없다.

그러나 고 정주영 회장은 입버릇처럼 "임자 해봤어?"라고 물었다고 한다. 그때 해봤어?는 새로운 제안을 해 보지도 않고 안 된다고 하는데 대한 질책성 질문이다. "왜 해보지도 않고 안 된다고 하는 거야. 일단 되는지 안 되는지 해보고 말하라"는 것이다.

그러니까 다 같은 "해봤어?"이지만, 전자는 위험할지도 모르는 새로운 제안을 어떻게 믿을 수 있나? 하는 보수적 발언이고, 후자는 새로운 도전을 해보지도 않고 안 된다고 말하는 것에

대한 질책으로 개혁적인 발언이다.

세상은 어차피 음과 양으로 구성되어 있기 때문에 되는 이유와 안 되는 이유가 반반으로 구성되어 있다. 단지 안 되는 이유를 가지고 오는 사람은 인식의 체계가 되는 이유를 보지 못하기 때문이고 되는 이유를 찾아 내는 사람은 인식체계가 되는 이유를 보기 때문이다. 지금 안 되는 이유가 시간이 지나면 되는 이유로 변하기도 하고 그 반대가 되기도 한다. 그것이 우주 변화의 원리다.

그러니까 타인과의 경쟁에서 이기고 싶다면 안 되는 이유를 찾아 부정적인 방법으로 경쟁하지 말고 되는 이유를 찾아 긍정적인 방법으로 경쟁의 구도를 만들면 당장은 힘이 들겠지만 결과적으로 승리의 영광을 얻을 것이다. 남들이 기존의 관념에 빠져서 안 된다고 포기하고 있을 때 되는 이유를 찾아서 진취적인 사고로 경쟁한다면 반드시 대성할 것이다. 안 되는 이유를 찾는 경쟁의 틀에서 벗어나 되는 이유를 찾아 일하는 경쟁의 틀로 바꾸는 것이 현명하다.

경쟁의 요소 중에서 공간적 요소, 즉 안 되는 부정적인 경쟁의 틀에서 긍정적인 되는 경쟁의 틀로 바꾸면 성공할 확률이 훨씬 높아질 것이다.

통찰력
전체성 시각
문화적 코드 해독력
역사적 필연성에 대한 이해

유리한 경쟁의 틀로 바꿔라

8

전략가의 구비 요건

Chapter 08

Chapter__08

전략가의 구비 요건

자신에게 유리한 경쟁의 틀을 만들어 승리하기 위한 중심에 서 있어야 하는 전략가는 어떠한 능력을 구비해야 하는가? 이를 한마디로 요약하기는 쉽지 않지만 적어도 다음과 같은 사항은 기본적으로 구비해야 할 것으로 생각한다.

:: 통찰력(Insight)

창의적인 전략을 수립하려면 관련된 상황을 전부 알아야 한다. 그렇게 하려면 사물을 통찰하는 능력이 필요하다. 통찰洞察의 사전적 의미는 '전체를 환하게 봄, 또는 예리하게 꿰뚫어 봄'이라고 정의되어 있다. 영어로는 insight라고 쓰는데 단어를 찬찬히 뜯어보면 '속을 들여다본다'는 의미다. 그러니 통찰은 어떤 사물이나 사안의 전체를 예리하게 속을 꿰뚫어본다는 뜻이 된다.

이렇게 볼 때, 전략을 수립하기 위해서는 전략의 대상을 통찰할 능력이 없으면서 제대로 된 전략을 수립한다는 것은 불가능하다. 사안이 처한 상황을 통찰해야 하고 사안에 관련된 제반 사실의 관계와 속성을 통찰해야 하고 그 사안이 진행되어 갈 미래를 통찰해야 한다.

통찰력이란 다른 각도에서 살펴보면 사안의 원인과 결과에 대한 관계를 알고 있다는 것에 다름 아니다. 어떤 일이 일어나면 그 결과가 어떻게 될 것인가를 예측할 수 있는 능력이 통찰력이라고 보아도 틀림이 없다. 전략 수립에서 가장 중요한 것은 인과관계를 명확히 인식하는 것이므로 전략의 전체적 맥락에서 가장 중요한 요소는 통찰력이다.

전략이란 '달성하고자 하는 바를 가장 효율적으로 성취할 수 있도록 아측에 유리한 경쟁의 틀로 바꾸는 체계적인 행동계획'이라는 정의에 비춰볼 때 통찰력은 상황을 분석하여 대안을 수립하는 과정에 있어서 가장 핵심적인 전략가의 능력이다. 전략을 수립하려면 관련된 사안의 구조를 훤히 꿰뚫고 있어야 한다. 그 사안의 시작과 끝이 어떻게 될 것인지에 대하여 훤히 꿰뚫어보는 통찰력이야말로 전략을 수립하는 데 필수불가결의 요소라고 할 수 있다.

그러면 이런 통찰력은 어떻게 키울 수 있을까? 가장 좋은 방법은 직접 경험해 보는 것이다. 그런데 복잡한 21세기 정보화 사회에서 모든 것을 직접 경험한다는 것은 불가능하다. 그러니 간접 경험을 통해서 통찰력을 키울 수밖에 없다. 그렇게 하기 위해서는 책을 읽거나 명상을 통한 공부로 세상의 이치를 터득하여 우주 변화의 원리를 알아야 한다. 이런 공부는 동양학 접근 방법이 더 바람직하다는 생각이 든다. 왜냐하면 서양학문은 개별 사상을 분석 종합하여 결론을 내리는 귀납법이 주종을 이루기 때문에 사안의 본질을 파악하는 데 어려움이 많다. 이에 비해 동양학은 일반론적으로 사안의 본질부터 파악하여 개별 사안에 적용하는 연역법이 기초다. 그러니 동양 고전을 공부하면 우주, 천문, 지리, 병법, 의학 등 제반사항에 대해 깊은 이해를 갖게 되는 것이다.

귀납적 학문 방식을 중심으로 하는 서양에서는 전략가가 배출되기가 어렵다. 서양의 전략이란 것이 리델 하트 이전에는 요즘 기준으로 보면 전술이나 작전술 정도에 그칠 뿐이다. 직접 전장에서 현장의 대응조치를 전략이라는 이름으로 불리어 온 것에 불과하다. 영국의 유명한 전략가 리델 하트는 아마 손자병법을 읽고 서양에는 없었던 간접전략이라는 개념을 이해한 듯하다.

전략가는 형이상학적/형이하학적 차원에서 상대적으로 높은 고지를 점령해야 한다. 상대적으로 높은 고지에 서서 상대보다 더 멀리 보고 일어날 미래의 일을 상정해야만 그에 맞는 전략적 대안을 제시할 수 있는 것이다. 요컨대 통찰력을 가지면 일의 돌아가는 형편을 알게 되고 — 전략적 상황판단이라고 할 수 있다 — 그렇게 되면 무엇이 문제이고, 문제 해결을 위해서는 무엇이 최적인지 알게 된다.

역사적으로 위대한 전략가들의 통찰력이 어떻게 발휘되었고 그들은 통찰력을 어떻게 개발했는지를 그 시대적 상황에 입각하여 분석해 본다면, 통찰력을 키우는 데 큰 도움이 될 것이다. 예를 들어, 더글라스 맥아더 장군이 인천 상륙작전을 계획할 때, 모든 참모들이 인천의 지리적 불리 점을 들어 반대했을 때, "여러분들이 반대하는 그 이유가 내가 인천을 선택하는 이유다"라고 말하면서 인천 상륙작전을 감행하여 반격의 기회를 잡았다.

참모들의 눈에는 '상륙작전 교범'에 있는 고려사항에 따라 인천을 분석한 결과만이 머리에 맴돌고 있을 때, 맥아더 장군은 북괴군 전체의 전투력 상황과 전선의 배치, 그리고 적장의 생각을 꿰뚫어보는 통찰력을 가졌던 것이다. 적의 옆구리를 찔러 적을 혼란에 빠지게 만들겠다는 생각과 제해권이 유엔군에 있다는 사실, 그리고 북괴군의 병참선이 길다는 전체적 사실을 한눈에 알아보고 전략적 판단을 내린 것이다.

맥아더 장군의 만주 폭격 주장도 장군으로서의 통찰력이라고 생각한다. 아무 생각이 없는 트루먼 대통령의 정치적 의도에 의해서 좌절되었지만, 만일 맥아더 장군의 주장대로 만주를 폭격했더라면 중공군의 개입은 불가능했을 것이고 따라서 6.25

전쟁은 지루하게 3년을 끌지도 않았을 것이다. 그렇게 되었더라면 남북이 통일되어 반세기가 넘는 기간 동안 우리 민족이 겪고 있는 고통과 비용은 지불하지 않아도 되었을 것이다. 당시의 상황으로 중공은 미국에 필적할 수 없었으며 미국이 원하는 바대로 세계사가 움직였을 것이다.

고등학교밖에 나오지 못한 트루먼 같은 사람의 머리는 통찰력이라는 것이 부족했을 것이란 생각이 든다. 그러니 한 집단의 지도자는 물론 국가의 지도자는 반드시 통찰력이 풍부한 사람이 되어야 한다. 그래야 그 국민이 불행하지 않다.

요컨대 길을 가 본 사람은 길을 가 보지 못한 사람보다 통찰력이 깊다. 길을 가 본 사람은 길이 어떻게 이어지고 고갯길이 있는지 없는지, 노면 상태는 어떤지 등에 대해서 잘 알고 있다. 길을 직접 가 보지 못한 경우라도 산 정상에 올라서서 앞으로 전개된 길을 바라보면 길의 윤곽과 방향은 알 수 있다. 이러한 것은 직접 길을 가 본 것에 비해 세세한 것을 모를 수는 있지만 길의 전체적인 방향과 길을 가는 계획을 세우는 데는 도움이 된다.

산 정상에 서 있는 사람에 비해 산자락에 있는 사람은 산 넘어 길이 어떻게 전개될지 알 수 없는 것이다. 그러므로 통찰력을 키우기 위해서 우리는 직접 길을 가든지 아니면 산 정상에 오르든지 그것도 어려우면 지도를 구해서 열심히 지도를 읽고 연구해야 하는 것이다.

예를 들어, 우리가 살고 있는 아파트를 보자. 아파트는 기본적으로 우리가 살아가는 기본 욕구인 의식주 중에서 주(住) 문제를 해결해 주는 수단이다. 그러니까 그 안에서 편안하게 쉴 수 있는 주거의 기능을 제공해 준다. 부가적으로 어떤 사람은 아파트를 잘 사서 부를 증식시킬 수 있는 재테크로 활용하기도 한다. 혹은 어떤 사람은 그 안에서 글을 쓴다든지, 그림을 그린다든지 하는 예술적 창작 공간으로 쓰기도 하고 어떤 사람은 자신의 권위를 과시하기 위한 수단으로 쓰기도 하고 어떤 사람은 그 집을 꾸미는 데 관심을 갖는 사람도 있는 등 다양한 가치를 가질 수 있다. 이러한 가치를 정점으로 하는 패러다임을 상정한 후, 자신에게 유리한 패러다임을 선택하여 경쟁의 틀을 만드는 것이다. 가장 빈번하게 쓰이는 방법은 결과에 가치를 두느냐, 과정에 가치를 두느냐 하는 것이 대표적이다.

세상에 보이는 것은 전체의 절반이다. 양지는 보이고 음지는 잘 보이지 않는다. 이것은 세상을 구성하고 있는 음/양의 진리다. 보이는 것의 반대편에는 반드시 그에 상응하는 보이지 않는 부분이 있다. 낮이 있으면 밤이 있고 즐거움이 있으면 같은 크기의 괴로움이 있다. 저녁에 술을 마시면서 즐거운 시간을 가졌으면 그 다음날 아침에는 전날 저녁에 즐겼던 크기의 고통이 반드시 따른다. 통찰력을 가진 사람은 세상 전체를 다 볼 수 있다. 보통 사람들은 겪어봐야 아는 사람들이고 현명한 사람은 생각만으로도 안다. 그렇게 되려면 통찰력이 있어야 한다. 보이지 않는 것을 볼 수 있는 능력은 통찰력에 의해서 키워진다. 세상을 겸허

하게, 조신하게 살아야 불행을 겪지 않는다. 화려한 스포트라이트를 받는 사람은 반드시 그에 상응하는 고통을 겪게 되어 있다. 또 다른 재미있는 현상은 눈을 뜨고 보면 현재의 상황이 보이지만, 눈을 감고 보면 현상의 너머에 있는 것이 보인다. 이것이 육안과 심안의 차이다.

진정으로 눈앞에 보이는 경쟁의 틀에만 얽매이지 말고 통찰력을 발휘해서 눈으로 보이는 것을 넘어 있는 사태를 파악하여 눈에 보이지 않는 경쟁의 틀을 만들어야 진정한 전략가라고 할 수 있다.

:: **전체성** 시각

전략은 고위 수준의 업무이고 고차원의 업무다. 따라서 전략 업무의 내용은 광범위하고 개략적이다. 해당 조직의 의사결정 구조에서 최고위직의 수행 업무다. 따라서 전략은 총론적 의미를 가지며 전체적 맥락에서 사안의 전체를 사고의 단위로 취급하여 문제의 해결을 시도한다. 전략은 어떠한 조직이든 최상급기관에서 마련하는 것이고 시공간적으로 거시적 관점에서 전체적인 구도의 성격을 갖는다. 현재의 좁은 국면에서는 불리할지라도 시공간적으로 외연을 넓혀서 거시적으로 전체적 차원에서 조망하면 유리할 경우가 있다. 상대가 좁은 시공간적 감각으로 사고할 때에 거시적 시공간적 감각으로 사고하여 행동하면 상대를 이길 수 있는 유리한 경쟁의 틀을 만들 수 있다.

상대는 당장의 승리에만 골몰하는 데 비해 승리 후 복구까지를 포함해서 생각하는 것이 전략이다. 소위, '토털 시스템 어프로치Total System Approach'다. 경쟁이 끝나고 정상으로 돌아가기 위해서는 손실이나 손상을 회복해야 하는데 경쟁 간 많은 손실이나 손상이 발생했다면 그것은 큰 부담으로 남는 것이다. 전쟁에서 피아 최소의 희생으로 전쟁의 목적을 달성하고자 하는 것은 모든 사람들의 관심사다.

그렇다면 어떻게 하는 것이 가장 좋은가? 국가간 전쟁을 예를 들어 설명하면 이렇다. 목표 달성을 위해 경쟁에 소요되는 파워 투사 시스템Power Projection System을 상정하고 그 시스템의 작동에 가장 중요한 요소Vital Element를 선정한 후 목표 달성에 시스템이 어느 정도 마비되는 것이 가장 적절한가? 하는 문제를 결정할 경우, 중요한 요소군사적으로는 重心: Center of Gravity를 압박할 것인가, 파괴할 것인가 하는 것을 결정하면 된다. 따라서 파워 투사 시스템의 중요한 요소 또는 핵심요소를 압박함으로써 상대방에게 항복을 받아낼 수 있다면 그 이상 좋은 방법은 없다.

이렇게 하려면 전체를 하나의 시스템으로 상정하여 중심을 찾아 내야 한다. 그러한 과정은 전체적이고 고차원적이면서 근원적인 문제로 접근해야 한다.

이처럼 전략의 속성인 전체성은 피아 간의 사고 수준의

차이를 만들어 유리한 경쟁의 틀을 찾아 내는 데 기여한다.

:: 문화적 코드 해독력

프랑스의 인류학자인 클로테르 라파이유는 그의 저서 "The Culture"에서 '문화가 다르면 생각도 다르고, 생각이 다르면 동일한 사물에도 다르게 반응한다'고 하였다. 또한 미국 캘리포니아 대학교 피터 리처드슨 교수는 "유전자만은 아니다"라는 저서에서 '문화는 개인과 집단의 흥망성쇠에 영향을 준다'라고 주장하였다. 여기서 말하는 문화란 광의의 개념으로 생활 일반을 망라한 사고방식과 생활방식을 뜻한다. 이처럼 문화가 우리 생활 일반을 지배하고 있으므로 전략가는 반드시 그 전략 수립의 대상에 대한 문화적 코드를 이해할 수 있는 능력이 필수적이다. 그러나 사실 문화적 코드를 찾아내는 것은 고난도의 작업이다. 이해를 돕기 위하여 우리나라와 미국을 예를 들어 설명하고자 한다.

  우리의 문화적 코드는 누가 뭐래도 '사랑'이라고 생각한다. 이 지구상의 노래 중에서 사랑을 한국사람만큼 많이 노래하는 민족은 없을 것이다. 노래뿐만 아니다. 한국적 특성이기도 한 TV드라마는 거의가 사랑을 바탕에 깔고 전개되고 있다. 가장 많은 것이 연인 간의 사랑이고 다음이 가족 간의 사랑을 그리고 있다. 그리고 이 두 가지가 서로 연결되어 스토리가 전개되고 있는

데 그것은 우리네의 일상을 그대로 그려 놓은 경우가 많다.

증오도 사랑의 연장선 상에 놓여 있다. 사랑과 미움은 동전의 양면처럼 하나면서 표현방식이 약간 다를 뿐이다. 흔히들 사랑의 반대말을 미움이라고 표현하지만 그것은 아니다. 누구를 미워하려면 그 바탕에 사랑을 깔고 있어야만 미움이 생긴다. 그러므로 사랑의 반대말은 무관심이 맞을 것이다. 무관심이야말로 사랑이 전혀 배어 있지 않는 사람의 마음이니까.

우리나라 사람이 사랑에 이처럼 매달리는 것은 근본적으로 사람에 대한 사랑이 깊기 때문이다. 사람이 곧 하늘이라는 '인내천' 사상이나 살생을 금지하는 불교정신, 그리고 '인'을 근본으로 삼는 유교사상 등의 영향과 모든 것은 '영靈'이 있다는 샤머니즘이 바탕이 되어 형성된 민족문화는 모든 것을 사랑하고 아끼는 아름다운 휴머니즘으로 자리 잡은 것이라고 본다.

우리 민족의 군사사상을 연구해 보면, 우리 민족은 전쟁을 하면서도 어떻게 하면 사람을 적게 죽이고 이길 수 있을까 하는 점에 관심을 집중하였고 적을 죽여야 할 경우에도 바로 찔러 죽여야 하는 칼이나 창 싸움보다는 멀리서 간접적으로 적을 죽이는 활로 싸운 경우가 많았다. 우리 민족은 면전에서 피를 튀기는 잔인한 장면을 보는 것을 힘들어 한다는 것을 증거하는 것이 아닐까 생각한다.

미국의 드라마를 보면 대부분 총으로 죽이고 차로 추격하여 치어 죽이는 그런 장면이 많고 동시에 죽은 사람이 왜 죽었는

지 과학적으로 조사하는 그런 내용들이다. 요즘 아이들에게 인기 있는 'CSI'는 스토리의 전체가 시체를 다루고 왜 그런 상황이 벌어졌는가를 조사하는 내용이다. 미국에서 만들어진 영화나 드라마 중, 사랑을 밀도 있게 그린 것은 별로 없다. 그중에서 '러브 스토리' 정도가 사랑을 그렸다고 볼 수 있을까? 이에 비해 우리의 영화나 드라마는 그 얼개가 거의 비슷한데도 사랑이 가장 많은 주제로 다루어진다.

　　이처럼 전략은 그 집단이나 민족의 문화적 코드를 근간으로 하여 만들어져야 성공할 수 있다. 미국이 아라크전 시 바그다드에서 고전하였던 것은 이슬람의 문화 코드에 대한 이해가 부족한 결과로 평가되고 있다.

:: 역사적 필연성에 대한 이해

변화가 우연이냐 필연이냐 하는 문제는 그리 쉬운 문제가 아니다. 우연과 필연의 구분 자체도 분명하지 않으니 더욱 그렇고 어쩌면 고도의 철학적 문제이기도 하다. 그러나 이 문제를 좀 더 단순화해보면 변화의 근본 원인은 필연이고 변화의 결정적 순간의 모멘트는 우연이라는 생각이 든다.

　　예를 들어, 제1차 세계대전이 산업혁명에 따른 산업의 발달로 시장과 원료공급원으로서 식민지 획득이 필요하게 됨에 따라 발생한 것은 필연의 결과이고 그러한 시대적 상황이 부글부글 끓어오르고 있는 상황에서 1914년 6월 28일 보스니아의 사라예보에서 당시 50세의 오스트리아/헝가리 제국 제위 계승장 프란츠 페르디난트와 43세의 소피크텐크 부인이 세르비아의 한 청년에 의해 암살을 당하여 전쟁으로 비화한 것은 우연적 결과라고 보여진다.

또한 공산주의가 몰락한 1989년 11월 9일 베를린 장벽 붕괴사건도 같은 맥락이다. 필연은 21세기에는 공산주의를 떠받치고 있었던 '노동시간'이 더 이상 '가치'를 창출하지 않기 때문이다. 마르크스의 잉여가치론은 노동시간이 아닌, '지식'이 가치를 창출해 내는 새로운 시대를 설명하기에는 부족한 낭만적인 이론이었다. 이러한 필연을 바탕으로 한 상황에서 우연은 동독 공산당 대변인이 동독 공산당 결정 사항을 잘 모르고 "여행 자유화가 언제부터냐?"는 이태리 기자의 질문에 "바로 지금"이라고 말한 것으로부터 시작되었다. 바로 뉴스를 타고 퍼진 여행자유화는 곧바로 파도처럼 밀려드는 동독인들의 물결에 베를린 장벽은 여지없이 무너져 버렸다. 이를 시작으로 동구권의 공산주의는 종말을 고하고 마침내 공산주의 국가의 대부인 소련마저도 해체되고 말았다. 이처럼 역사의 변화는 필연과 우연이 함께 손잡을 때 이뤄지는 것이다.

전략가는 역사의 흐름에서 일어나는 필연성의 트렌드를 이해해야만 그에 적절한 전략을 구사할 수 있으며 그 원인은 통

찰력의 도움을 받아 자기화해야 한다. 참고로 최근 사회의 변화 트렌드를 몇 가지 예를 들어 살펴보면 종전의 가치와 전혀 다른 새로운 가치가 나타나고 있다. 그것은 대체로 이기주의 시대가 지나가고 이타주의 시대가 도래함을 보여 주고 있다. 그 중의 하나가 소셜 소비라는 트렌드이다.

　　소셜 소비라는 말을 처음 사용한 사람은 일본 최대 광고회사 덴쓰의 가미조 국장이라고 한다. 그는 2015년을 겨냥한 소비 트렌드를 설명하면서 이제 젊은이들이 사회 공헌에 지갑을 연다고 주장하였다. 실제 이러한 현상이 일본뿐만 아니라 전 세계적으로 일어나고 있다. 이를 어떤 학자는 일본 소비자의 코페르니쿠스적인 전환이라는 제목을 달고 강연을 하고 있는데 필자가 보기에는 너무도 당연히 변해가는 우주적 트렌드라는 생각이 든다.

　　종래 인간의 소비는 주로 욕망을 자극하는 분야에 집중되었지만 소셜 소비는 타인의 행복을 위해 상품을 구매하는데, 이를 통해 복합적 만족감을 느낀다는 것이다. 사실 인간이 만족감을 느끼는 방법은 여러 가지가 있다. 저차원의 입장에서는 이기심을 채우는 것이 가장 쉬운 만족감을 채우는 방법이다. 그러나 이러한 방법은 한정된 가치를 두고 서로 무한 경쟁을 벌려야 하는 문제가 있다. 그러나 좀 더 고차원의 만족감을 느끼는 방법은 이타적 방법이다. 타인에게 이로운 행위를 함으로써 자신이 만족하는 방법이다. 사람이 행복감을 느끼는 것은 타인이 행복해 하면 그 모습을 보고 자신도 행복해지는 것이다. 그것을 가능케 하는 것이 인간의 뇌 속에 있는 '거울 신경'의 작용이라고 한다.

그리고 이타적 방법은 타인과의 경쟁이 필요치 않다. 아니 상생협조가 가능한 방법이다. 주어서 기쁘고 받아서 기쁘니까 상호 상생하는 방법이다. 그런데 서양 중심의 학문을 연구하는 대부분의 사람들은 현상만을 가지고 해석한다. 하기는 매슬로우의 니즈 하이어라키(욕구단계설)로 설명이 가능하기도 하다. 즉, 어느 정도 물질적으로 살기가 편해진 현재에서 상위 욕구 충족의 동기가 발동된 결과라고 할 수 있다. 그러나 저소득층이 이런 활동에 많이 동참하는 것을 무엇으로 설명이 가능할까? 아마 그것은 동양학의 설명이 이를 가능케 하지 않을까? 동양학과 뇌 과학의 결합으로 이를 설명하면 이렇다.

지금 우리가 겪고 있는 지식 정보화 사회는 수의 시대이다. 화의 시대는 화의 성질상 이기주의를 바탕으로 한 자본주의 시대가 꽃을 피웠고 무한 경쟁의 시대였다. 이에 비하여 수의 시대는 지식 정보를 바탕으로 한 상호 의존적 구조로서 수의 성질상 상호 화해 협력의 시대가 열릴 것이라고 보고 있다. 역사 발전은 음양오행설의 상극으로 설명이 가능하다고 한다. 가까운 근세를 예로 들면 1차 산업사회는 목(木)의 시대이고 산업혁명이 일어난 후 마련된 2차 산업사회는 화(火)의 시대라고 한다. 그리고 하원 갑자년인 1984년부터 수(水)의 시대가 시작되었는데 2012년부터 본격적인 수의 시대가 열린다는 것이다.

이러한 우주의 변화는 인간의 두뇌 발달에도 크게 영향을 미쳐 인간의 뇌라고 불리는 '대뇌 신피질' 외부에 다시 '우주의 뇌'가 한 겹 더 생길 것이라는 주장이다. 이 우주의 뇌는 우주의 절대 가치인 '사랑과 자비'를 구현하는 뇌 작용을 한다는 것이다. 우주의 뇌라고 명명한 이유는 우주여행을 다녀온 사람들은 모두가 한결같이 우주의 가치를 구현하려는 생각으로 바뀌었다는 사실에서 뇌 과학자들이 부여한 것이라고 한다.

수의 시대가 왜 열리느냐 하는 문제는 아직 분명한 이유를 찾기가 쉽지 않지만 그런 우주 변화의 원인은 아마 지구 축 기울기의 변화가 아닌가 생각한다. 우주는 우주에 충만 산재한 별들의 위치 변화와 상호 인력에 의하여 나타나는데 그것을 주재하는 것은 우주의지라고 볼 수 있다. 이 부분에서는 과학을 초월한 철학의 문제이고 더 나아가 신학의 문제라고 보여진다. 그 정확한 원인이 무엇이든 나타나는 현상들이 이타적 행위가 인류의 보편적 가치로 발전하고 있고 많은 사람들이 자선이나 기부, 나아가 이기주의를 초월하여 남을 도움으로써 기쁨을 느끼는 이타주의로 트렌드가 변하고 있다는 사실은 명백하다. 이는 매우 바람직한 현상이며 우리도 이 트렌드에 빨리 편승해야 한다.

또 다른 사례는 기업의 경쟁력을 들 수 있다. 시대상의 변화는 필연적으로 기업의 경쟁력도 영향을 미친다. 과거 일차 산업시대에는 노동력이 주 경쟁력이었고 이차 산업시대에는 자본이 주 경쟁력이었다. 그러나 지금의 지식경제 사회에서는 지식과 창의력이 주 경쟁력이다. 기업 간의 경쟁이 초 경쟁시대로 접어들면서 경쟁의 원천은 노동과 자본에서 지식과 창의력으로 빠르게 이행하고 있다고 한다. 톰 피터스는 '기업 성패를 좌우하는 것은 전략이나 조직 구조 시스템이 아니라 바로 사람이며, 특히 창조성과 상상력' 이라고 강조한 바 있다. 재화나 서비스를 단순히 생산하는 것이 아니라, 상상력과 창의력을 바탕으로 얼마나 새로운 경험을 제공하느냐가 관건이 되고 있다. 이러한 창의성은 여력slack이 뒷받침될 때 가능하다.

그러면 최근 화두가 되고 있는 여력이란 무엇인가? 여력은 시간, 비용, 자원 등의 효율적인 활용을 통해 근무시간 중에 집중력과 성과를 높이고 자기 계발을 위한 기회를 확보하는 것이다. 여력은 낭비와 비효율이 아니라 업무에 대한 몰입과 열정을 유도하는 일종의 재충전을 의미한다. 여력은 현명하면서도 유연하게 일하는 새로운 방식의 근무 패러다임이 도입되어야 확보될 수 있다. 창조적인 작업을 하는 예술가들이 일하는 방식과 같다. 창의란 자발성에 기초한다. 외부적 강압이 가해질 때 창의성은 말살되고 오직 스스로 일에 흥미를 느껴 몰입할 때 인간의 능력을 초월한 결과를 얻을 수 있다. 일본 교세라를 창업한 이나모리 가즈오 회장도 카르마 경영에서 이 점을 강조하였다.

그러므로 오늘날 지식 정보화시대에서 근무는 현명하고 유연한 근로가 되어야 한다. 현명한 근로란 일에 타성적으로 매몰되지 않고 오히려 일을 즐기면서 주어진 시간 내에 가장 효과적으로 일을 수행하는 것을 의미하고, 유연한 근로란 획일적인 근무시간에서 벗어나 직무 특성이나 개인의 생활리듬 등을 감안해 근로시간을 선택적으로 운영하는 것을 말한다.

창의적인 일은 더 많은 생산성을 제고하고 있으며 단순히 제품을 많이 생산하는 것으로는 고부가가치를 생산할 수 없다. 과거의 생산 방식은 생산현장에서 근로자들이 육체적으로 많은 시간을 일하고 그 일을 조직적으로 처리하게 함으로써 시간을 절약하는 경쟁체제였다. 그러나 오늘날 지식 정보화 사회에서는 육체보다는 머리를 쓰는 업무가 더 중요하다. 한 가지 훌륭한 아이디어는 몇 백만 개의 단순한 제품을 생산하는 것보다 더 생산성이 높다.

경제시스템의 변화는 과거 육체 중심의 생산성 경쟁의 틀에서 이제는 두뇌 중심의 생산성 경쟁 틀로 변화를 요구하고 있으며 이러한 상황은 이제 기업이 직원들의 창의적 아이디어가 샘솟게 할 근무 분위기와 방식을 제공해야 함을 의미한다.

이와 같이 세상의 변화 트렌드를 감지하고 역사적 맥락에서 변화의 필연성을 간파하는 자만이 훌륭한 전략을 구현하는 전략가가 될 수 있는 것이다.

김진항(金鎭恒, KIM JIN HANG)

주요 학력 및 경력
육군사관학교 졸업(문학사: 영어전공)
연세대학교 대학원 행정학과 졸업(행정학 석사)
육군대학 졸업
미 육군대학원(U.S ARMY WAR COLLEGE) 졸업
경기대학교 정치전문대학원 외교/안보학과 졸업(국제정치학 박사)

합동참모본부 전략기획참모본부 군사전략과장(대령)
제12보병사단장(소장)
육군 포병학교장(소장으로 예편)
한국전략문제연구소 객원 연구원
한국안보문제연구소 부소장
행정안전부 재난안전실장
한국지방행정연구원 석좌 연구위원
현, 공무원연금공단 상임이사(고객업무본부장)

논문 및 저서
THE FUTURE OF USFK(주한 미군의 장래): U.S ARMY WAR COLLEGE(미 육군대학원) 논문
포괄안보시대의 한국국가위기관리 시스템 구축에 관한 연구: 국제정치학 박사학위 논문

전략은 어떻게 만들어지나?(번역서, 연경문화사, 2000)
전략이란 무엇인가?(양서각, 2006)
화력마비전(시선, 2010)

유리한 경쟁의 틀로 바꿔라 — 전략의 에센스 —

2011년 11월 10일 초판발행
2012년 2월 20일 3쇄발행

저　자　김 진 항
발행인　안 종 만
발행처　(주) **박영사**
　　　　서울특별시 종로구 평동 13-31번지
　　　　전화 (733)6771 FAX (736)4818
　　　　등록 1959. 3. 11. 제300-1959-1호(倫)

저자와 협의하여 인지를 생략함

www.pybook.co.kr　e-mail: pys@pybook.co.kr

파본은 바꿔 드립니다. 본서의 무단복제행위를 금합니다.

정　가　18,000원　　　　ISBN 978-89-6454-198-2